cahiers libres/essais

DU MÊME AUTEUR

Chez le même éditeur

Le tribut foncier urbain, 1974.
Le capital et son espace, 1977. Nouvelle édition : 1983.
Crise et inflation : pourquoi ?, 1979.
Le monde enchanté. De la valeur à l'envol inflationniste, 1983.
L'audace ou l'enlisement. Sur les politiques économiques de la gauche, 1984.
Mirages et miracles. Problèmes de l'industrialisation dans le tiers monde, 1985.
Choisir l'audace. Une alternative pour le XXIe siècle, 1989.
Vert espérance. L'avenir de l'écologie politique, 1993.

Aux éditions Syros

La crise (avec Denis Clerc et Joël Satre-Buisson), 1983.

Aux éditions Quai Voltaire

Berlin, Bagdad, Rio. Le XXIe siècle est commencé, 1992.

Aux Presses universitaires de France

Les régions qui gagnent. Districts et réseaux : les nouveaux paradigmes de la géographie économique (avec Georges Benko), 1992.

Aux éditions Anne-Marie Métailié

Phèdre : identification d'un crime, 1992.

Alain Lipietz

La société en sablier

Le partage du travail contre la déchirure sociale

ÉDITIONS LA DÉCOUVERTE
9 *bis,* rue Abel-Hovelacque
75013 PARIS
1996

Je remercie vivement Maryvonne Yvon pour sa patience et le soin dans l'aide à la préparation du manuscrit de ce livre.

Catalogage Electre-Bibliographie

Lipietz, Alain
La société en sablier. Le partage du travail contre la déchirure sociale.
Paris : La Découverte, 1996. (Cahiers libres. Essais)
ISBN 2-7071-2620-9

RAMEAU :	Inégalité : aspect économique.
	Revenu : répartition.
DEWEY :	331.1 : Économie du travail. Questions générales relatives au monde du travail.
Public concerné :	Tout public.

Si vous désirez être tenu régulièrement informé de nos parutions, il vous suffit d'envoyer vos nom et adresse aux Éditions La Découverte, 9 *bis*, rue Abel-Hovelacque, 75013 Paris. Vous recevrez gratuitement notre bulletin trimestriel **A La Découverte.**

Avant-propos

Tétanisée, désespérée, ou résistante, la France, après quatre alternances politiques qui n'ont fait qu'aggraver ses problèmes ? Désespérée par l'exclusion, le chômage qui monte comme une marée sans fin. Tétanisée par la peur de perdre les « acquis sociaux » qu'un siècle de luttes avait fait croire naturels. Et pourtant résistante, dans la folie des révoltes violentes ou la calme assurance des grèves et des manifestations de masse.

Il n'a fallu que quelques mois pour que s'effondre l'ultime avatar d'une alternance d'un pied sur l'autre : le fantasme d'une droite faisant, derrière Jacques Chirac, une politique de gauche. Dès la première année de sa présidence, deux crises majeures révélèrent l'état des lieux.

Souvenons-nous de cet été 1995, celui des bombes « islamistes ». La catastrophe tant redoutée était arrivée. La mise à jour du réseau Kelkal révélait une jonction en voie de s'opérer, entre l'islamisme radical d'outre-Méditerranée et la crise des banlieues de nos mégapoles (Paris, Lille, Lyon). La France se trouvait face à la pire des échéances : régler d'un coup la facture des deux déchirures que les gouvernements successifs ont laissé s'élargir depuis quinze ans. Entre le Nord et le Sud, et au sein même de la société française. La facture de la Guerre du Golfe et la facture de Maastricht.

Facture de la guerre du Golfe ? Certains avaient dit et répété que la loi du « deux poids, deux mesures » appliquée à l'Irak (un poids pour les Blancs et les amis de l'Occident, un poids pour les Arabes et les trublions du tiers monde) ne pouvait que discréditer les idéaux de démocratie et de droit international. La « punition » infligée à l'Irak ridiculisait, aux yeux des masses du tiers monde, les démocrates de leurs propres pays qui s'étaient identifiés aux valeurs occidentales. Aujourd'hui, les jeunes révoltés algériens de 1988 sont la chair à canon de la guerre civile algérienne, entre les islamistes et un pouvoir militaire soutenu par la France. Et cette guerre, portée sur le sol français, y trouve des relais au cœur du désespoir de nos banlieues ! Les poseurs de bombes islamistes ne venaient pas de l'étranger. Le fanatisme avait trouvé son terreau dans le désespoir de chez nous. Khaled Kelkal était un « beur » ordinaire, qui avait même très bien réussi au collège.

Facture de Maastricht ? Au-delà des choix tactiques pour le Oui ou le Non, certains avaient dit et répété que le « Non de la France d'en bas » (celui des ouvriers, des paysans, des employés, des femmes, des jeunes) exprimait la révolte des sacrifiés d'une modernisation sans âme, réservée aux élites de « la France qui gagne ». Dit et répété que la construction européenne ne pourrait entraîner le consensus populaire que si elle marquait un surcroît d'association, de solidarité sociale. Le Traité au contraire est venu couronner quinze ans de précarisation, de flexibilisation, de déstabilisation pour des dizaines de millions d'habitants de France, comme ailleurs en Europe, bien au-delà des officiellement « exclus ».

Car il n'y a pas dans ce pays une « fracture » sociale entre les exclus et les inclus. Il y a une *déchirure* sociale, un processus continu de précarisation se propageant de bas en haut, menaçant à terme toutes celles et ceux qui ont encore le « privilège » d'être exploités, condamnés à des rythmes de travail de plus en plus fous au nom de ce privilège.

Comme les États-Unis qui servent de modèle à la « pensée unique », comme la Grande-Bretagne ravagée par le thatchérisme, la France se rapproche d'un Brésil triste, où pour protéger les vrais privilèges d'une minorité (et bien sûr au nom de la guerre à la drogue), on envoie l'armée contrôler la banlieue et ses classes dangereuses. Spectacle jamais vu, même pendant la première guerre d'Algérie : à l'été 1995 des soldats patrouillaient l'arme au poing, à la chasse aux islamistes, sur les quais de la Gare du Nord.

Et c'est de la Gare elle-même, des dépôts du rail et de la poste, puis de tout le secteur public avec ses enseignants, bref du secteur « protégé » parmi les « nantis » qu'est venu, l'hiver 1995, l'improbable sursaut, le premier point de suture sur la déchirure. Et nous savons maintenant que le pire n'est jamais sûr. Car des millions de grévistes et de manifestants ont reçu le soutien ou du moins la bienveillante patience des dizaines de millions qui, dans le froid, le vent, le neige, ont continué à marcher vers le « privilège » de leurs emplois, assurant aux grévistes « un soutien sans faille et presque joyeux [1] ». Solidaires de ceux qui disaient Non, solidaires entre eux comme on l'avait oublié depuis Mai 68. On a vu des choses stupéfiantes : on a parlé à son voisin, on a invité son collègue à dormir chez soi, on a pris l'immigrant en auto-stop. On a vu des chômeurs porter des jouets pour les enfants à des piquets de grévistes que d'aucuns appelaient « nantis ».

Ce fut d'abord une révolte contre le mensonge. La brésilianisation de la société française avait engendré la sud-américanisation de sa vie politique. On avait vu fleurir les « populismes libéraux », de droite et de gauche. Chirac s'était fait élire comme un Menem en Argentine, un Collor au Brésil, un Salinas de Gortari au Mexique : campagne à gauche, et, une fois élu, meilleur élève du FMI... ou des critères de Maastricht. Mais la France n'était pas encore habituée au règne du cynisme. Derrière le « Non au plan Juppé », il y eut d'abord un Non aux promesses bafouées, un Non à « la seule politique possible », un Non à ceux qui nous disent « Dialoguons, pour que vous compreniez comme j'ai raison. »

Et dans la dernière semaine s'est cherché le temps du Oui. Oui au service public qui, par-delà la dictature du marché, matérialise la cohésion de la société. Oui à la réduction du temps de travail, et pas seulement du côté où on la sentait monter depuis 1993 (la réduction hebdomadaire), mais aussi sur l'ensemble de la durée de vie humaine : « 37 ans et demi pour tous. »

Oui. La France a les moyens de remobiliser ses forces sur un projet de développement écologiquement soutenable,

1. Alexandre BILOUS et Marie-Noëlle THIBAULT, « Mouvement social : les chaînons manquant », *L'État de la France 96-97*, La Découverte, Paris, 1996. Ils exagèrent à peine !

garantissant le bien-être et la dignité de tous ses habitants, et solidaire des pays du Sud. Elle en a les moyens économiques. Elle en a les moyens intellectuels et moraux, grâce à la ténacité des militants, des chercheurs qui ont su résister au bourrage de crâne « libéral » des années quatre-vingt. Des solutions existent : la réduction massive de la durée du travail pour enrayer la machine à exclure, le renforcement des services publics, le développement d'un tiers secteur d'utilité sociale pour raviver les racines de l'intégration, le développement d'une démocratie de face-à-face, fondement d'un partenariat (à l'exemple des Assises permanentes pour l'emploi du Nord-Pas-de-Calais). Et au plan international : la dépénalisation des drogues douces et la médicalisation des drogues dures, pour briser les ramifications des mafias dans les banlieues ; la mise en place d'un espace écologique et social européen, à l'occasion de la renégociation du traité de Maastricht ; l'abolition de la dette du tiers monde et l'imposition de clauses environnementales et sociales sur le libre-échange ; l'adoption, aux niveaux national et international, de lois et conventions sur l'air, pour enrayer la pollution atmosphérique de nos mégapoles et la dérive planétaire des climats...

Nous ne manquons pas de solutions. Nous manquons de volonté politique. Des secteurs minoritaires de la société, chez les écologistes, dans la gauche critique, chez les animateurs des mouvements sociaux, s'acharnent depuis des années à en rappeler l'urgence. L'opinion hésite entre la sympathie à leur égard et le repli peureux vers les sirènes de l'égoïsme à courte vue. L'échec numérique et en même temps le succès d'estime de la campagne Voynet (dont on apprit, au hasard des interviews publiées dans les journaux pendant la grève de décembre 1995, que nombre des militants syndicaux, nombre d'intellectuels qui ont soutenu le mouvement, avaient voté pour elle) montrent bien le problème. Les minorités actives ne pourront rallier la majorité que si elles savent convaincre les forces politiques et sociales moins radicales.

Pourtant, ce livre ne sera pas un discours de stratégie politique. Car il faut d'abord comprendre pour agir. Face au mouvement de décembre, les intellectuels français reprennent leurs duels inusables depuis vingt ans de crise. « Première gauche » contre « deuxième gauche », « amis des exploités » contre « amis des exclus »... Et certes, le « Plan Juppé » – en fait un discours de trois pages de journal – annonçait l'esquisse d'une réforme de l'assurance maladie qui amorçait une meilleure couverture des « exclus » et une réforme de son financement. Mais il fallait repérer les effets pervers d'un transfert de ce financement vers la CSG. Il fallait surtout repérer les trois lignes qui engageaient un nouveau pas en avant dans l'allongement de la durée du travail (à travers le recul de l'âge de la retraite).

Cela, et les exclus, et les précaires, et les travailleurs à statut, le comprirent d'emblée, parce qu'ils allaient en payer le coût immédiat. Faut-il donc opposer un peuple qui voit juste à des « importants » qui ne voient rien ? Parmi celles et ceux qui soutinrent d'abord le plan Juppé, je compte pourtant des amis, je connais des intellectuels de bonne volonté, dont le dévouement à la cause du « quart monde » est hors de doute, et qui se scandalisent à bon droit du conservatisme d'une certaine bureaucratie syndicale. Chacun, depuis décembre, a pu réévaluer ou maintenir sa position. Mais la remarque de René Lenoir (qui avait soutenu le Plan Juppé) est frappée au coin du bon sens : « La population qui, inquiète de la fracture sociale, réclame des mesures contre l'exclusion, a cependant, dans sa majorité, manifesté sa sympathie aux fonctionnaires et aux corporations en grève. Peu de gens étaient préparés à comprendre les tenants et aboutissants de la réforme de la Sécurité sociale, mais beaucoup ont estimé légitime la défense de statuts protecteurs dans une société où l'insécurité touche trop de personnes[2]. »

L'erreur, je crois, vient d'une faute de perspective. Quand on parle de *l'exclusion*, parle-t-on d'un résultat (les *exclus*), ou d'un processus, continu, qui *exclut* celles et ceux qui croyaient avoir trouvé une « place », si inconfortable soit-elle ? Ou, pour revenir à ma première formulation, s'agit-il d'une « fracture sociale » (qui laisse tout en bas un rebut) ou d'une « déchirure »

2. *Partage*, n° 102, janvier-février 1996. René LENOIR est président de l'UNIOPSS, coordination des ONG travaillant avec les exclus (ATD-Quart Monde, etc.). La position « après coup » des soutiens initiaux du Plan Juppé est présentée dans le livre d'Alain TOURAINE et autres, *Le Grand Refus*, Fayard, Paris, 1996. En soutien au mouvement, voir Jean-Pierre LE GOFF et Alain CAILLÉ, *Le Tournant de décembre*, La Découverte, Paris, 1996. Ce livre reproduit les pétitions qui s'opposèrent à l'époque.

qui remonte, qui menace personnellement la majorité des habitants de ce pays, la majorité des salariés ? Si on ne tient pas sous un même regard les deux aspects d'un même phénomène, on risque en effet d'opposer les « exclus » et les « exploités »... pour le plus grand profit de ceux qui ne sont ni l'un ni l'autre, et surtout de cet homme, Le Pen, qui, du fond de sa résidence et de sa Rolls-Royce, attise la haine de tous contre tous au nom de la couleur de la peau.

Pour voir ensemble les deux aspects, je propose l'image du sablier. *Société en sablier*: des économistes des pays anglo-saxons, déjà beaucoup plus avancés que nous sur le chemin de la brésilianisation, ont conçu cette image pour désigner la polarisation des revenus entre une minorité de riches, qui gagnent beaucoup, et une majorité de pauvres, qui gagnent peu, tandis que fond la part des « classes moyennes ». Mais ce modèle est encore plus parlant quand on se met à la place des grains de sable, juste au dessus du col du sablier. « Quand viendra mon tour ? Et mes enfants ? » : tel fut le sentiment premier des grévistes de décembre 1995.

Cette société en sablier est la solution aujourd'hui adoptée, de part et d'autre de l'Atlantique, par les élites productivistes et libérales, face au problème séculaire du progrès technique. Ce problème n'est pas nouveau, et cette option n'est pas la seule solution. La Scandinavie, le Japon, les pays de l'Arc alpin (Allemagne, Autriche, Suisse, Italie du Nord) résistent avec un certain succès à ce modèle. Sur cette question du rapport entre progrès technique et emploi, nous retrouverons les mêmes erreurs de perspectives, la difficulté à saisir les deux aspects d'un même phénomène. Aux États-Unis, miroir d'un avenir possible, on peut au fil des semaines s'émerveiller de l'efficacité de la « machine à emploi » et s'indigner de l'abandon des Afro-Américains, s'enthousiasmer successivement pour *L'Américain surchargé de travail : le déclin inattendu du loisir* de Juliet Schor et *La fin du travail : le déclin de la force de travail mondiale et l'aube de l'après-marché* de Jeremy Rifkin[3].

3. *Juliet* SCHOR, *The Overworked American : the Unexpected Decline of Leisure,* Basic Books, New York, 1991 ; Jeremy RIFKIN, *The End of Work : The Decline of the Global Labor Force and the Dawn of Post-Market Era,* Putnam, New York, 1995 (traduction française : *La fin du travail,* La Découverte, Paris, 1996).

Mais ce livre ne s'inscrit pas seulement dans un débat qui fleurit en France depuis 1995 sur la « fin » de la société salariale. Il y sera beaucoup question aussi de la place, dans notre société, des femmes et de leurs activités. Non pour y plaquer des sympathies féministes qu'il m'arrive de professer par ailleurs[4], mais parce que je vois, dans la crise actuelle, dans l'émergence de la société en sablier, non seulement une nouvelle métamorphose de la société salariale, mais aussi une crise, ou une métamorphose, de la société domestique. Car lorsqu'on parle de travail, on parle en général du travail marchand, principalement salarié ou minoritairement indépendant, alors que la majorité des heures « travaillées », en France, comme aux États-Unis ou en Afrique, est accomplie par les femmes dans un « premier étage » de l'économie, (selon l'image de Fernand Braudel) celui de la sphère domestique. Même le travail des femmes « à l'extérieur » reste encore marqué par le « bénévolat » qu'exigent d'ancestrales relations patriarcales. Et j'ai le sentiment que la crise de la société patriarcale interfère jusqu'au cœur de la crise du salariat, tout comme la crise dite écologique interfère jusqu'au cœur de la crise économique[5].

Comprendre la logique de la société en sablier sera le premier propos de ce livre, qui est donc d'abord non seulement un livre d'analyse, mais plus précisément d'économie politique. Dans cette analyse, il m'arrivera de creuser l'analogie entre l'évolution de la France, courant après le Royaume-Uni qui court après les États-Unis dans la voie de la brésilianisation... et la situation présente de l'Amérique latine. Ces comparaisons pourront choquer. Il faut les prendre avec un humour morose, mais il faut savoir aussi que la « flexibilisation » a sa propre logique, dont l'Amérique latine offre une réalisation en quelque sorte expérimentale. Et cela sera valable aussi pour explorer les risques des diverses propositions de traitement du chômage.

Car bien sûr, il faudra recoudre la déchirure. Et ce sera le second propos du livre, proposer des solutions. On ne s'étonnera pas que les chapitres de la partie centrale tournent autour

---

4. Voir mon article « Parité au masculin », *Nouvelles Questions féministes*, vol. 15, n° 4, 1994.
5. Voir mes livres *Choisir l'Audace* (1989) et *Vert espérance* (1993), chez ce même éditeur.

du « partage du travail ». Nous aborderons ensuite le « tiers secteur », puis, parce que c'est à la fois une exigence trop retardée et qu'enfin les choses bougent, la question fiscale. Enfin, bien sûr, il faudra parler des « contraintes extérieures », essentiellement de l'Europe.

Ces solutions ne tombent ni du ciel, ni de mon stylo. Elles sont le fruit d'une double élaboration : le travail des économistes, et les aspirations populaires. Il ne s'agit pas seulement de répondre, en économiste, à ces aspirations. Il s'agit de mener un dialogue constant entre ces deux pôles : aspirations populaires, propositions, analyses, évaluation des contraintes, refus des contraintes indues et acceptation de formes nouvelles de solidarité. L'un et l'autre pôles y sont impliqués. Le refus d'une injustice par des grévistes est aussi valable que la démonstration d'une impossibilité par un modèle macroéconomique. « Les faits sont têtus », disait un révolutionnaire du temps jadis, mais les « faits » sont autant le sentiment de l'inacceptable que les accords signés de manière irresponsable.

Ce dernier paragraphe n'est pas qu'une allégeance rituelle au « rôle du mouvement des idées dans le débat démocratique ». Au moins dans les chapitres sur le partage du travail, j'essaierai de faire sentir l'évolution entrelacée de l'opinion, des revendications, des prises de positions politiques. J'essaierai de répondre aux arguments les plus entendus dans le débat public, même s'il faudra bien sûr parfois en revenir à la froide comptabilité et aux exigences de la calculette. Car j'essaierai aussi, pas à pas, puis en entrant de plus en plus dans le détail des chiffres, de discerner les vraies et les fausses contraintes, de faire les comptes de ce qui est possible, pour peu que l'on en ait le courage politique et que l'on sache construire une majorité culturelle.

J'ai eu la chance immense de pouvoir communiquer à ces deux pôles, avocat du diable dans les séminaires professionnels ou les débats des mouvements populaires. J'ai entendu les objections des uns et des autres, et j'ai vu que la capacité d'entendre « les réalités » n'était pas principalement là où on le croit.

C'est surtout à ces militants anonymes, ces femmes et ces hommes de bonne volonté, qu'oppresse ou scandalise la société en sablier, et qui depuis des années ne trouvent plus, ni dans la presse, ni dans le discours des forces politiques, les éléments d'une réflexion pour comprendre le monde afin de le transformer, que ce livre est dédié. Je leur devais ce livre car je leur dois ma propre réflexion. Avec certains d'entre eux, j'ai eu la chance de pouvoir la mener en commun[6].

A Francine Comte, ma compagne de luttes et d'espérances, qui a soutenu de toutes ses forces la rédaction de ce livre, ma tendre reconnaissance.

---

6. Je remercie en particulier Yves BUCAS, Yves PACCOU et Philippe QUIRION, et tous mes amis de la commission économie des Verts.

I

La société en sablier : polarisation, précarisation, exclusion

Introduction

Savez-vous pas que l'ordinaire
S'en va toujours en descendant ?[1]

Une société en crise tend à idéaliser l'ordre qui disparaît comme un paradis perdu. Crise : « L'ancien se meurt, le nouveau ne parvient pas à voir le jour ; dans cet interrègne surgissent les monstres », selon la belle définition d'Antonio Gramsci. Sortir de la crise revient souvent, pour celles et ceux qui en sont victimes, à essayer de reprendre pied sur « l'ancien ». Les prophètes du gai cynisme les exaspèrent : « Nous ne vivons pas une crise, mais une mutation ! *Il faut vous y adapter.* » Belle consolation...

Malheureusement, les cyniques ont parfois raison. L'ancien est bien mort, et un nouveau monde est bien là. Or, ce nouveau monde est pire que l'ancien. Le capitalisme a connu en Occident, pendant les « Trente Glorieuses » années de l'après-guerre, une de ses variantes historiques, un « modèle de développement » : le *fordisme.* Le fordisme avait ceci de particulier qu'il impliquait dans sa propre logique une amélioration certaine du niveau de vie et du sentiment de sécurité des travailleurs. Ce modèle est entré en crise dans tout l'Occident au début des années soixante-dix. Et de cette crise, le capitalisme est aujourd'hui largement sorti. Aux États-Unis, en Grande-Bretagne, en France, un nouveau modèle s'est mis en place et s'approfondit d'année en année. Il est aujourd'hui largement

1. Chanson des ouvriers papetiers, dirigée contre un édit de 1738 qui rognait sur « l'ordinaire », la convention collective et la législation sociale de l'époque. Cité par Marc ROUBINE, *Anthologie de la chanson française*, Albin Michel, Paris, 1994.

étudié aux États-Unis [2]. Il est assez satisfaisant pour le capital. Pas du tout pour les travailleurs. Mais il n'est nullement écrit dans les gènes du capitalisme que ce qui est bon pour le capital soit bon pour le travail, et encore moins pour la nature.

Mais les cyniques n'ont que partiellement raison. Le nouveau modèle de développement qui triomphe de part et d'autre de l'Atlantique (que j'appelle « libéral-productiviste ») est beaucoup moins stable que le précédent. Il est redevenu cyclique, comme le capitalisme du XIXe siècle et jusqu'à la Seconde Guerre mondiale. Et sa mondialisation rend les cycles particulièrement dangereux. Surtout, il n'était pas la seule forme possible d'après-fordisme, même dans un cadre capitaliste. D'autres modèles se développent, moins « libéraux » (en Europe continentale, au Japon). Ils restent extrêmement compétitifs, tout en préservant mieux les intérêts des travailleurs, même s'ils souffrent, eux aussi, des tourbillons de la mondialisation. La « métamorphose du salariat » qui a prévalu en France dans les années quatre-vingt n'est certes pas le dernier mot de l'Histoire.

J'ai décrit dans mes travaux précédents la formation du fordisme, en France et dans le monde, sa crise, les dangers de la voie choisie aux États-Unis, en Grande-Bretagne et en France, et la multiplicité des modèles qui se développent aujourd'hui sur la planète [3]. Je serai donc ici très rapide dans le rappel de ces analyses, que je présenterai le plus simplement possible. Surtout, ce livre n'est pas un énième *remake* de la présentation du fordisme et des post-fordismes. Il vise très précisément la *question sociale* dans notre variante du post-fordisme : les questions de l'exclusion, de la précarité, des inégalités de revenus et de situations. Vus sous cet angle, le fordisme va s'appe-

---

2. Voir par exemple Samuel BOWLES, David GORDON et Thomas WEISKOPF, *L'Économie du gaspillage*, La Découverte, Paris, 1986 ; Bennet HARRISON et Barry BLUESTONE, *The Great U-Turn*, Basic Book, New York, 1989 ; W. J. WILSON *Les Oubliés de l'Amérique*, Desclée de Brouwer, Paris, 1994. Sur les faiblesses *initiales* du fordisme américain, le livre de base reste Mike DAVIS, *Prisonners of the American Dream*, Verso, Londres, 1986.

3. Sur l'histoire du fordisme en France, sa crise et l'incapacité du gouvernement Mauroy à la résoudre : *L'Audace ou l'enlisement*, *op. cit.* Sur la dimension internationale de la crise et les stratégies divergentes de sortie de crise (dont le « libéral-productivisme ») : *Choisir l'Audace*, *op. cit.* Sur la variété des après-fordismes dans le monde : « Les rapports capital-travail à l'aube du XXIe siècle », *in* J. M. CHAUMONT & Philippe VAN PARIJS (dir.), *Les Limites de l'inéluctable*, De Boeck-Wesmael, Bruxelles, 1991.

ler « société en montgolfière » et notre après-fordisme « société en sablier ».

Mais si la crise dont la France sort actuellement par la mauvaise porte est bien celle d'un rapport salarial qui semblait devoir, au début des années soixante-dix, absorber toutes les activités et toute la vie quotidienne en une société unidimensionnelle : produire/acheter/ consommer, elle ne s'arrête pas là. Nous ne vivons pas seulement la crise ou la métamorphose de la société salariale. C'est l'ensemble des rapports de l'espèce humaine à elle-même et à son environnement qui est en crise, en particulier en France. Même en laissant à d'autres ouvrages la question du rapport entre production-consommation et environnement, nous devrons prendre en compte ceci : la crise des rapports sociaux n'est pas qu'une crise du rapport salarial [4]. Nous n'aurons guère la place d'évoquer la crise des rapports internationaux ou celle des rapports entre la politique et les citoyens, si ce n'est latéralement. Mais nous ne pouvons esquiver la crise des autres rapports dans lesquels hommes et femmes assurent leur vie matérielle : la crise de la société domestique.

Cette crise n'est pas le produit du féminisme, et encore moins sa « punition », au sens où l'insinuent les « elles n'avaient qu'à pas... » ou les « nous sommes allés trop loin ». Le fordisme à la française a offert une possibilité d'émancipation économique pour les femmes, dont elles se sont saisies pour secouer le joug du patriarcat, mais au moment même (vers 1975 ?) où cette libération semblait pouvoir déboucher sur de nouveaux équilibres, plus favorables aux femmes, la crise du salariat (et la sortie de la précarisation par la voie de la « flexibilité ») est venue les surprendre au milieu du gué. Elles n'ont plus la famille, elles n'ont pas les bons emplois, elles portent toujours le poids des enfants et des personnes âgées dont leurs filles ne peuvent plus, dont les fils ne veulent pas s'occuper.

Telles sont les quelques facettes de l'état des lieux abordées dans cette première partie. Notre démarche sera très progressive. Dans un premier chapitre, nous évoquerons, de la façon

---

4. Je précise que pour moi l'écologie politique englobe l'ensemble des rapports sociaux, y compris entre les humains, même si les rapports entre l'humanité et l'environnement constituent son domaine réservé (voir *Vert espérance, op. cit.*).

la plus imagée possible, le passage de la société en montgolfière à la société en sablier. Puis nous chercherons, cette fois chiffres à l'appui, à représenter, mesurer l'inégalité et l'exclusion dans la société en sablier français. Enfin, nous réfléchirons sur la crise de ce qui avait semblé, à l'époque du fordisme, unifier la société en donnant à chacun sa « place » : l'emploi, le travail.

1

De la société en montgolfière à la société en sablier

Ami lecteur, tu as mon âge et tu as connu le monde des années soixante-dix, peut-être même celui des années quarante. Ou bien, beaucoup plus jeune, n'as-tu rien connu d'autre que la société actuelle. Mais tu as entendu parler de ces « Trente Glorieuses » années de l'après-guerre. Tu sais que la France n'a pas toujours connu ces périodes, comme la nôtre, où « l'ordinaire s'en va toujours en descendant ».

Le succès du beau livre de Robert Castel, *Les métamorphoses de la question sociale*[1], montre le besoin des Français de relire leur histoire sociale pour se convaincre que le capitalisme ne va pas toujours dans le même sens et que peut-être, après la pluie, reviendra le beau temps. Ce chapitre s'attache à l'histoire de l'actuel « tête-à-queue » (*the big U-turn* comme disent les Américains) qui voit renaître, dans les pays que l'on croyait développés, des situations de crise sociale qui semblaient l'apanage des pays sous-développés. Car l'histoire, et celle du capitalisme en particulier, n'est pas linéaire. Elle connaît des bifurcations, des points de rebroussement. Elle se présente comme une succession de « modèles de développement ». Nous vivons un nouveau modèle de développement. Il est hélas bien plus terrible que le précédent.

1. Robert CASTEL, *Les Métamorphoses de la question sociale. Une chronique du salariat*, Fayard, Paris, 1995.

La société en montgolfière

Le modèle de développement qui se met en place en France à la Libération et que nous appelons le « fordisme », repose sur trois piliers :

– une organisation du travail particulière, qui a permis, depuis le début du siècle, des gains de productivité rapides et durables. C'est ce qu'on appelle le taylorisme, qui oppose les « concepteurs » (ingénieurs, techniciens des bureaux d'études et des méthodes) et les « exécutants » (les ouvriers et employés peu qualifiés) ;

– une redistribution systématique de ces gains de productivité à l'ensemble des classes sociales, en particulier à tous les salariés, sous forme d'une hausse régulière de pouvoir d'achat. Cette « demande effective » va tirer la croissance dans les Trente Glorieuses années de l'après-guerre, en offrant un marché sans cesse croissant à la production de masse. C'est d'ailleurs pour cela que l'on parle de « fordisme » : en hommage à Henry Ford qui produisait ses voitures à la chaîne et invitait les patrons à augmenter les salaires... afin que lui-même puisse écouler ses voitures. On l'appelle aussi « keynésien » en hommage à John Meynard Keynes qui montra le rôle d'une demande effective insuffisante dans la crise des années trente ;

– une organisation centralisée et rigide de cette redistribution, stabilisée par un réseau de conventions collectives, par la législation sociale et par l'État-providence (le système de la Sécurité sociale). C'est pour cela que l'on appelle parfois les variantes les plus organisées du fordisme : « modèle social-démocrate ».

La distribution des revenus prend ainsi la forme d'une montgolfière ventrue (peu de riches, peu de pauvres, beaucoup de moyens) qui s'élève régulièrement et avec ensemble. La hiérarchie des salaires est en effet rigidement corsetée par les conventions collectives : classes aisées, classes moyennes, classes populaires, accèdent successivement à une même structure de consommation, qui s'élève selon des trajectoires décalées dans le temps mais semblables. Le mode de vie de l'ingénieur précède de quelques années celui du technicien, celui-ci éclaire l'avenir de l'ouvrier professionnel, qui montre le chemin à l'OS. Si l'on veut une autre image, la société est

Figure 1. – Les strobiloïdes de cinq nations au cours des années quatre-vingt

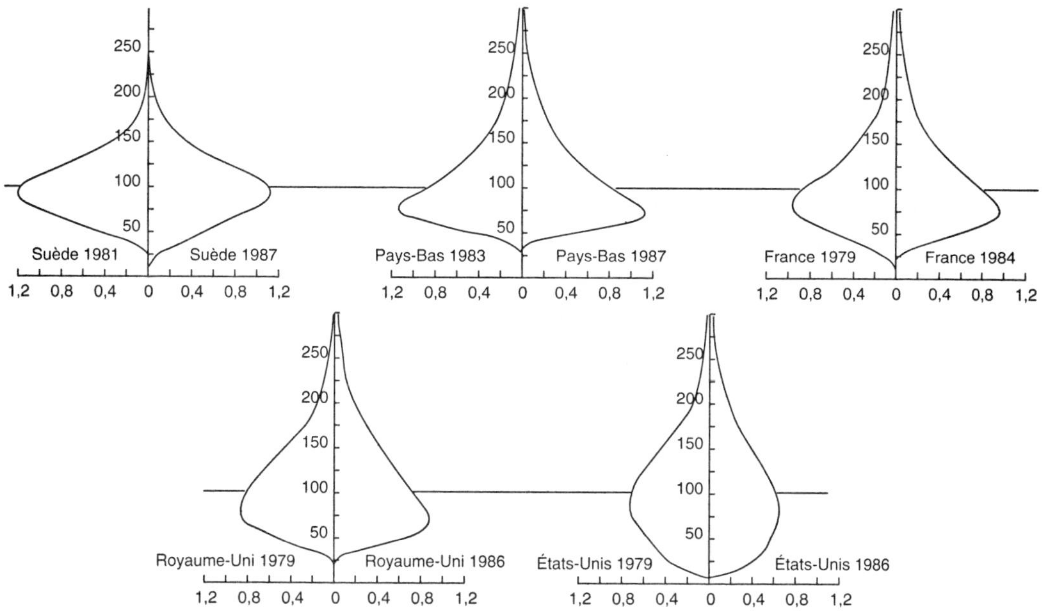

Source : Louis CHAUVEL, « Inégalités singulières et plurielles : les évolutions de la courbe des revenus disponibles », *Revue de l'OFCE,* n° 55, octobre 1995. Il s'agit donc du revenu *disponible* (après impôts et prestations sociales) des ménages (groupe de personnes vivant sous le même toit : en général des familles).

emportée par un escalier mécanique où les distances sociales restent stables mais où tout le monde s'élève. Les nouveaux venus de l'exode rural et de l'immigration prennent place sur la dernière marche.

Mais j'aime bien l'image de la montgolfière. Elle est d'abord descriptive. Pour représenter la distribution des revenus, une façon commode (mais nous en verrons d'autres) est d'échelonner les revenus sur un axe vertical et, autour de chaque petit segment de cet axe, enfiler une rondelle dont le rayon représente la part de la population dont le revenu se situe à l'intérieur de ce segment. On obtient en général une sorte de toupie, le « strobiloïde » des revenus (de *strobilos*, qui en grec veut dire toupie). Dans la figure 1, on représente les toupies de différents pays à différentes dates. Comme il s'agit de représenter des inégalités, et non le niveau général des revenus du pays à cette date, toutes les toupies ont la même surface, qui représente la totalité des ménages du pays. Et en plus, le niveau du revenu « médian », tel que la moitié des habitants gagnent moins et l'autre moitié gagne plus, est indexé « 100 ». Le niveau « demi-médian » (la moitié de ce revenu médian) est indexé « 50 », le revenu double du médian est indexé « 200 », etc.

Un strobiloïde, dans un pays développé et encore « fordiste », ne doit pas toucher terre : personne n'a un revenu nul (en fait, si : il y a toujours eu des exclus, mais ils étaient si peu nombreux qu'on ne les voyait pas dans les statistiques). Puis, en remontant l'échelle des revenus, on commence à trouver quelques ménages pauvres, puis de plus en plus, jusqu'à un « ventre » entre les niveaux où s'intercale la grande masse des ménages. En remontant plus haut, on trouve ensuite des classes moyennes moins nombreuses : la toupie s'amincit à nouveau, puis elle s'effile progressivement, jusqu'aux plus hauts revenus, où l'on trouve de moins en moins de monde.

Examinons les quelques toupies de la figure 1. Sur le côté gauche, on a mis la distribution de la fin du fordisme (fin des années soixante-dix – début des années quatre-vingt), sur le côté droit ce qu'il en est cinq ans plus tard. On voit que la distribution s'est déjà un peu déformée, mais n'anticipons pas. Exerçons-nous à comprendre les différences.

– La Suède, pays phare de la social-démocratie, n'a pratiquement pas de riches en revenus (au-delà de deux fois le revenu médian). Mais elle a pas mal de pauvres (en deçà du demi-médian), à peu près autant que la France. Elle a donc une gigantesque classe moyenne.

– Comme le remarque l'auteur des graphiques, Louis Chauvel, la variante hollandaise de la social-démocratie est assez différente. Il y a des riches, mais il n'y a pratiquement pas de pauvres. Le ventre de la toupie s'aplatit et s'élargit, un peu en dessous du revenu médian, comme s'il était repoussé par en bas et pouvait s'échapper vers le haut. Les Pays-Bas ont une autre conception (plus démocratique ? moins protestante ?) de l'égalité : on peut faire fortune, mais personne ne doit en souffrir. C'est un peu la conception de la justice selon le philosophe américain John Rawls [2].

– La France combine les propriétés de la Suède et des Pays-Bas : plus de riches et plus de pauvres. Notons qu'en 1984, à la fin du gouvernement Mauroy, elle est plus « juste » (il y a moins de relativement pauvres) que sous Giscard d'Estaing. La « rigueur » ne va pas tarder à faire sentir ses effets, mais, encore une fois, n'anticipons pas.

– En 1979, à l'arrivée de Margaret Thatcher au pouvoir, le Royaume-Uni est encore clairement une social-démocratie. Mais ce n'est déjà plus le cas des États-Unis, et on peut se demander si ce fut jamais le cas, même sous Kennedy et Johnson. Inventeurs du fordisme, les États-Unis ne l'ont jamais aussi bien parachevé que la vieille Europe dans la foulée de la Libération. La toupie y ressemble dès 1979 à un culbuto, avec une base ventrue posée sur le sol. Et cela ne va pas s'arranger.

On devine ce que serait la forme du strobiloïde au Brésil (ou en Inde, etc.) : une grosse goutte de peinture écrasée sur la base, avec 70 % de la population gagnant entre rien et pas grand chose, 20 % de « couches moyennes », et des riches beaucoup plus riches que les plus riches des pays riches. Souvenons-nous de *La Comtesse aux pieds nus*, le film des années cinquante de Mankiewicz : la belle Ava Gardner y était disputée par deux milliardaires, l'un de Californie, l'autre d'Amérique du Sud, et c'est le second qui l'emportait !

Il faut dire ici un mot de l'expression « couches moyennes ». En général, je l'emploie pour désigner la zone « ventrale » de la société en montgolfière : la grande masse de 40 % à 50 % de la population autour du revenu médian. À l'apogée du fordisme, même aux États-Unis, elle comprenait des ouvriers bien syndiqués et surtout des employés et cadres moyens. Mais on emploie aussi l'expression « classes moyennes », ce qui est tout différent. En Angleterre, *middle-class* signifie simplement *bourgeoisie* (entre la classe ouvrière et la *gentry*). Au Brésil, les

2. Dans son livre dorénavant célèbre, *Théorie de la Justice* (Seuil, Paris, 1987), John RAWLS explique qu'un accroissement des inégalités est légitime si les moins bien lotis y gagnent. Sans partager du tout les présupposés méthodologiques individualistes de Rawls, j'accepte en souriant cette définition minimale de la justice.

« classes moyennes » sont en fait la minorité qui a un salaire régulier, entre la masse immense du prolétariat des campagnes et des *favelas* (les bidonvilles) et la poignée de propriétaires fonciers immensément riches et souvent aussi entrepreneurs capitalistes. Cela va donc des ouvriers de la grande industrie aux cadres supérieurs : une énorme échelle, qui commence à cinq ou six fois le salaire minimum et monte jusqu'à trente fois celui-ci. En France, les « classes moyennes » représentent la masse des travailleurs indépendants de la paysannerie, de l'artisanat et du commerce, sur laquelle s'appuyait le parti radical-socialiste de la IIIe République. Sous le fordisme français, ces classes moyennes se sont salarisées : elles sont devenues « les cadres », la petite bourgeoisie moderne salariée [3]. Chaque fois qu'il y aura doute, je distinguerai « hautes couches moyennes » pour désigner cette nouvelle petite bourgeoisie et « basses couches moyennes », les salariés fordistes moyens.

Dans nos pays fordiens, ou sociaux-démocrates, le strobiloïde des revenus a bien la forme d'une toupie, alors pourquoi parler de montgolfière ? D'abord parce qu'une vraie toupie repose quand même la pointe sur le sol, ce qui n'est pas le cas de la distribution des revenus. Surtout parce que l'image de la montgolfière évoque en plus la *physiologie*, la logique interne du modèle de développement fordiste. C'est en fait la masse des revenus des salariés, situés dans le gros ventre autour de revenu médian, qui fait s'élever l'ensemble de l'économie, comme la masse d'air chaud coincée dans le ventre de la montgolfière, entre les étroites cheminées du haut et du bas, fait s'élever l'aéronef.

Telle est en effet la logique de la consommation de masse. Comme le disait Kalecki, le grand économiste polonais qui, réfugié à Londres entre les deux guerres, figure le chaînon manquant entre Marx et Keynes : « Les salariés dépensent ce qu'ils gagnent, les capitalistes gagnent ce qu'ils dépensent. » Nous reviendrons plus loin sur la seconde partie de la phrase. Le sens de la première partie est évident : le gros des salariés, employés, ouvriers, petits cadres, dépensent pratiquement tout ce qu'ils gagnent, ou font des économies pour consommer

3. Voir Luc Boltanski, *Les Cadres : la formation d'un groupe social*, Minuit, Paris, 1982.

plus tard. La part du produit national distribuée en salaires se retrouve immédiatement en face des marchandises produites, qui sont pratiquement vendues d'avance. Ce fut le ressort du miracle des Trente Glorieuses années fordistes (1945-1975): une croissance stable et sûre de la production, parce que le «pouvoir» et le «vouloir d'achat» sont automatiquement en face. Et, grâce aux conventions collectives, aux contrats à durée indéterminée, aux mécanismes de progression du salaire minimum, on est sûr que cette «demande effective» ira croissant, parallèlement aux gains de productivité: donc on peut investir sans cesse pour accroître la production. Pour les malades, femmes enceintes, retraités, chômeurs, l'État-providence est là qui garantit un revenu permanent. Les revenus des travailleurs fordiens sont à la fois *croissants* et *stables.* Tout autre est le cas des capitalistes et des hauts salariés, qui parfois consomment et parfois épargnent, de manière cyclique. Nous y reviendrons.

La crise du fordisme et les voies de l'après-fordisme

Le rapport salarial, dans le modèle fordiste, était caractérisé principalement par la combinaison des principes *tayloriens* d'organisation du travail (stricte séparation entre «ceux qui pensent» et «ceux qui exécutent»), et de formes *rigides* de contractualisation salariale garantissant aux salariés un pouvoir d'achat régulièrement croissant (législation sociale, conventions collectives, État-providence, etc.). Ce compromis capital-travail est entré en crise des deux côtés au début des années soixante-dix. D'une part, l'internationalisation excessive des marchés et des circuits productifs, non accompagnée d'une harmonisation internationale des compromis salariaux, a mis au premier plan la contrainte de compétitivité, au détriment de la croissance des marchés intérieurs. D'autre part, l'organisation taylorienne du travail a épuisé ses réserves de rationalisation du travail, posant en termes plus conflictuels la question du financement des investissements. Dans les deux cas (compétitivité et rentabilité), la rigidité des contrats salariaux apparaît comme un problème.

La première cause de la crise est la plus connue, elle est même l'explication officielle de la crise (« mais les Japonais... mais les Coréens... ») et de sa « seule issue possible » (baisser les salaires). Cette explication est d'ailleurs acceptée par la majorité des militants syndicaux, alternatifs ou écologistes, et elle est parfaitement exacte. Sauf qu'elle n'explique pas tout. Elle n'explique pas la crise des secteurs non soumis à la concurrence internationale (la majorité de l'activité), elle n'explique pas que des pays s'en tirent relativement mieux que la France avec des salaires bien plus élevés (l'Allemagne, le Japon), elle n'explique pas que les « Quatre Dragons » d'Asie, en élevant leurs salaires, aient dépassé la Grande-Bretagne, où les salaires sont à présent inférieurs à ceux de Singapour ou même de la Corée du Sud[4].

La seconde cause est plus subtile. Une variante doit être examinée avec prudence : la formidable révolution technologique actuelle rendrait la production tellement efficace qu'elle entraînerait *la fin du travail.* Jeremy Rifkin (déjà cité) soutient brillamment cette thèse en empilant pendant des pages les témoignages. Si les entreprises utilisaient les meilleures techniques disponibles, il n'y aurait pratiquement plus besoin de travail du tout[5].

À l'argument de J. Rifkin s'oppose l'argument immédiat que cette rengaine (« la machine tue l'emploi ») a déjà connu ses heures de gloire depuis des siècles, que les gains de productivité sous le fordisme était *plus élevés* qu'aujourd'hui (deux fois plus, en France : 5,2 % par an de 1949 à 1974, 2,6 % depuis 1974), et que de toute façon il n'y a qu'à mieux distribuer

4. L'argument selon lequel la « globalisation » priverait les États nationaux de toute autonomie en matière de politique sociale est battu en brêche dans le livre des Anglais Paul HIRST et Grahame THOMSON, *Globalization in Question*, Polity Press, Oxford, 1996. Ce livre fait l'objet d'une recension élogieuse du *Financial Times*, reproduite dans *Problèmes économiques* n° 2474, 29 mai 1996.

5. L'argument quantitatif de Rifkin est soutenu en France, de manière plus réfléchie, par des écologistes comme André Gorz, René Passet, Jacques Robin. Chez Gorz, c'est une réflexion sur le *sens* du travail face à l'automation. Chez Jacques Robin, l'inquiétude s'étend aux mutations que risquent d'apporter les bio-technologies (*Quand le travail quitte la société post-industrielle*, GRIT-Editeur, Paris, 1993). Il va de soi qu'au-delà de la discussion économique qui va suivre sur les enchaînements qui vont de la productivité au chômage, je partage l'argument de fond de tous ces auteurs : si la productivité n'est pas redistribuée sous forme de réduction du temps de travail, le chômage de masse devient inéluctable.

les gains de productivité, soit sous forme de hausse du pouvoir d'achat (comme à l'époque fordiste), soit sous forme de réduction du temps de travail. A cela, les tenants de la thèse illustrée par Rifkin répondent immédiatement : « Oui, mais maintenant on ne peut plus, à cause de la concurrence internationale », ce qui nous ramène aux objections précédentes à l'explication « par la globalisation ».

La crise de l'organisation du travail fordiste est en fait un peu plus complexe. Si toutes les entreprises n'utilisent pas aujourd'hui les meilleures techniques, c'est qu'il faudrait les acheter (« investir »), et pour cela augmenter les profits. Or les gains de productivité que permettent les techniques fordiennes, et qui viennent de machines de plus en plus coûteuses et automatisées, mises au point par des armées d'ingénieurs et techniciens, ces gains rentabilisent de moins en moins les investissements qui les ont engendrés. Dit autrement, l'efficacité du capital (la valeur du produit rapportée à celle des équipements) ne cesse de baisser (en France : de 43 % depuis 1965). Pour s'offrir les nouveaux équipements, la première et bien vieille idée qui s'offre aux investisseurs est bien sûr d'augmenter la part du produit qu'ils s'approprient (le « taux de marge »), et donc de baisser la part des salariés, soit en les faisant travailler plus, soit en les payant moins, ou les deux, mais de toute façon en répudiant le compromis fordien de l'après-guerre.

C'est ce qu'ils firent à partir de 1978[6]. En France, à partir du point bas de 1982 où, littéralement, « les patrons ne pouvaient plus payer », ils rétablirent leur taux de marge qui *tripla* au long des dix années suivantes (figure 2). Or le taux de profit (le profit sur le capital avancé) n'est autre que le taux de marge multiplié par l'efficacité du capital.

Aujourd'hui, en France comme aux États-Unis, la crise est finie pour le capital : les taux de profit des années cinquante-

---

6. Pour une analyse plus détaillée, voir *L'Audace ou l'enlisement*, *op. cit.*, et, bien plus actuel, *Misère du capital* de Michel Husson (Syros, Paris, 1996), d'où sont tirés les chiffres cités ici. On en trouvera d'autres dans le n° 4 de *Connaissance de l'emploi, des revenus et des coûts*, la note du CERC-Association (les amis de feu le CERC). L'épargne brute des entreprises (profits non distribués, après impôts, dividendes, intérêts), qui avait chuté d'un sommet de 15,5 % en 1973 à 9,8 % en 1982, est remontée à 17,3 % en 1994.

Figure 2. – Le taux de profit et ses composantes
France – Base 100 en 1924

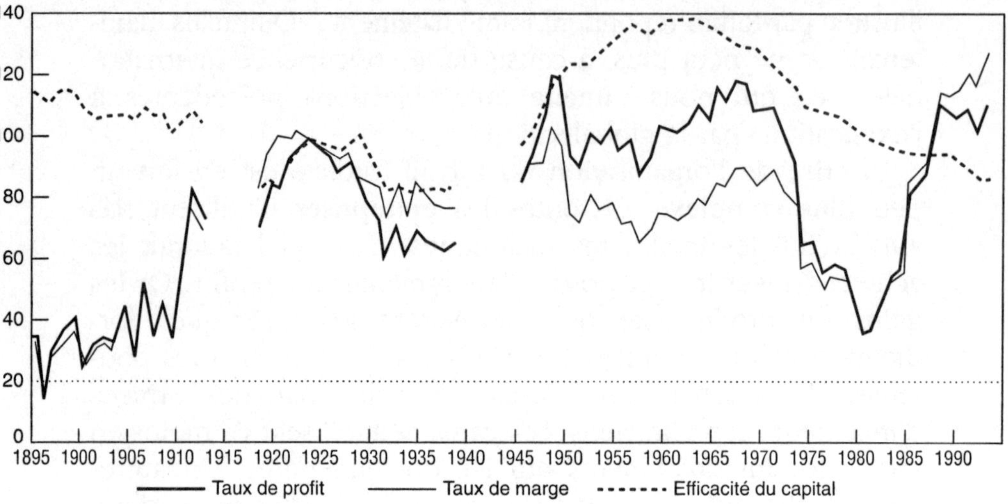

Source : Michel HUSSON, *Misère du capital*, Syros, Paris, 1996. Pour lire le graphique : le taux de profit croît avec le taux de marge et décroît avec l'efficacité du capital.

soixante sont rétablis. Qui a payé ? Essentiellement les travailleurs, par une baisse vertigineuse de leur part dans le produit national. D'abord, ils ont continué à produire plus chaque année : la productivité horaire, même ralentie, a quand même augmenté de 30 % en douze ans. Mais en France le nombre d'heures de travail par an n'a pas diminué, et le salaire versé n'a presque pas augmenté depuis 1982. La part du produit qui revient aux salaires s'est donc affaissée, et cela a plus que compensé la baisse de l'efficacité du capital.

Aux États-Unis, c'est encore pire : dans toutes les branches, à tous les niveaux de qualification pour les femmes comme pour les hommes, la durée annuelle du travail a augmenté de l'équivalent d'un mois depuis le début des années soixante-dix. On y travaille 320 heures (l'équivalent de deux mois) de plus par an qu'en Allemagne. Et cela pour un salaire de plus en plus faible : pour les ouvriers et les employés, le salaire moyen a baissé de 10 % en termes réels depuis 1973. Ceci explique cela : pour maintenir simplement son niveau de vie de 1973, le travailleur américain doit travailler aujourd'hui 245 heures de plus par an (six semaines et demi)[7]. En Grande-Bretagne, l'éclatement des normes de durée du travail est tel que cette notion ne veut même plus dire grand chose.

Dans les pays anglo-saxons plus encore qu'en France, cette formidable montée de la pression sur les travailleurs *occupés* est passée par le chantage au chômage et par la destruction de la législation sociale qui cadrait leurs conditions d'emploi. Cette première voie de sortie de la crise du fordisme fut donc la destruction des compromis *rigides* : la fameuse *flexibilisation.* C'est la voie choisie par les pays anglo-saxons, l'Europe du Sud, la France : une « brésilianisation », qui aboutit au *néo-taylorisme* : le maintien des principes d'organisation du travail tayloriens, encore aggravés par l'informatique (un « taylorisme assisté par ordinateur »), mais sans les avantages concédés aux travailleurs par le fordisme. Mais – heureusement – ce n'est pas la seule voie !

D'autres capitalistes nationaux ont recherché un nouveau compromis, fondé sur la « mobilisation de la ressource humaine », la mobilisation des salariés dans la bataille pour la productivité et la qualité. Il s'agissait de relancer directement la croissance de la productivité du travail, sans passer nécessairement par le détour de machines de plus en plus sophistiquées, fragiles, coûteuses. Ce nouveau compromis peut être négocié au niveau de la firme (comme au Japon), de la branche (comme en Allemagne, en Italie du Nord, et en général dans l'Arc alpin), de la société tout entière (en Scandinavie). Elle implique toujours (à ces trois niveaux respectivement), le maintien d'une certaine rigidité des acquis sociaux, négociée en échange de l'implication des travailleurs[8].

La leçon des années quatre-vingt est la victoire, du point de vue capitaliste (c'est-à-dire du point de vue de la compétitivité), du second modèle sur le premier. Comme dans le

---

7. Juliet SCHOR, *The Overworked American*, *op. cit.*

8. C'est ce que Michel ALBERT appelle le « modèle rhénan » (*Capitalisme contre capitalisme*, Seuil, Paris, 1991). Mais il aurait aussi bien pu parler de « modèle alpin ». Sur la comparaison entre les deux types de sortie de crise, voir aussi D. LEBORGNE et A. LIPIETZ, « Flexibilité offensive, flexibilité défensive », *in* Georges BENKO & Alain LIPIETZ (dir.), *Les Régions qui gagnent*, PUF, Paris, 1992.

capitalisme « atlantique », les taux de profit y ont retrouvé les niveaux d'avant la crise [9]. Mais de manière toute différente. Dans les pays restés attachés aux méthodes du taylorisme, qui comptent trop largement sur la technologie pour améliorer la productivité, l'efficacité du capital (c'est-à-dire la valeur ajoutée divisée par le coût du capital investi) n'a pas cessé de décroître dans l'« après-crise » (figure 2). Dans les modèles fondés sur l'implication négociée des travailleurs, la baisse de l'efficacité du capital est enrayée, et surtout le produit du travail de ces pays, de plus en plus sur-qualifié relativement aux autres (au nôtre...), se vend de plus en plus cher sur le marché mondial. Résultat : avec les salaires les plus hauts du monde, l'Allemagne et le Japon n'ont cessé d'engranger, depuis le début des années quatre-vingt, un excédent commercial sur les États-Unis, tandis que ceux-ci n'ont cessé d'afficher un déficit de 7 à 14 milliards de dollars *par mois* depuis cette époque !

Cependant, le premier modèle peut survivre dans les régions « néo-tayloriennes » à haute flexibilité, en se spécialisant dans des branches plus banales. On assiste alors à une « nouvelle division internationale du travail » entre un centre à haute qualification, à contrats salariaux plus rigides et à hauts salaires, et une périphérie de plus en plus flexible. Cette nouvelle division internationale s'organise en Europe selon un axe Nord-Est/Sud-Ouest, de la Scandinavie à l'Irlande et au Portugal [10]. La France est au milieu, concurrencée par des pays qui travaillent « mieux qu'elle » (l'Allemagne) et d'autres moins cher qu'elle (l'Espagne...).

La société en sablier

Nous reviendrons, dans le dernier chapitre, sur la difficile question de la coexistence de plusieurs « modèles de sortie de crise » à l'intérieur d'un bloc économique continental aussi inté-

9. Nous verrons que ce profit se subdivise ensuite en impôts, revenus distribués aux propriétaires (les intérêts et dividendes) et « épargne brute de l'entreprise » (réinvestie en général). Ces *deux dernières* composantes (la rémunération du capitaliste « passif » comme du capitaliste « actif », si l'on veut), sont aujourd'hui plus élevées qu'en 1972.

10. Voir mon texte : « The New Core-Periphery Relations : the Contrasting Examples of Europe and America », *in* C. W. N. NAASTEPAD & Servaas STORM (eds), *Rethinking the State. Scope and Limits of National Policies in a World Economy*, Edward Elgar, London, 1996.

gré que l'Europe. Mais, dans la diversité de ces issues à la crise, il faut bien avoir conscience que la France a choisi, et dès la fin des années soixante-dix, la voie perdante : celle de la « flexibilisation ».

Les inflexions politiques, idéologiques et institutionnelles initiées dès 1978 dans les pays anglo-saxons, en Europe du Sud et en France sous Raymond Barre, au nom de la lutte contre l'inflation, de la compétitivité et de la restauration de la rentabilité des entreprises, signent en effet la fin du fordisme et la mise en place progressive, tout au long des années quatre-vingt (malgré une inversion, sous le premier gouvernement Mauroy, en 1981-1982), d'un nouveau modèle de développement : le « libéral-productivisme » qui engendre la « société en sablier ».

Flexibilisation et déchirure sociale

La flexibilisation du rapport salarial, avec notamment la remise en cause de la rigidité du lien à l'entreprise (en France : suppression de l'autorisation administrative de licenciement, généralisation des statuts précaires, en particulier pour les femmes et les jeunes), ainsi que la baisse progressive de la portée des garanties de l'assurance chômage, affaiblissent globalement les couches moyennes-basses du salariat (ouvriers, employés). Il en résulte une hausse des profits, surtout de la part de ces profits répartie sous forme de revenus financiers, mais aussi de hauts salaires pour les cadres supérieurs et les dirigeants. Ce qui provoque une concentration des revenus sur les couches « épargnantes » (patrons aisés de l'industrie et du commerce, couches supérieures du salariat).

L'ascenseur social repart vers le bas, la montgolfière se dégonfle et elle devient un sablier. L'image du sablier est, elle aussi, à la fois descriptive et plus « physiologique ».

D'abord, la distribution des revenus passe de la montgolfière au sablier : dégonflement du vaste centre des couches moyennes, et apparition d'une société que l'on appelle en anglais *two-tiers*, « en deux tiers », ou *hour-glass*, « en sablier ». Les premiers à avoir « dégonflé » le fordisme, ce sont en effet les Anglais et les Américains, avec les réformes de Margaret

Thatcher et Ronald Reagan. Il est apparu une société effectivement « en deux tiers », mais c'est celui du milieu qui s'amincissait ! Le problème n'est pas que subsistent des riches, de vastes couches moyennes, et un tiers d'exclus, comme l'a cru Jacques Delors sur la foi d'une mauvaise traduction de *two-tiers society*. Mais c'est plutôt un processus de déchirure sociale, où le tiers du milieu se dégonfle et en quelque sorte se vide vers le bas. Un petit secteur est aspiré vers le haut : les *yuppies* anglo-saxons et tous ceux qui, dans les années quatre-vingt, ont été les fantastiques bénéficiaires de « la France qui gagne ».

Revenons vers le bas de la société en sablier. Avec la « précarisation », c'est toute la couche « moyenne inférieure » qui se dégonfle et qui se vide vers le bas, vers la précarité et peut-être l'exclusion. Le précaire est à la fois *pauvre* et *précaire*. Ce sont deux caractéristiques assez différentes. Je n'aime pas, je l'ai dit, le terme « fracture sociale », je préfère celui de « déchirure sociale ». Quand vous dites « fracture », vous pensez à quelque chose qui est cassé net (et c'est la traduction delorienne des « deux tiers » : en pensant que les deux tiers restants sont les deux du haut) ; quand vous dites « déchirure sociale », vous pensez à un processus qui a tendance à s'aggraver. Si l'on n'arrive pas à mettre un point de suture quelque part, il n'y a aucune raison que la machine à exclure s'arrête. Et ce qui est terrible dans la société en sablier, c'est que la déchirure remonte vers ceux qui sont « juste au-dessus du col » et qui ont le sentiment d'être « les prochains à y passer », à basculer de l'autre côté. Les mises en garde d'Emmanuel Todd contre la dramatisation de l'exclusion, (« thème assez largement mythique qui ne concerne que 1 % de la population » [11]), résultent, me semble-t-il, du double sens du mot « exclusion ». Comme résultat, l'exclusion ne touche vraiment qu'un ou deux millions de personnes, qui n'ont plus ni emploi ni perspective d'en trouver, ni logement aux normes minimales d'aujourd'hui, ni accès à la « société de consommation », ni même parfois de famille ou de droit à la santé. Mais l'exclusion comme processus insidieux, comme menace potentielle, est beaucoup plus répandue. Commentant la vaste enquête qu'il a coordonnée, *La*

11. Son article de *Politis*, du 21 décembre 1995, visait en fait l'excellent « Rapport au ministre des Affaires sociales sur la grande exclusion sociale » de Christian CHASSERIAUD, 1993.

Misère du monde[12], Pierre Bourdieu distingue la « misère de situation » (la misère objective) et la « misère de position » qui n'est pas seulement la jalousie, mais le sentiment d'être attiré irrésistiblement vers le bas, dans un mouvement qui vous échappe. Dès lors, ceux du bas apparaissent comme des ennemis, non pas tant qu'ils vous menacent réellement sur le marché du travail, mais parce qu'ils préfigurent votre avenir possible. C'est la misère des « petits blancs », qui fait le lit du racisme.

Décrivant « l'État dans lequel nous sommes »[13], le banquier socialisant anglais William Hutton, devenu, depuis son énorme succès, le rédacteur en chef de *The Observer*, parle d'une société des « 30-30-40 » : 30 % d'exclus, 30 % de précaires, 40 % de stables, eux-mêmes fortement différenciés par l'éventail des revenus. En France, nous n'en sommes pas là (nous le verrons plus loin), mais, même au sein du salariat (sans compter, donc, les chefs de grandes entreprises et les professions libérales), on assiste à une quadri-partition :

1) un segment hautement qualifié, bénéficiant sous forme de hauts salaires de la croissance de la productivité sociale : c'est la petite bourgeoisie moderne[14], les cadres ;

2) un segment de salariés permanents et relativement qualifiés. Ce sont les survivants de la relation salariale fordiste, mais elle ne concerne plus vraiment que les cadres moyens, les techniciens, la « catégorie B » de la fonction publique : ce qu'on appelle aujourd'hui les professions intermédiaires ;

3) un segment à insertion précaire et à faible salaire (pas toujours faiblement qualifié d'ailleurs !) : la norme des employés et des ouvriers. Leur contrat n'est pas forcément précaire (intérim, contrats à durée déterminée, temps partiels), mais ils savent que le patronat et la technocratie considéreraient comme normal de les réduire tous à cet état ;

4) un segment durablement exclu du salariat.

---

12. Seuil, Paris, 1993.

13. William HUTTON, *The State We're In*, Vintage, Londres, 1995.

14. Par « petite bourgeoisie moderne », Christian BAUDELOT, Robert ESTABLET et Jacques MALEMORT (*La petite bourgeoisie en France*, Maspero, Paris, 1974) entendaient les salariés occupant diverses fonctions d'encadrement de la production ou de la gestion de la société, et dont les salaires représentaient une valeur nettement supérieure à la reproduction de leur force de travail qualifiée. Nous reviendrons sur ce calcul risqué, mais nous verrons qu'il recoupe de nombreux indices pour faire apparaître un seuil aux environs de 12 000 francs net par mois.

L'émergence d'un secteur *durablement* « inemployable » (le mot atroce !), et donc exclu, est une nouveauté dans le capitalisme. Il ne s'agit plus de ce qu'on a appelé jadis un « volant de chômage », une « armée de réserve ». Il s'agit d'une population dont le capitalisme n'a plus besoin, même pour « faire peur aux autres », pour discipliner les travailleurs stables en maniant le chantage aux licenciements. Car il y a bien assez de chômeurs et de précaires qualifiés pour cela. Cette exclusion durable résulte de deux caractéristiques de la société en sablier.

La centrifugeuse de l'exclusion

D'abord, le capital n'a pas tendance à embaucher tous les « prolétaires » qui se présentent à lui (ceux qui n'ont pas d'autre solution pour vivre que de vendre leur force de travail), mais ceux dont il a besoin en fonction des machines dont il dispose et des marchés qu'il perçoit. Or la mécanisation réduit la demande du travail dans une économie dont la croissance est insuffisante et qui ne réduit pas non plus la durée du travail. Cette situation où une masse de prolétaires est non pas « en réserve », mais durablement inutile au capital, est très classique dans les pays sous-développés comme le Brésil : elle est appelée « lewisienne » (du nom d'un économiste qui mit en avant ce phénomène).

Mais, plus particulièrement dans les pays « néo-tayloriens » très développés, on n'a tout simplement plus besoin du travail sous-qualifié. Soumis à la double concurrence des pays qui ont choisi la « mobilisation de la ressource humaine », comme l'Allemagne et le Japon, et des nouveaux pays industrialisés, où le travail non qualifié coûte infiniment moins cher, les pays néo-tayloriens (États-Unis, Royaume-Uni, France) ne peuvent espérer conserver que les tâches qualifiées au sein de l'organisation taylorienne du travail, et délocaliser les autres vers le tiers monde... à moins de se tiers-mondiser eux-mêmes. Cette « brésilianisation » est une tendance à l'œuvre, effectivement, mais nous sommes encore loin de son terme !

Au printemps 1996, un scandale éclatait pourtant en Grande-Bretagne. Daewoo, la multinationale coréenne, annonçait l'ouverture de deux établissements en Europe. L'un au Pays de Galles, parce que les salaires y étaient dorénavant plus bas qu'en Corée. L'autre en Lorraine, parce que les travailleurs y étaient quand même plus qualifiés, mais deux fois moins chers qu'en Allemagne. La France a peut-être trouvé là un créneau : des travailleurs encore assez bons et déjà pas très chers. Et cette stratégie expliquerait ses récents succès à l'exportation !

Mais ce ne saurait être qu'une stratégie transitoire. Aligner les salaires sur la concurrence galloise, espagnole ou brésilienne, c'est se résigner à la tiers-mondisation. Aux États-Unis, la situation est déjà si « lewisienne » (et si différenciée socialement) que l'on peut sans honte priver les exclus du statut de citoyen et même des droits de la personne. Bill Clinton soutient aujourd'hui une loi républicaine privant d'allocation familiale les très jeunes mères célibataires (essentiellement afro-américaines) qui abandonneraient leurs études. Dans la Rome antique, le « prolétariat » constituait la dernière classe, celle qui n'est utile à la cité que par sa lignée *(proles)* : en lui faisant des enfants. Clinton et le congrès républicain signifient aux exclues afro-américaines que les États-Unis n'ont même plus besoin de ces enfants, de cette sous-classe, et que le mieux qu'elle puisse faire, cette *« under-class »*, c'est de disparaître, elle, et sa lignée inutile.

Dans ce cas, on ne peut plus parler seulement d'exclusion, mais d'expulsion : une « sous-classe » est expulsée du genre humain, privée des droits de la personne. Rappelons en effet que l'aide à l'enfant, le droit de fonder un foyer (fût-il monoparental) ne sont pas des droits « du citoyen », mais « de la personne »[15]. Ils sont reconnus aux résidents d'un État non parce qu'ils sont des « nationaux », mais parce qu'ils sont des humains. Cette expulsion, forme extrême de la société en sablier, est donc toujours peu ou prou liée à une forme de racisme, qui s'appuie le plus souvent sur une différence ethnique, et sinon constitue les pauvres en race à part. Aux États-Unis, il est implicite que les très jeunes mères collégiennes sont noires. Au Brésil, le droit de tuer les enfants des rues que s'arrogent les policiers, généralement en dehors de leurs heures de service, passe par une « déshumanisation » préalable de ces enfants dans le vocabulaire et le regard des gens « normaux ».

---

15. Comme on dit dans les milieux internationaux, pour ne pas dire « de l'homme » comme dans la machiste langue française.

En France, nos « exclus surnuméraires » sont évidemment les immigrés et les jeunes d'origine étrangère. Au sens strict, les immigrés sont celles et ceux qui sont *venus*, donc sont nés à l'étranger de parents étrangers, qu'ils soient ou non de nationalité française aujourd'hui. Ils sont depuis un siècle très nombreux en France, pays qui « manquait d'enfants » jusqu'en 1945 et dont les hommes avaient été fauchés par les guerres : dans l'entre-deux-guerres, la France fut même le premier pays d'immigration relativement à sa population. Le succès économique éclatant du fordisme lui a fait rechercher des bras à travers l'Europe et l'Afrique, malgré l'exode rural, malgré le rapatriement des Français d'Algérie. En 1965, l'immigration crève son plafond historique de 1930 (6,5 % de la population de France) et atteint, en 1975, 7,4 % de la population. La crise du fordisme s'ouvre : l'immigration est interrompue, sauf pour le regroupement familial. Le pourcentage des immigrés ne variera plus (7,4 % encore en 1990), mais la part des hommes diminue, celle des femmes augmente, jusqu'à constituer une pyramide des âges à peu près normale, mais très centrée sur les 25-55 ans, avec déjà quelques femmes âgées, pour la plupart des Italiennes.

Les immigrés sont des actifs « cotisants » qui coûtent donc relativement peu en charges sociales (scolarité et retraites) à la société française. Ajoutons que la majorité est européenne (par ordre décroissant en 1990 : Portugais, Algériens, Italiens, Marocains, Espagnols) et qu'un tiers sont devenus Français. Comme il y a d'autre part des étrangers qui sont nés en France, il y a en fait 4,2 millions d'immigrés pour 3,6 millions d'étrangers[16].

Ces immigré(e)s font donc des enfants, jusqu'ici Français, dont on n'a plus besoin, surtout des non européens. On a dit que les lois Pasqua-Méhaignerie visent à lutter contre l'immigration clandestine. Or il suffit de les lire pour constater qu'il n'en est rien. Il s'agit en effet :

---

16. Fabienne Daguet et Suzanne Thave, « La population immigrée », *INSEE-Première*, n° 458, juin 1996. Cette étude s'appuie sur le recensement de 1990. Évidemment se pose la question de l'immigration clandestine. Les grandes « rafles au faciès » de juin-juillet 1995 ramassaient environ un clandestin sur vingt parmi les immigrés « de type arabe ». En supposant que la proportion soit la même dans la moitié non européenne des immigrés, il y aurait donc un peu plus de 100 000 clandestins non européens.

– d'une loi sur les conditions de séjour des étrangers, visant à rendre invivable la situation des conjoints étrangers, et donc à interdire de fait les mariages mixtes ;

– d'une loi visant à rendre plus difficile l'accès à la nationalité pour les enfants nés en France.

Il s'agit donc de lois non pas « xénophobes » (surtout la seconde), mais *raciales* : elles visent à empêcher la formation en France de ménages comprenant des adultes de couleur, d'empêcher la naissance de petits Français de couleur. On retrouve exactement l'inspiration de la loi américaine précédemment citée. Cette rage à exclure une partie de la population du statut d'êtres humains se retrouve dans les pratiques illégales de l'administration française qui, malgré les condamnations constantes du Conseil constitutionnel, de la Cour de justice de Luxembourg, et de la Cour de cassation, refuse aux étrangers les plus parfaitement « réguliers » le bénéfice de l'allocation aux adultes handicapés et du minimum vieillesse [17].

Mais, si les gens de couleur sont les premiers visés comme « surnuméraires », la menace pèse en fait sur tous les pauvres : les jeunes enfants des rues, même « blancs », les « sans-domicile fixe », tous ceux dont l'aspect physique ou le comportement blessent la vue des « inclus ». Un chauffeur de taxi se mit à injurier un enfant qui se précipitait à un carrefour pour laver sa vitre. « On n'est pas dans le tiers-monde, on n'a pas envie de le devenir ! », m'expliqua-t-il, comme si faire disparaître le symptôme ferait disparaître le problème. Les arrêtés municipaux contre les mendiants et les vendeurs de journaux ambulants, surtout s'ils sont accompagnés de chiens (« les seuls enfants que nous pouvons nous permettre », expliquait une SDF à la télévision), trahissent eux aussi cette rage d'une société à cacher sa propre honte.

L'image du sablier était donc encore trop faible. Car les grains de sable au fond du sablier sont encore inclus dans le sablier. La machine à exclure ressemble plutôt à une centrifugeuse, dont le tamis laisse expulser ces êtres dévalués qui ne seront plus utilisés par la société postindustrielle.

17. *Le Monde*, 4 juin 1996.

Macro économie de la société en sablier

Mais voyons maintenant le fonctionnement, la logique interne, la physiologie, le « régime d'accumulation » de la société en sablier. Reprenons le mot de Kalecki : « Les travailleurs dépensent ce qu'ils gagnent, les capitalistes gagnent ce qu'ils dépensent. » Dans le modèle de développement fordiste, le gros du revenu national est distribué aux salariés « de la moyenne », qui dépensent tout ce qu'ils gagnent. Il n'en va pas ainsi des « capitalistes », c'est-à-dire les entrepreneurs et les bénéficiaires de la distribution des intérêts et dividendes (qui peuvent être par ailleurs des salariés : les cadres). Eux ont assez d'argent pour dégager une épargne, qui est prêtée aux entreprises pour qu'elles investissent... si elles en ont envie. Donc cette part épargnée du revenu national n'est effectivement dépensée que si les entreprises l'investissent. Si elles ne le font pas, les ventes ralentissent, les stocks s'accumulent, la production recule. Finalement, le revenu épargné et non dépensé n'est tout simplement plus produit : il est retranché de ce que peuvent espérer gagner les entreprises. D'où la formule « les capitalistes gagnent ce qu'ils dépensent. » « Ce qu'ils dépensent » doit être entendu de deux façons : soit ils le dépensent directement (en grosses voitures, yachts et caviar), soit ils l'épargnent en tant que ménages, mais le dépensent (l'investissent) en tant qu'entrepreneurs.

Ce raisonnement est évidemment très simplifié. Outre la consommation directe et l'investissement, il existe deux gros débouchés pour la production : les exportations (dont il faut déduire les importations) et les dépenses gouvernementales. Des exportations excédentaires, ou des dépenses publiques excédant les recettes des impôts, peuvent donc relancer la production.

Le retour des cycles

Dans la société en montgolfière, quand la somme des salaires versés représente quelque 70 % de la production marchande, les entreprises n'ont pas de souci à se faire du côté de la demande effective : elles ne manqueront pas de clients.

Dans la société en sablier, ce pourcentage baisse dangereusement et se rapproche de 50 % (56 % en France, en 1994). L'autre moitié du revenu national sera-t-elle dépensée, ou pas ? Cela va dépendre de l'humeur des possédants (leurs « esprits animaux », comme disait Joan Robinson, autre très grande économiste anglaise de la famille keynésienne [18]). Soit, grisés par la hausse des profits, les capitalistes et les ménages à hauts revenus dépensent sans compter : ils achètent des biens de luxe, ils investissent. Les affaires marchent, justifiant ainsi leurs investissements. Soit ils s'inquiètent des signes de faiblesses de la demande du côté des ménages populaires. Les entrepreneurs ralentissent alors leurs investissements, les cadres supérieurs augmentent leur épargne. Cette absence de « vouloir d'achat » provoque la chute de la production qu'ils avaient anticipée.

La dynamique économique de la société en sablier est donc profondément cyclique : tantôt les riches épargnent trop, et la production s'enlise, tantôt ils dépensent trop, et la production s'emballe. La théorie des cycles fut, de l'époque de Marx aux années 1950, la grande question de l'économie politique. On l'avait un peu négligée sous le fordisme. Avec la société en sablier, elle redevient tout à fait à la mode. Encore, par rapport à l'avant-guerre, deux faits nouveaux accélèrent-ils les phénomènes cycliques : la globalisation et le financiarisation.

La *globalisation* signifie l'interdépendance croissante de tous les marchés nationaux, vers la constitution d'un marché mondial (« *global* » en franglais) unifié. On en est très loin, mais la mise en résonance de tous les marchés nationaux et en tout cas continentaux avance à grands pas. Avant, quand la demande ralentissait dans un pays, on pouvait espérer se rattraper sur les marchés en expansion d'autres pays. Aujourd'hui, les marchés de tout un continent, voire des trois blocs continentaux (Europe, Amériques, Asie), se retrouvent parfois en berne en même temps.

---

18. Aujourd'hui, les « esprits animaux » s'appellent « taches solaires » : selon que les investisseurs croient ou non que les taches solaires ont une importance sur la conjoncture, ils épargneront ou dépenseront, provoquant justement le retournement des affaires qu'ils avaient attribué aux taches solaires.

Le *financiarisation* est à la fois le produit et l'accélérateur de la société en sablier. Le produit : cette part croissante du revenu qui n'est pas automatiquement consommée s'accumule en avoirs financiers. À leur tour, ces avoirs rapportent de l'argent (les dividendes et intérêts) qui vient s'ajouter aux revenus des couches les plus riches de la population et qui, bien entendu, est aussitôt épargné. Cette masse d'argent croissante se dispute les actions (les parts de la propriété des entreprises) et les obligations (les reconnaissances de dette des entreprises et des États). Le prix de ces titres augmente donc, et avec lui la valeur du patrimoine des actionnaires. Cette augmentation, la *plus-value financière*, accroît encore le revenu des actionnaires (mais seulement virtuellement : la plus-value n'est acquise qu'à condition de vendre les titres, et au bon moment).

À la recherche de copieux dividendes ou de plus-values, la masse de cet argent spéculatif se reporte instantanément sur les entreprises les plus juteuses, celles qui mènent une politique à court terme maximisant le profit distribué aux actionnaires, celles qui pressurent le mieux leurs salariés, licencient la « mauvaise graisse », et distribuent la plus grande part de leur profit au lieu de l'investir. Tout cela aggrave la déchirure sociale et l'instabilité économique des sociétés en sablier.

La globalisation des marchés financiers aggrave encore la financiarisation, car les capitaux financiers à la recherche d'une base productive à « traire » peuvent jouer les entreprises du monde entier les unes contre les autres, et, s'ils préfèrent les emprunts émis par les gouvernements, ils peuvent jouer les pays les uns contre les autres. C'est ce que l'on appelle la *société-casino mondiale*. Dans cette masse de capitaux à la recherche du pays le plus lucratif, les plus redoutables sont les fonds de retraite par capitalisation, c'est-à-dire les organismes qui amassent les cotisations de salariés, les font fructifier, et paient les retraites avec les profits financiers. Ces caisses sont *obligées*, institutionnellement, de rechercher de la manière la plus cynique, opportuniste, les rendements les plus conséquents pour servir les meilleures retraites à leurs cotisants. Seuls échappent à ce « court-termisme » [19] les pays comme

19. Selon l'expression de William Hutton, appliquée au Royaume-Uni. Hutton dénonce tout particulièrement le poids des fonds de retraite par capitalisation.

l'Allemagne et le Japon, les régions comme l'Italie du Nord, où, pour des raisons culturelles, le capitalisme bancaire et le capitalisme industriel sont (pour le moment!) restés intimement liés. Ce n'est pas un hasard si ces sociétés locales sont *aussi* celles qui ont privilégié la « mobilisation négociée de la ressource humaine » pour sortir de la crise du fordisme.

Faire consommer les riches

Naturellement, la perspective de ces revenus de l'épargne, démultipliés par tous ces phénomènes, et qui sont en outre souvent privilégiés par la politique fiscale des gouvernements, sous prétexte de « défendre leur monnaie » en attirant des capitaux flottants vers le territoire national, détourne encore plus les couches sociales les plus riches de la consommation. Ô paradoxe: plus la richesse se concentre, plus il devient difficile de convaincre les riches de consommer. Or, seule désormais, pour la pensée unique libérale, la dépense des riches est susceptible de relancer la production. Les gouvernements en arrivent à concevoir qu'il serait bon que les riches soient plus riches encore pour qu'ils consomment un peu plus: achètent une troisième voiture, embauchent des bonnes et des jardiniers, aillent au restaurant. Ainsi, la formule de Kalecki devient peu à peu: « Les salariés vivent de la dépense des riches », comme au XVIIIe siècle en Europe, ou comme toujours au Brésil. C'est l'économie de *trickle-down* (de la « retombée » ou du « goutte à goutte »[20]: comme une fontaine où l'eau retombe de vasque en vasque).

Dans une économie en *trickle-down*, on ne sera donc pas vraiment surpris d'entendre des gouvernements appeler d'une part à la baisse des salaires, à la réduction des déficits publics par des coupes sombres dans des budgets souvent utiles (logement, culture), et en même temps supplier leurs concitoyens de dépenser davantage! En fait, ils ne s'adressent qu'à la partie haute du sablier. Ils sont prêts à subventionner l'embauche des domestiques, l'achat de voitures, à défiscaliser la réalisation des plus-values financières dès l'instant qu'elles seraient

20. Voir le livre de BOWLES, GORDON et WEISKOPF déjà cité.

« désépargnées »[21]. MM. Balladur et Juppé nous ont habitués, depuis quelques années, à ces politiques de Gribouille. Elles vous ont scandalisés ? Elles ne sont que la conséquence de la nouvelle structure des revenus mise en place dans les années quatre-vingt.

Il reste quand même deux autres façons de susciter la croissance : la politique budgétaire et la politique monétaire. La dépense publique est aussi une « demande effective ». Quand un État prélève des impôts et les dépense, surtout si ces impôts sont prélevés sur les couches qui ont trop tendance à épargner, il assure une demande qui s'adresse aux entreprises. Si la production ralentit trop, il peut dépenser provisoirement un peu plus qu'il ne prélève, quitte à se désendetter plus tard, quand les affaires reprennent. Normalement, en moyenne, un État n'a pas besoin de s'endetter : une collectivité de taille suffisamment grande doit financer les investissements collectifs de l'année avec les revenus de l'année. Le déficit public est une bonne chose dans les périodes de baisse de la production, mais il faut se hâter de revenir à l'équilibre quand les affaires reprennent : c'est ce qu'on appelle « politiques anti-cycliques ».

Malheureusement, dans les sociétés en sablier, l'activité a toujours tendance à languir, car les salariés sont trop pauvres pour assurer une demande suffisante. C'est pourquoi les gouvernements des sociétés en sablier ont tendance à s'enfoncer dans le déficit : ils n'osent taxer les riches (dont les capitaux s'enfuient), ils ne peuvent taxer les pauvres. Dans la récession de 1991-1993, Pierre Bérégovoy a eu raison de « laisser filer » les déficits publics. Le problème, c'est que, lors de la reprise économique des « trois petites glorieuses » années 1988-1989-1990, ses prédécesseurs, Michel Rocard et Edith Cresson, avaient omis de rétablir l'équilibre, et que, lors de la petite reprise de 1994, Édouard Balladur a fait de même. Alain Juppé, tenu par les accords de Maastricht, doit donc entreprendre une politique de rétablissement de l'équilibre, qui précipite une nouvelle récession.

---

21. La défiscalisation de l'embauche de domestiques fut en fait la grande innovation de Martine Aubry. Avant elle, les gouvernements de Laurent Fabius et Michel Rocard avaient défiscalisé les revenus financiers, mais au nom de la défense du « franc fort », de l'encouragement à *l'épargne*, et non à la consommation...

L'autre arme de la politique économique est, ou plutôt était, la politique monétaire. La banque centrale a, dans un pays, la capacité d'abaisser le taux de crédit à court terme. Elle encourage ainsi les entreprises à investir et les ménages à acheter un logement. Malheureusement, pour « tenir le franc fort », il faut attirer les capitaux flottants à travers le monde et leur servir de hauts taux d'intérêt. Pendant la seconde moitié des années quatre-vingt, les gouvernements français ont ainsi encouragé une politique « monétariste » de taux d'intérêt quasi-usuraires. Et, à partir de 1993, en vertu du Traité de Maastricht, la Banque de France devint « indépendante ». C'est-à-dire qu'elle passa sous la coupe d'un groupe d'individus n'ayant plus de compte à rendre à personne. Et ceux-ci, en dépit du raisonnable, maintinrent la même politique jusqu'en 1995. La politique monétaire avait échappé à la politique tout court. En fait, cette attitude du conseil (indépendant) de la Banque de France ne faisait que s'aligner sur les souhaits de leurs interlocuteurs (la « communauté financière ») : rapporter le plus d'argent possible à ceux qui avaient les moyens d'épargner. Le « mur d'argent » des années vingt était reconstitué. Nous y reviendrons dans le chapitre sur l'Europe, car une telle politique monétaire n'est pas vraiment obligatoire dans les sociétés en sablier : les États-Unis et même la Grande-Bretagne y ont largement échappé.

Une société à quatre classes ?

Dans *L'Audace ou l'enlisement*, je comparais l'équilibre dynamique du fordisme à un jeu à deux adversaires : le capital et le travail. Le capital avait intérêt à ne pas trop « pressurer » le travail : il y aurait perdu des clients. Mais les salariés ne pouvaient pas exiger des salaires croissant plus vite que la productivité : cet « étranglement des profits » aurait diminué le rythme des investissements et donc de la création d'emplois.

Cette logique n'est plus valable dans la société en sablier. Nous avons vu d'abord que les exclus ne sont pas des salariés en puissance. Ce que gagnent les « salariés inclus » ne bénéficie pas aux exclus : une augmentation de salaires ne suffit pas à relancer suffisamment la demande pour accroître significativement la production et donc l'emploi ; elle risque en outre de se perdre en importations, comme en 1981.

Par ailleurs, la financiarisation introduit une scission entre profits financiers et capacité d'investir des firmes. Même si les salaires baissent, la « capacité de financement » des entreprises n'augmente pas forcément : la différence peut être captée par les revenus financiers.

Le partage des revenus et des emplois semble donc opposer les intérêts de quatre groupes : exclus, salariés inclus, capitalistes « actifs » (entrepreneurs) et capitalistes « passifs » (rentiers). C'est là un point essentiel dans les discussions qui vont suivre sur le « partage du travail ». Mais il est tout aussi important de souligner que ces « groupes », ou plutôt ces statuts économiques, ne constituent pas des classes. Ce sont des statuts ou des fonctions. Les salariés inclus sont des exclus en puissance, ils appartiennent souvent aux mêmes familles (ce que ne comprenaient pas les adversaires du mouvement de décembre). Les « rentiers » sont eux-mêmes souvent de haut salariés. Et les entrepreneurs gagnent une bonne partie de leurs revenus comme rentiers (ils placent de l'argent, ils n'investissent pas toujours eux-mêmes leurs profits) et se font souvent rémunérer comme salariés de leur propre entreprise. Enfin, les nouvelles classes moyennes (les cadres, surtout les cadres supérieurs), sont aussi propriétaires d'un patrimoine rapportant intérêts et dividendes.

Dans les discussions ultérieures sur le repartage des revenus et du travail, il faudra bien en avoir concience. Seule l'unité des exclus et des inclus permettra de peser sur l'ensemble flou des couches sociales occupant les fonctions de « capitalistes », de façon à les obliger à être plus « actifs » et moins « passifs ». Cette unité est à construire, elle doit donc prendre en compte les divergences d'intérêts qui la traversent ; elle doit aussi penser les divergences d'intérêts sur lesquelles elle peut peser pour diviser les trois facettes du « capital » : encadrement supérieur, entreprise productive, capital financier.

Représenter la société en sablier

Hélas ! Si l'image de société en sablier est facile à comprendre, elle n'est pas aussi facile à représenter que la société en montgolfière. Nous avons vu que la distribution des revenus, dans la société fordiste, ressemblait effectivement à une montgolfière, ou plutôt à une toupie, disons une montgolfière très effilée au-dessus et au-dessous du ventre. Par « société en sablier », nous voulons dire qu'il y a de plus en plus de pauvres, et que les riches sont de plus en plus riches. Cela signifie que la part des « moyens » diminue, mais il ne faut pas s'attendre à trouver des strobiloïdes en forme de sablier, avec un vase en haut, un vase en bas, et un col étroit entre les deux ! Car les très riches resteront toujours très peu nombreux, en France comme au Royaume-Uni, aux États-Unis comme au Brésil.

En fait, il faudrait superposer deux figures (et c'est ce que nous tenterons de faire). Une qui représente l'accroissement de la richesse pour le petit nombre des ménages à hauts revenus : comme un champignon. Une autre qui représente le glissement inexorable de la majorité de population vers les bas revenus, comme un tas de sable qui s'étale à la base. La superposition des deux images reconstitue le sablier.

Tout au plus, en considérant la *déformation* du strobiloïde entre deux dates, constatera-t-on bien que la partie médiane est un peu moins ventrue, que la partie « défavorisée » (moins de la moitié du revenu médian) grossit, et s'appuie maintenant sur le sol, que la partie supérieure (la flèche de la toupie) est plus étoffée à sa base et pointe plus loin vers le haut. Mais elle ne prendra pas la forme de la partie supérieure d'un sablier : au contraire, elle a de plus en plus l'allure d'une pointe d'as de pique. « L'As de Pique » : c'est la forme tendancielle du strobiloïde des revenus dans la société en sablier.

La divergence internationale des années quatre-vingt

Revenons à la figure 1 et comparons les deux moitiés des strobiloïdes qui représentent, rappelons-le, la distribution des revenus à la fin du fordisme et au début de l'après-fordisme. Une différence saute aux yeux : certains strobiloïdes se déforment peu, certains se déforment beaucoup. C'est la trace sociale du « divorce » entre les modèles de sortie de crise des anciens pays fordistes, que nous avons déjà évoqué.

– Certains pays ont seulement modéré leur politique redistributive : la Suède, où l'on voit la pointe inférieure de la toupie descendre vers le bas entre 1981 et 1987. D'autres (les Pays-Bas) ont carrément renforcé leur protection des pauvres: la société y est encore plus «juste» (au sens de Rawls) qu'au début des années quatre-vingt.

– Certains pays ont choisi la voie de la «flexibilisation» (et donc de la brésilianisation). C'est le cas de la Grande-Bretagne de Margaret Thatcher, des États-Unis de Ronald Reagan. Voyez la première: la moitié droite de la toupie y prend la forme d'un fer de lance. L'As de Pique ne repose pas encore sur le niveau zéro: nous ne sommes qu'en 1987! Neuf ans plus tard, les conservateurs sont encore au pouvoir... Voyez les États-Unis: ils étaient déjà anormalement «tiers-mondisés» à la nomination (par le démocrate Jimmy Carter) du terrible monétariste Volker à la tête de la Réserve fédérale, en 1979. Mais au moins la majorité de la population restait groupée autour du revenu médian, incarnant malgré tout «le pays de la classe moyenne». Sept ans de Volker et de Reagan plus tard, l'As de Pique est déjà constitué. Comme une larme sur le sort des pauvres, la couche moyenne des ouvriers et des employés a coulé vers le bas, entre un demi-revenu médian et un revenu nul: terrible image de la société en sablier. Et ce n'est qu'un début[22]!

Malheureusement, nous n'avons pas d'aussi beaux diagrammes au-delà de cette date et au niveau international. Il va falloir entrer dans le maquis des chiffres ou des résultats qualitatifs. Pierre Concialdi[23] a tenté de regrouper ces données éparses sur l'ensemble des années quatre-vingt. On y retrouve les deux classes de pays:

– ceux où les inégalités, après avoir décru dans les années soixante-dix, restent stables dans les années quatre-vingt (l'Italie) ou croissent légèrement (Allemagne, Japon, Suède);

– ceux où elles croissent fortement dans les années quatre-vingt: la Grande-Bretagne et surtout les États-Unis, où elles avaient commencé à s'aggraver dès la fin des années soixante.

---

22. Sur le tournant «libéral-productiviste» de la fin des années soixante-dix, la formation de la «société en sablier» et la «brésilianisation», à l'échelle internationale, voir mon livre *Choisir l'audace*.

23. «Tendances de la distribution des revenus dans une perspective internationale. Un bref aperçu de quelques études récentes», miméo.

Cette croissance des inégalités tient à deux mécanismes principaux :

– la croissance des revenus du capital au détriment des salaires,

– la stagnation ou la baisse des transferts sociaux.

Le second facteur (le plus caractéristique du « tournant libéral ») est le plus important, mais n'explique pas tout. En fait, le premier non plus. Un troisième facteur entre en ligne : le creusement des inégalités chez les salariés eux-mêmes. On le sait : une grande partie du profit n'est pas redistribué aux dirigeants sous forme de dividendes ou de jetons de présence aux conseils d'administration. Il est distribué en salaire aux cadres supérieurs [24], les *Wonder Boys*, les *Yuppies*, grands triomphateurs des années quatre-vingt dans les pays anglo-saxons. Tous les pays ont connu peu ou prou cet élargissement de la hiérarchie des salaires. Tous ? Non. En Italie, dans les Pays scandinaves, elle est restée stable, l'Allemagne a même vu se resserrer l'éventail des salaires.

Le modèle américain

Mais revenons aux États Unis – notre modèle de fait. De 1947 à 1973 (les Trente Glorieuses américaines), le revenu réel du ménage médian a augmenté de 2,8 % par an [25]. Un doublement en vingt ans : moins vite que le miracle français (triplement en vingt ans). Mais, de 1973 à 1993, ce revenu médian n'a plus augmenté que de 0,1 % par an (doublement en cent ans !). La raison essentielle est la stagnation totale du salaire horaire de 1972 à 1984 au niveau de 10 dollars 1984. Puis une petite montée jusqu'à 10,7 dollars en 1988. Et stagnation depuis.

Cette stabilité du salaire explique déjà suffisamment la poussée des profits. Mais elle ne doit pas masquer un autre bouleversement : la chute des salaires des « travailleurs de la moyenne », les ouvriers et employés, héritiers du *New Deal*

24. Et en honoraires des professions libérales. En fait, « cadres supérieurs et professions libérales » sont généralement classés ensemble : ce sont deux statuts possibles pour les propriétaires d'un « capital culturel », qui le valorisent en négociant le prix de leurs services (d'avocat, d'analyste financier, de manager...) auprès de leurs clients – les entreprises.

25. Laura D'ANDREA TYSON, *Economic Report of the President*, Washington D.C., 1994.

rooseveltien. En 1984, j'ai visité South Bend, patrie de Studebaker et de Bendix. Là, les ouvriers étaient payés 24 dollars de l'heure. Bendix était en train de fermer son usine-mère. Les syndicats négociaient un recul à 18 dollars de l'heure en échange du maintien de l'emploi. Bendix refusa : la compagnie ouvrait deux nouvelles usines, une dans l'Ohio (le « nouveau Sud » en voie d'industrialisation sans syndicat) avec des salaires à 11 dollars de l'heure, une au Brésil, à 4 dollars de l'heure.

Mais cet écroulement du salaire ouvrier fut exactement compensé par la croissance de revenus d'autres salariés : les cadres. Ceux-ci bénéficient par ailleurs d'avantages qui leur sont servis soit en nature (voitures, logements de fonction), soit directement en intéressement aux profits de leur firme. Pour les grandes entreprises, le rapport entre le revenu versé par la firme à son plus haut dirigeant et celui versé à l'employé de base est *en moyenne* de 150 à 1. Quand les ouvriers français d'Alsthom apprirent que leur P-DG, Pierre Suard, gagnait 140 fois plus qu'eux, ils partirent en grève. Celui-ci ne faisait pourtant que s'aligner sur la norme internationale des sociétés en sablier [26].

Polarisation des salaires vers le bas, gonflement des profits : la mécanique de la société en sablier est en place. Pour la figurer, nous n'allons pas retrouver nos strobiloïdes, mais une autre façon de représenter la hiérarchie des revenus. Sur l'axe vertical, nous ne mettons plus les niveaux de revenus, mais au contraire nous rangeons les ménages par ordre de revenus croissants. Le niveau tel que 10 % des ménages gagnent moins que ce montant s'appelle le « premier décile ». Certains, dont le *Petit Robert,* acceptent d'appeler aussi « décile » toute la tranche de 10 %. Nous préciserons donc si nous parlons de la tranche, ou de sa limite supérieure. On appellera deuxième décile le niveau tel que 20 % des ménages gagnent moins, etc. Le cinquième décile (50 % gagnent moins) est évidemment le revenu médian, que nous connaissons déjà. Le neuvième

26. Et de celles-là seulement. Dans le classement mondial des émoluments des dirigeants, les États-Unis viennent en première position, suivis par le Brésil et l'Argentine. Le Japon vient en quinzième position. Deux mois après l'annonce d'un plan de licenciement de 40 000 travailleurs chez AT&T, la presse américaine révéla le montant des rémunérations de son P-DG, Robert Allen : 222 000 francs par jour (*Le Monde*, 7 mars 1996).

décile marque la limite inférieure de la dixième tranche (les 10 % les plus riches), qui n'a pas de limite supérieure. On désigne parfois les déciles : D1, D2, etc. On peut évidemment calculer plus fin, regrouper les ménages par « 1 % », et les limites correspondantes sont appelées « centiles ». Plus généralement, on parlera de « fractile » pour désigner une fraction de x % de ménages.

Laura d'Andrea Tyson range l'ensemble des ménages américains par « quintiles » (tranches de 20 % : un cinquième). De 1947 à 1973, toutes les tranches avaient crû à la même vitesse, mais avec un certain rattrapage : 2,99 % par an pour le cinquième le plus pauvre, 2,46 % par an pour le cinquième le plus riche. De 1973 à 1992 il en va autrement :

Tranches de 20 %	Croissance du revenu annuel moyen de la tranche, cumulé 1973-1992
Première (la plus basse)	- 12 %
Seconde	- 3,5 %
Troisième	+ 3,7 %
Quatrième	+ 9,9 %
Cinquième (la plus haute)	+ 19,2 %

Les 20 % les plus pauvres se sont appauvris, les 20 % les plus riches se sont enrichis : tel est le bilan de l'après-fordisme à l'américaine. La France ne connaîtra pas de tels excès, nous le verrons. Et c'est pour enrayer cette course à la brésilianisation que les citoyens des États-Unis portèrent enfin au pouvoir, en 1992, un président démocrate après l'interminable séquence républicaine. « Le plus grave problème de ce pays, c'est la chute des classes moyennes », confesse le trésorier de la campagne du républicain Bob Dole [27]. Mais Bill Clinton ne parvint même pas à imposer un ravaudage de la Sécurité sociale et son extension aux exclus, lui qui rêvait de relancer l'hégémonie américaine par l'investissement en capital humain.

En 1996, Stephan Roach, l'un des plus redoutables prophètes du « *down-sizing* » (l'élimination de la « mauvaise

27. Sylvie Kaufmann, « Les embarras de la droite américaine », *Le Monde*, 8 mars 1996.

graisse », c'est-à-dire du maximum de travailleurs), confie au journal *Le Monde* (29 mai) : « L'amélioration de la productivité est un processus en trois étapes : 1. Dégraissage et réduction des coûts ; 2. Reconstruction par l'embauche et l'investissement ; 3. Amélioration de la qualité de la main d'œuvre par l'investissement en capital humain. Aujourd'hui nous sommes enlisés dans la première phase. Tout ce que nous faisons, c'est tailler. Nous voilà à la sixième année de la reprise, avec un rythme de *down-sizing* qui, dans les cinq premiers mois de 1996 a largement excédé tout ce que nous avons vu dans les années précédentes. [Nous avons créé 8 millions d'emplois en 4 ans] mais il ne suffit pas de prendre un groupe de salariés à haut niveau de qualification, de supprimer leurs postes, puis de leur trouver des emplois moins qualifiés avec des salaires inférieurs[28]. » Le problème, c'est qu'on ne peut pas attendre de salariés flexibilisés qu'ils soient qualifiés et impliqués. C'était *ou* la première étape *ou* la troisième, *ou* l'enlisement *ou* l'audace. Ce qu'avaient compris l'Allemagne ou le Japon, vainqueurs des années quatre-vingt.

La désindustrialisation

La mise en place d'une société en sablier (du côté des revenus) s'accompagne d'une modification considérable de la structure des activités. La plus spectaculaire est la diminution rapide de la part de l'industrie. La figure 3 montre l'évolution française sous le fordisme et depuis.

La mise en place du fordisme en France fut précédée et accompagnée par la formidable modernisation des campagnes et la chute spectaculaire de la part de la population dédiée aux activités agricoles. Si, dans l'après-fordisme, la part des ouvriers agricoles ne varie pratiquement plus, les derniers petits paysans disparaissent à toute allure : autant d'emplois (non salariés) qui disparaissent. À un moindre degré, les autres

28. Comme le précise Claude VIMONT (« La réussite de l'emploi aux États-Unis : mythe ou réalité », *Les Échos*, 1er avril 1996), la part de « petits boulots » ne représente à proprement parler que 20 % des créations d'emplois, mais « toutes les catégories de travailleurs sont concernées par les phénomènes d'instabilité et de déclassement ».

Figure 3. – Répartition des principales catégories socioprofessionnelles

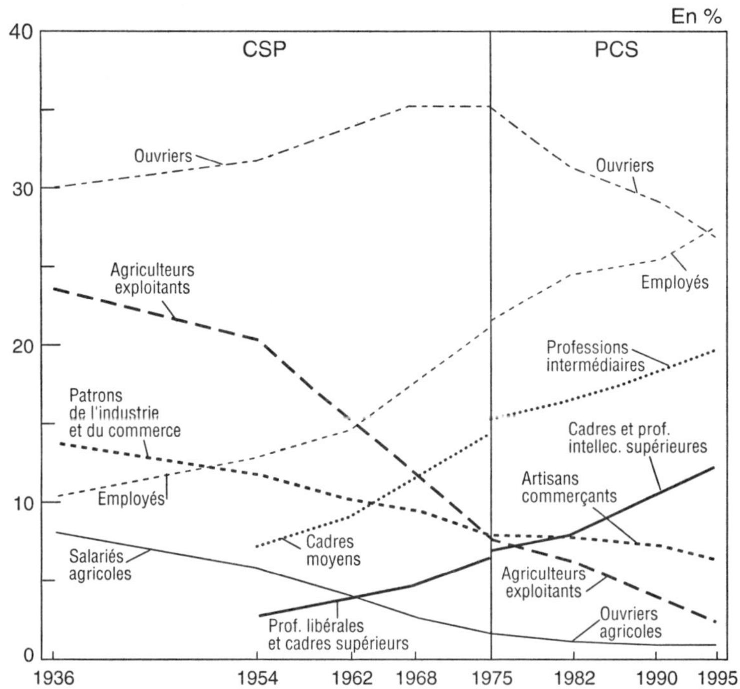

De 1936 à 1975, le graphique utilise la nomenclature CSP, par ailleurs, la catégorie « Contremaîtres » a été enlevée du groupe « Ouvriers » pour être ajoutée au groupe « Cadres moyens ». Les catégories « Armée, police », « Clergé » et « Domestiques » ne sont pas représentées.

De 1975 à 1995, le graphique utilise la nomenclature PCS. La catégorie « Ouvriers agricoles » a été enlevée au groupe « Ouvriers » pour être représentée isolément ; la catégorie « Policiers et militaires » a été enlevée du groupe « Employés » (et non représentée) ; la catégorie « Clergé, religieux » a été enlevée du groupe « Professions intermédiaires » (et non représentée).

Source : INSEE Première n° 434.

« classes moyennes » traditionnelles (patrons de l'industrie et du commerce) suivent le même mouvement de concentration.

Du fordisme à l'après-fordisme, l'élément nouveau est l'écroulement de la classe ouvrière. Sous le fordisme, la part des ouvriers continuait de croître et la part des employés, partie de beaucoup plus bas, courait à sa poursuite. Après 1975, la part des ouvriers s'écroule, presque entièrement compensée par la croissance de la part des employés. Ces « employés » représentent souvent une variante en blouse grise ou blanche des anciennes activités en bleu-de-chauffe, devenues automatisées. Mais il s'agit tout autant de la prolifération des activités de service dans une société qui utilise de moins en moins de main d'œuvre pour produire la richesse matérielle.

Cet écroulement de la part des ouvriers (la fameuse « désindustrialisation ») n'est pas une conséquence automatique de l'évolution du capitalisme ou de la « révolution informatique ». Elle n'a pas lieu, ou pas au même degré, dans les pays qui restructurent en permanence leur industrie en s'appuyant sur la qualification et la mobilisation de leurs opérateurs. Elle n'a pas lieu non plus, évidemment, dans les « Nouveaux pays industrialisés » qui accaparent les activités industrielles peu qualifiées. Elle est une caractéristique des pays « entre deux chaises », les anciens pays fordistes ayant opté pour la flexibilisation et la société en sablier. Les ouvriers peu qualifiés n'y ont plus leur place, et leurs industries y sont globalement trop peu qualifiées (et trop peu qualifiantes) pour résister à la concurrence des nouveaux pays dominants, l'Allemagne et le Japon.

Pour se convaincre du caractère non inéluctable de la désindustrialisation française, il faut descendre à un niveau plus fin de la nomenclature des activités [29]. Si les effectifs des ouvriers non qualifiés sont tombés de 3,8 à 2,5 millions de 1975 à 1995, celui des ouvriers de la logistique (chauffeurs, magasiniers) a crû de 960 000 à 1 036 000, et celui des ouvriers qualifiés de 2,9 millions à 3,3 millions. Encore faut-il noter que les « contremaîtres » (qui sont de plus en plus des techniciens) ont été reclassés avec les « professions intermédiaires ».

Celles-ci, avec les « cadres et professions intellectuelles supérieures » (enseignants et professions libérales), sont les grandes bénéficiaires de la tertiarisation. Elles occupent les niveaux 1 et 2 du salariat dans la société en sablier, elles sont de plus en plus nombreuses mais elles se banalisent. Leur croissance, en part dans la population, signifie à la fois la tertiarisation de

29. Voir Baudouin SEYS, « L'évolution sociale de la population active », *INSEE Première*, n° 434, mars 1996, dont est tirée la figure 3.

l'économie, et le fait que seules peuvent prospérer dans un pays riche les catégories professionnelles de plus en plus qualifiées, même si elles s'occupent encore d'industrie. Mais cette croissance traduit aussi un déclassement relatif : être enseignant ou ingénieur de production n'assure plus le prestige, ni le revenu relatif, d'il y a vingt ans. L'enrichissement et la sécurité ne concernent véritablement que les fractions les plus hautes de ces couches sociales. La majorité des professions intermédiaires, et même une partie des cadres, commencent à sentir sur leur nuque le souffle de la précarisation.

Car la figure 3 ne doit pas faire illusion. Toute la « population active »[30] y a été classée par catégories socio-professionnelles, comme si chacun avait sa « place », mais cela ne veut pas dire que tous ceux qui cherchent un emploi en aient un. On est toujours « chômeur de quelque chose », on est chômeur d'être ouvrier, d'être cadre, ou d'être infirmière : le destin professionnel colle à celui-là même qui a perdu son emploi.

De 1975 à 1995, la population active a crû de 22 millions à 25,5 millions de personnes. Trois millions et demi d'actifs en plus : chiffre qui résonne étrangement avec celui du chômage officiel, et, plus sournoisement, non pas avec la population étrangère adulte, mais avec la croissance de l'activité des femmes. Comme si la société n'avait créé aucun emploi en vingt ans, si ce n'est pour les femmes, tandis que les hommes ne se présentaient pas plus nombreux sur le marché du travail (l'allongement des études, les départs en préretraite compensant l'augmentation du nombre des hommes adultes), et que les femmes « envahissaient » le marché (pour parler comme Valéry Giscard d'Estaing parle des immigrés mais n'ose pas encore parler des femmes).

---

30. On appelle « population active » l'ensemble de celles et ceux qui ont un emploi ou en cherchent un, et « taux d'activité » la part de la population active dans une tranche de la population totale (définie par âge, sexe, région, etc.). La population active est elle-même sensible au chômage : les jeunes tardent à se mettre en recherche d'un premier emploi, les aînés acceptent une préretraite, les femmes se replient sur le foyer et quittent le marché du travail. Il en résulte que toute augmentation de l'emploi se traduit par une diminution bien moins que correspondante du chômage, car elle révèle un « chômage caché » : des « chômeurs découragés » reviennent sur le marché de l'emploi. C'est pourquoi, dans ce livre, je ne m'intéresserai qu'aux *créations d'emplois*, et non à la *diminution officielle du chômage*, car un « découragé » qui se décide à postuler un emploi était tout autant chômeur avant qu'après son « officialisation » comme chômeur.

En réalité, le chômage frappe très inégalement selon le métier, l'âge et le sexe. De 1975 à 1993, le solde migratoire (les étrangers qui entrent, moins ceux qui s'en retournent) a apporté 305 000 personnes sur le marché français du travail. La variation de l'activité des hommes : 381 000 personnes. Celle de l'activité des femmes : 3 630 000 ! Mais le chômage des hommes touche autour de 10 % des actifs, celui des femmes autour de 14 % (1993-1995). Activité et emploi se concentrent de plus entre 25 et 50 ans, où 95 % des hommes sont actifs (dont 10 % au chômage) et 75 % des femmes sont actives (dont 13 % au chômage). Et le chômage se concentre sur les catégories les moins qualifiées : au milieu des années quatre-vingt-dix, 35 % des chômeurs sont (ou plutôt voudraient être) ouvriers, 35 % sont (ou voudraient être) employés, alors que les catégories socio-professionnelles correspondantes ne représentent chacune que 27 % de la population active.

Cette masse énorme des chômeurs peu qualifiés est au cœur de la tragédie de la société en sablier. C'est le résultat d'une stratégie erronée de sortie de la crise du fordisme par la flexibilisation (et donc la sous-qualification), le résultat d'une stratégie erronée de partage des revenus du travail, et du temps de travail lui-même.

Les femmes et la société en sablier

L'entrée massive des femmes dans l'activité salariée fut, avec l'affirmation de leurs droits sur leur propre corps, la condition déterminante du progrès de leur libération dans les « Trente Glorieuses années » 1945-1975. On peut vraiment dire que le modèle de développement capitaliste alors adopté, le fordisme, fut le père du féminisme de l'après-guerre, la subjectivité des femmes elles-mêmes en étant la mère. Si aujourd'hui les « anciennes » constatent avec tristesse les « reculs » de leurs filles, il faut certes y reconnaître l'illusion de ces filles de pouvoir compter sur l'acquis, mais la dégradation sociale du travail salarié n'y est pas étrangère. C'en est fini de ce que Claude Meillassoux appelait « l'inscription du salariat dans le capitalisme à titre viager », garanti par la législation sociale et l'État-providence (qui avait d'ailleurs lui-même en France un aspect libérateur pour les femmes, il est vrai pour des raisons plus natalistes que féministes[31]).

L'histoire fut plus complexe. Au début du fordisme en France, en 1945, la majorité des habitants étaient des ruraux, et, même dans les villes, le salariat n'était pas prépondérant. Or toutes les femmes de producteurs indépendants sont d'office considérées comme « travaillant », c'est-à-dire qu'elles sont supposées participer à l'activité de leur mari « orientée vers le marché ». Les statisticiens les appellent « aides familiales ». En revanche, les salariés ne sont comptés comme tels que lorsqu'on les mesure, c'est-à-dire que lorsqu'ils ou elles travaillent dans le secteur formel. La société des années cinquante a connu un formidable exode rural. La plupart des hommes sont devenus d'emblée des salariés formels... mais pas leurs femmes ! D'où l'impression statistique d'une chute de l'activité « à l'extérieur » dans les générations de femmes qui ont eu vingt ans entre 1950 et 1960. L'image de la « femme au foyer », n'ayant d'autre activité qu'au service de la maison, est en fait un épisode assez bref dans l'histoire de France : les années 1930-1955. Et, s'il était mal vu que les épouses de cadres « travaillent », les compagnes des ouvriers « faisaient des ménages », lavaient, cousaient le linge des autres. C'est-à-dire qu'elles aussi « travaillaient au dehors », mais... dans l'informel. Comme dans le tiers-monde en somme, ou comme demain peut-être dans la société en sablier. Mais, dans les années 1950-1975, la montgolfière emportait tout dans son ascension, et les travailleuses informelles accédèrent au salariat formel, se libérèrent de l'Église, bénéficièrent de la pilule, etc.[32]

Il va de soi que toutes « travaillaient » aussi... dans la sphère domestique. Surtout les femmes au foyer. Mais une caractéristique du fordisme français (par opposition aux États-Unis, aux

---

31. Voir Jane JENSON, « Both Friend and Foe : Women and State Welfare », *in* BRIEDENTHAL & KOONZ, *Becoming Visible : Women and European History* (2e ed), Houghton Miflin, Boston, 1987.

32. Voir Jane JENSON et Mariette SINEAU, *Mitterrand et les Françaises*, Presses de Sciences Po, Paris, 1995, et l'article séminal de Mariette SINEAU, « La progression de l'activité féminine est-elle irréversible ? », *Économie et Statistiques*, n° 145, juin 1982. Cet article a correctement démontré l'« effet de génération » dans la baisse d'activité des femmes qui étaient adultes à l'époque du baby-boom, mais n'a pas saisi le rôle du travail informel « marchand » pour ces femmes.

pays d'Europe du Nord) fut l'orientation des femmes vers le travail à plein temps. Compromis de la Libération entre les productivistes, les natalistes et les féministes précoces ? La norme française ne fut pas que le salaire fordien du mari assure l'entretien d'une femme au foyer (sauf pour les cadres). La norme devint très vite que les femmes aussi avaient « droit à l'emploi ». Mais leur salaire resta considéré comme un « salaire d'appoint ». Cette marque allait déterminer leur insertion dans les quatre étages du salariat de la société en sablier. Comme le montre le livre de Jane Jenson et Mariette Sineau, la politique de flexibilisation menée sous François Mitterrand, « le président qui aimait les femmes », allait anéantir les avancées féministes du début de son premier septennat.

Du fait de ces rapports sociaux de sexe, et selon des enchaînements causals largement analysés dans la littérature féministe, les femmes, quoique de plus en plus représentées dans les segments 1 et 2 (les cadres et les professions intermédiaires), sont surreprésentées dans les segments 3 et 4 : précaires et exclues [33].

C'est surtout dans le segment 2 et dans la fonction publique (les « professions intermédiaires » de l'enseignement, de la santé, des fonctions du travail social) que la montée professionnelle des femmes s'est exprimée. Mais ce phénomène a peu touché le secteur concurrentiel (sauf la banque et les assurances), et, même dans le public, il concerne à peine le segment 1, du moins en ce qui concerne la rémunération. En revanche, le segment 3 a été littéralement envahi par les femmes, à tel point qu'on a pu mettre sa prolifération exactement en regard de l'entrée des femmes dans le salariat.

En termes de salaires, le caractère sexué de cette segmentation est spectaculaire. Nous donnerons les chiffres plus loin, et nous aurons confirmation que les femmes sont largement absentes du segment 1.

Quant à l'exclusion des femmes, il s'agit d'une notion plus complexe que chez les hommes, puisqu'il leur reste assez souvent la ressource de vivre « au foyer » d'un homme non exclu.

---

33. Voir par exemple Margaret Maruani et Chantal Nicole, *Au labeur des dames. Métiers masculins, emplois féminins*, Syros, Paris, 1989.

Elles ne sont pas alors « exclues socialement », elles sont *à l'écart* du salariat. Toutefois, une femme au foyer d'un précaire est en fait une exclue salariée et sociale, et surtout une femme au foyer n'a aucune garantie, si ce foyer se brise, de trouver une indépendance économique. Le drame des divorcées sans qualification autre que celle de maîtresse de maison (et il s'agissait parfois d'une maison de haute tenue !) n'a pas à être rappelé. Pour les femmes au foyer aussi, la précarité et l'exclusion sont une menace qui pèse lourdement sur leurs choix affectifs et domestiques, et il est légitime de les compter ici comme des exclues en puissance.

Pour celles-là, comme pour les exclues explicites, comme pour les précaires, et même pour celles qui ont un emploi stable mais sont menacées à terme, par la montée du chômage, et pour leurs filles et leurs sœurs, le volume global d'emploi disponible est une condition déterminante de leur libération en tant que femmes.

Ici, la métamorphose de la société salariale et la métamorphose de la société domestique se conjuguent dans une situation de crise dont les figures les plus dramatiques sont la jeune mère isolée avec enfants (la « cheffe de famille monoparentale ») et, à l'autre extrême, la femme âgée complètement oubliée de sa famille. Une sortie « par en haut » de la crise du fordisme, avec consolidation des garanties sociales et réforme post-taylorienne de l'organisation du travail, aurait été parfaitement compatible avec un approfondissement et un élargissement de l'indépendance des femmes. Des hommes et des femmes égaux en qualification et en salaire, protégés par les conventions collectives et la législation sociale, auraient peu à peu appris à nouer (et éventuellement dénouer sans drame) des relations amoureuses et matrimoniales. Quelle que soit la solution adoptée pour la garde principale des enfants, la prise en charge *financière* des enfants aurait été assurée par la redistribution nationale (ne serait-ce qu'au nom de la nécessité de payer, demain, les retraites). Le féminisme ne menait pas à la situation dramatique actuelle : il menait à un nouveau type de couples, entre individus librement associés. Mais cette « liberté » était fondée sur l'accès à l'indépendance financière à travers l'emploi. La crise du travail est donc en même temps crise de la famille et du «couple moderne»[34].

Ayant accepté de «laisser venir à elles des petits enfants» tout en défendant leur droit à ne rester avec un homme que par amour (et non par sécurité), comptant pour cela sur leur indépendance économique, les femmes se retrouvent en première ligne quand l'emploi lui-même devient aussi précaire que le couple. La garde principale des enfants leur est en général accordée, ce qui est légitime compte tenu de leur investissement relativement plus important que celui du père dans les tâches routinières qu'appelle le souci d'un enfant. Mais elle peuvent bien peu compter sur la solidarité financière du père, et très peu sur la solidarité nationale. Car celle-ci passe principalement par des réductions d'impôts (le quotient familial), et les femmes isolées avec enfants sont en général trop pauvres pour payer des impôts[35]. Pour ces «mères de famille monoparentale», une filière d'emplois se met en place: la pire, les emplois les plus précaires, les temps partiels abracadabrants.

D'où la tentation de «rester pour la sécurité», mais ce n'est pas la même chose de rester, comme jadis, parce que «ça va de soi», ou de rester, comme aujourd'hui, par calcul rationnel. Dès lors, les femmes vivent une véritable crise d'identité, au plus profond d'elles-mêmes: le désir d'être elles-mêmes. La phrase terrible, outrée, du *Manifeste du Parti communiste* de Karl Marx et Friedrich Engels (1848), qui assimilait le mariage à une «prostitution légale», prend aujourd'hui une étrange saveur.

Mais l'éclatement de la famille fait d'autres victimes. J'ai cité la retraitée, isolée, dépendante physiquement et abandonnée de ses enfants et petits-enfants restés actifs. On peut y ajouter

---

34. Marie-Agnès Barrère-Maurisson tente de nouer les métamorphoses de la société salariale et celles de la société domestique en définissant des «profils d'acteurs» individuels et sexués, occupant une place dans la division du «travail à l'extérieur» et du travail dans la famille: «À tel poste de travail, tel individu à caractéristiques familiales précises», suggère-t-elle. Voir son texte «Régulations familiale, marchande ou politique: les variations de la relation travail-famille», *Les Cahiers du SET-METIS*, n° 95-07, et son livre *La Division familiale du travail*, PUF, Paris, 1992.

35. Nous verrons pourtant au chapitre 2 que de très nombreuses allocations «sous conditions de ressources» (allocation de parent isolé, allocation de soutien familial, allocation personnalisée au logement) viennent adoucir un peu leur sort.

les enfants, les adolescents, perdant la référence d'un père qui par son salaire assurait leur existence au temps du fordisme, et qui sont aujourd'hui tentés de reprocher à leurs parents séparés la chute de leur niveau de vie. Et, si les hommes arrivent mieux que les femmes à se « recaser »[36] ou à s'en passer, la souffrance de la séparation d'avec les enfants n'en demeure pas moins, dans un monde où la relation enfants-adultes reste trop enfermée dans le cadre étroit et instable de la famille nucléaire[37].

Cette double crise se focalise sur la question du logement.

La précarité et la nouvelle question du logement

La question du logement, comme au XIXe siècle, à l'époque de « classes laborieuses, classes dangereuses », revient aujourd'hui sur le devant de la scène. De même qu'un logement adéquat, « normalisé », fut la condition structurante de l'accès à la société de consommation, de même aujourd'hui la perte de l'accès au logement standard, le repli vers les taudis, les squats, la chute dans la rue, est la marque la plus spectaculaire de l'exclusion. Déstructurant la vie de famille, interdisant l'accès à l'emploi, à la santé, la crise du logement social est la traduction la plus physique de la société en sablier. Le prestige, la pertinence, la légitimité d'actions telles que les occupations des logements vides, le rôle médiatique du mouvement Droit au logement, sa capacité à regrouper autour de lui les associations de chômeurs ou les mouvements d'immigrés sans-papier, et sans doute bientôt les nouveaux hygiénistes luttant contre le retour de la tuberculose ou du saturnisme, traduisent bien « l'état des lieux ». Le parrainage de l'Abbé Pierre, héros des luttes pour le logement à l'époque de la Reconstruction, symbolise le grand tête-à-queue qui nous renvoie vers notre après-guerre. Mais ce n'est pas la même chose, reparcourir en chutant un chemin gravi dans l'autre sens cinquante ans plus tôt.

---

36. De *casa*, la maison, le foyer, en latin ou en espagnol.

37. Voir Francine COMTE, *Les Enfants de Jocaste. Maternité et représentation des rôles sexuels*, La Découverte, Paris, 1992.

La construction d'une masse de logements pour un pays qui connaissait une double révolution (l'exode rural et le passage au fordisme) fut le grand œuvre de l'après-guerre français. Ce ne fut certes pas un chef-d'œuvre, mais il absorba certaines années près du tiers de la main d'œuvre. Cette formidable mobilisation crut emprunter, sous des formes spécifiques, la trajectoire générale de la société en montgolfière, de l'escalier mécanique.

Tout en bas, les ex-ruraux, Français ou immigrés, s'entassaient dans des bidonvilles aux portes des villes industrielles. De «cités de transit» en programmes sociaux de relogement (PSR), ils accédaient, au fur et à mesure que s'élevait leur revenu avec l'enrichissement général de la société, aux habitations à loyers modérés, logements déjà «normalisés» et construits sur fonds publics: c'était la «politique d'aide à la pierre» («Construire! Construire!!», prêchait l'Abbé Pierre). Au-delà, dans l'échelle des revenus, les logements aidés par le Crédit foncier portaient les salariés jusqu'au secteur libre, à la propriété où «accéderait» enfin (quel mot juste!) tout le salariat, par couches successives: les cadres supérieurs, puis les cadres moyens, les employés, les ouvriers...

Un circuit parallèle existait, qui s'appuyait sur le stock de logements d'avant-guerre. Ces logements bien peu standards, parfois de vrais taudis, étaient régis par la loi de 1948 qui bloquait leur loyer selon une grille appelée «surface corrigée». Le loyer de ce «parc social de fait» (qui incluait aussi les meublés) pouvait ensuite s'élever avec sa mise aux normes par le propriétaire.

En 1977, au moment de l'ultime reprise fordiste qui suivit le premier choc pétrolier, on crut que le système d'aide à la pierre avait perdu sa raison d'être. La crise quantitative du logement était pour l'essentiel résolue. Le salariat était «casé», au moins dans les HLM, au mieux dans le secteur aidé, ou en accession au secteur libre. La mécanique fordiste était repartie. Il n'y avait plus qu'à attendre que l'ascenseur social (celui des salaires) permette la sortie «par en haut» des locataires des HLM vers les deux autres secteurs. Quant aux nouveaux arrivants (plus tellement les immigrants, surtout les jeunes du *baby-boom* qui allaient commencer à décohabiter, et aussi les couples qui commençaient à se séparer), on leur épargnerait le passage par les premières marches (taudis, PSR). Ils auraient droit directement au logement « normal » (le HLM), mais l'État aiderait à payer leur loyer par une aide personnalisée au logement (l'APL), qui comblerait la différence entre leur capacité à payer et le loyer exigé pour un entretien convenable du logement. Un rapport de Raymond Barre introduisait ainsi la nouvelle politique de « l'aide à la personne », parachèvement de la logique fordiste.

Et c'est au moment même où sa réforme est adoptée que le même Raymond Barre, devenu Premier ministre, enclenche la mécanique fatale que les socialistes, puis la droite revenue aux affaires, développeront dans toute sa rigueur : la destruction des garanties fordistes, la mise en place de la société en sablier. L'ascenseur social repart vers le bas pour la majorité de la société, et le rêve de l'accession ne concerne plus que l'hémisphère stable et aisé du sablier : une minorité.

De ces logements pour « ceux d'en haut », nous ne parlerons pas ici. Ils ne nous concernent que dans la mesure où leur pression foncière sur les centres villes, de « rénovations » en « réhabilitations », va éliminer complètement un des secteurs du logement très social, le parc social de fait, les logements régis par la loi de 1948. Tournons-nous vers les victimes, ceux d'en bas.

Tout d'abord, dans la société en sablier, la promotion *globale* des bas revenus n'est plus programmée ni même leur stabilité garantie. Au contraire, la dynamique de ce régime conduit à un amincissement du « col » du sablier, à un gonflement du nombre des ménages exclus de l'accès au logement non-aidé. De ce fait, le volume de l'aide à la personne n'a plus vocation à diminuer avec le progrès social (comme le croyaient les initiateurs de la réforme Barre), puisque seul le « tiers » supérieur de la société en sablier est appelé à voir son revenu individuel progresser. Par ce mécanisme, la mutation du rapport salarial se traduit macro-économiquement comme une demande de logement social en hausse, et se heurte à la crise fiscale de l'État. Mais ne voir que cet aspect des choses serait réducteur et enfermerait le débat dans une question de priorité des budgets publics. Par exemple (option « radicale ») :

« Pourquoi ne pas affecter les “dividendes de la paix” à une hausse de l'enveloppe de l'APL financée par une baisse du budget militaire ? » ; ou encore (option « rationaliste ») : « Pourquoi laisser croître indéfiniment le budget santé de la nation, et contraindre son budget logement à diminuer ? » C'est d'ailleurs dans cette voie que se cantonnent les héritiers de la période fordiste (les gestionnaires du secteur HLM, les responsables de la politique du logement) et ses nostalgiques (les syndicats, associations et partis de gauche).

Malheureusement, si ces questions sont effectivement pertinentes, elles sont loin d'épuiser le sujet. Car les transformations de la régulation du rapport salarial, dans le sens de la flexibilité, ont des conséquences encore plus graves : pour l'ensemble des couches inférieures de la distribution des revenus, la stabilité *individuelle* des revenus n'est même plus garantie. L'insertion dans la société salariale ne se fait plus à titre viager mais précaire, voire plus du tout. Plus précisément, d'une part, même dans les couches sociales qui ont conservé un revenu stable et légèrement ascendant (le segment 2), une fraction significative mais aléatoire des ménages est appelée à perdre durablement, voire définitivement, son revenu. D'autre part, pour certains groupes sociaux et en particulier chez les « nouveaux venus » (les jeunes, et en particulier les jeunes « non-blancs »), c'est l'éventualité de ne *jamais* entrer dans la société salariale qui devient la plus probable.

C'est pourquoi il importe tant de souligner que la caractéristique de « ceux d'en bas » (les segments 3 et 4) n'est pas seulement qu'ils sont pauvres, mais qu'ils sont *précaires*. Du point de vue de leur niveau de revenu moyen, et en moyenne mobile sur trois ans par exemple, ils sont nettement plus riches que ceux qui accédaient aux programmes sociaux de relogement, voire aux HLM, en 1960. Simplement, ceux qui étaient des pauvres en HLM en 1960 avaient un emploi stable et un revenu qui augmentait de 5 % à 7 % en pouvoir d'achat, par an, déjà depuis dix ans, et ils avaient la perspective de le voir augmenter à la même vitesse pendant encore au moins quinze ans. Tandis que, à revenu égal, voire avec un pouvoir d'achat 30 % supérieur, le ménage qui vit maintenant dans les « zones de relégation », en HLM, est un ménage qui, du jour au lendemain, peut voir un adulte perdre son emploi, et perdre en quelques mois ses garanties de revenus, c'est-à-dire les allocations de chômage. Supposons qu'il retrouve un emploi : il se sera peut-être passé six mois où il n'aura plus touché de quoi contribuer au paiement du loyer. Au pire, c'est le ménage qui aura éclaté, en *deux* ménages encore plus précaires et démunis.

Je crois que nous touchons là à la réalité la plus concrète de la société en sablier. Si l'on n'a pas en tête les *deux* aspects de la situation de la partie basse du sablier (un revenu bas *et* précaire), on ne saisit pas l'ampleur du problème du logement social. Ce n'est plus seulement un problème de redistribution, mais un problème de déstabilisation. C'est-à-dire que « ceux d'en bas » n'ont plus la perspective *globale*, macro-économique, de s'élever, mais en plus, *individuellement,* et jusqu'assez haut dans la distribution des revenus, ils ont la perspective, non négligeable pour leur propre bailleur évidemment, de perdre tout revenu. Ici, la politique de 1977 devient doublement inadaptée. Premièrement, elle croyait n'avoir que *transitoirement* à financer l'accès au logement social de base (mais quand même normé) de la hiérarchie des logements : financer l'accès à la « marche du bas », pour ceux qui étaient encore un petit peu trop bas, dans une hiérarchie des revenus qui de toute façon s'élevait comme une montgolfière. Cela, c'était un problème de redistribution : les aides au logement permettaient de voir venir. Mais on supposait qu'il s'agissait toujours d'un complément à un revenu principal, qui était le revenu salarial. Maintenant, pour une part aléatoire mais significative, le revenu le plus stable sera l'aide de l'État au logement (l'APL) et ce sera le seul revenu perçu (avec le RMI) pendant une période transitoire et parfois même définitive (pour les chômeurs de longue durée).

Voilà le changement radical qui se met en place : le grand problème de la politique sociale du logement, c'est qu'elle est pratiquement absorbée par les suites de l'APL. Non seulement l'APL est un gouffre, mais les « filets de sauvetage de l'APL », tels l'allocation logement et le Fonds de solidarité logement, deviennent eux-mêmes des gouffres. Nous le verrons dans le prochain chapitre : pour le bas de la société en sablier, allocation logement, APL, FSL, ne sont plus que des « allocations sociales » au même titre que les allocations familiales. Elles permettent aux 10 % les plus pauvres d'éviter l'asphyxie, elle ne constituent plus une politique du logement[38].

Jusqu'où irons-nous ?

Lors d'une rencontre européenne sur l'exclusion, à Newcastle en janvier 1996, chaque délégation présenta la situation dans son pays. Les Suédois se montrèrent embarrassés : « Nous avons lu, dans les documents de la Commission de Bruxelles, ce terme, *social exclusion.* Il nous semble que nous comprenons à peu près ce qu'il veut dire et nous constatons des phénomènes qui commencent à apparaître chez nous et pourraient être appelés ainsi. Mais nous n'avons pas encore choisi de traduction en suédois. » Les journaux du week-end faisaient leur « une » sur la progression de la faim en Grande-Bretagne. Non seulement les pauvres étaient pauvres et relégués dans leurs quartiers faute de pouvoir s'offrir les transports en commun, mais les supermarchés avaient quitté ces quartiers en proie à la violence. Ils n'étaient plus desservis en alimentation que par des petites boutiques et marchands ambulants, forcément plus chers. On m'expliqua que l'espérance de vie à la naissance avait commencé à diminuer pour la partie la plus pauvre de la population britannique.

Rentré en France un peu éberlué, je lus dans *Libération* l'inquiétude des directeurs des collèges et lycées d'Ile-de-France, voyant leurs élèves déserter les cantines. Faute d'argent ou goût pour les *fast food*? Le problème avait été soulevé lorsqu'un agriculteur de la région de Mantes avait porté plainte contre les chenapans du collège voisin qui venaient manger des grains de maïs dans son champ. Quelques mois plus tard, une enquête confirmait que la fréquentation des cantines scolaires n'avait pas diminué dans les départements, comme le Val-de-Marne, où le Conseil général subventionnait fortement les cantines, mais diminuait dans les quartiers pauvres des

38. Voir l'ouvrage coordonné par René Ballain et Francine Benguigui, *Loger les personnes défavorisées,* La Documentation française, Paris, 1995.

« départements bourgeois »[39]. Faudra-t-il bientôt que des associations populaires, comme à Lima, offrent un bol de lait le matin aux enfants des écoles françaises ?

Nous n'en sommes pas là. Mais il est temps de mesurer de plus près la société en sablier française. Nous en donnerons d'abord une radiographie instantanée, puis nous présenterons un film et une carte.

39. « Les collégiens vont moins à la cantine par manque d'argent », *Libération*, 3 avril 1996.

2

La France en sablier : une radiographie

La France a connu elle aussi son « grand tournant des années quatre-vingt ». Mais nous allons voir qu'il est compliqué à saisir.

Nous procéderons donc progressivement. D'abord, nous nous remémorerons l'histoire de ces dernières années. Puis nous analyserons longuement la photographie de la France en 1990. Nous pourrons alors mesurer l'état des inégalités. Ensuite, nous découperons les revenus des ménages français selon leur origine (salaires, pensions, allocations, différentes formes de profits). Cette « radiographie » nous permettra de comprendre « comment on en est arrivé là », par l'étude séparée de chaque type de revenus. Nous concluerons par le film des années récentes, et donnerons pour finir une carte !

Ce chapitre deviendra, par (brefs) moments, un peu technique, car nous devrons utiliser les ressources de la statistique. Rigueur indispensable : si nous voulons combattre les inégalités et la pauvreté, il faut savoir exactement « où il y a de l'argent à prendre ». Mais nous retrouverons, chemin faisant, les images bien concrètes de la richesse et de la misère en France.

Le labyrinthe des années quatre-vingt

En 1984, on l'a vu sur le strobiloïde de la figure 1, la société française est légèrement plus « juste » qu'en 1979. En fait, le renoncement au fordisme a été ébauché en 1978 par Raymond

Barre, nommé Premier ministre par Valéry Giscard d'Estaing après le déjà populiste Jacques Chirac. Raymond Barre va tenter d'enfoncer le coin dans la faille ouverte par la défaite de la gauche désunie aux élections législatives. Cela n'ira pas bien loin (Raymond Barre fut en son temps un honnête économiste keynésien), assez pour faire gagner la gauche en 1981. Celle-ci va s'attacher vaillamment, sous le premier gouvernement Mauroy, à mettre le fordisme sous perfusion (hausse du SMIC, des allocations familiales, baisse du temps de travail). Le strobiloïde de 1984 est le résultat de cette tentative.

Vain acharnement thérapeutique ! La crise du fordisme est là. Et, incapable de penser la variante progressiste de l'après-fordisme, la gauche va de nouveau éclater, et le PS se jeter à son corps défendant vers la sortie libérale et productiviste. C'est, au printemps 1983, l'ouverture officielle de « la parenthèse de la rigueur », en fait l'austérité sans fin pour les travailleurs. C'est surtout l'accord interprofessionnel de février 1984, où les syndicats FO et CFDT acceptent (aussitôt désavoués par leurs bases) le premier grand accroc aux institutions fordistes : le début du recul de l'indemnisation du chômage. Cet accroc, au fil des années, va devenir la déchirure sociale.

J'ai raconté cette triste histoire, celle du fordisme à la française, de son érosion, de l'échec de la gauche à le ressusciter, de la conversion au social-libéralisme (quand ce n'était pas au social-sadisme) dans un livre paru aux premiers jours de 1984 : *L'Audace ou l'enlisement. Sur les politiques économiques de la gauche*[1]. C'était alors un cri d'alarme venu du sein de la gauche, et l'on y trouvait, du côté de l'audace, le germe des propositions qui vont faire l'objet principal du présent essai : « vers la semaine de trente heures », tiers secteur, réforme du financement de la protection sociale, réforme de la Communauté européenne. Hélas ! Du côté du pouvoir, ce fut le choix de l'enlisement. Le nouveau Premier ministre Laurent Fabius allait mener la bataille législative de 1986 sous le drapeau « Vive la France qui gagne », envers (du bon côté du sablier) d'un « Malheur aux vaincus ». Ces vaincus allaient devenir les « exclus ». Déjà, dans le laboratoire de la Fondation

1. Déjà chez ce cher éditeur.

Saint-Simon, se mitonnait la future « pensée unique »[2], dont le premier manifeste fut la célèbre émission d'*Antenne 2,* « Vive la crise ! »

En 1986, la déchirure s'élargit avec le retour de la droite et de Jacques Chirac, dont les enthousiasmes thatchériens sont aussitôt brisés par un magnifique mouvement de la jeunesse[3]. Les socialistes reviennent aux affaires en 1988, et Michel Rocard infléchit à peine le cours libéral de son prédécesseur : il compte engranger paisiblement (« devoir de grisaille » oblige) les fruits des « trois petites glorieuses », la reprise mondiale de la fin des années quatre-vingt.

C'est pourtant en 1989 qu'éclate, à la colère de Michel Rocard, le coup de tonnerre. Le désormais célèbre rapport du Centre d'études des revenus et des coûts (CERC), *Les Français et leur revenus : le tournant des années quatre-vingt*[4], révèle la honte des années socialistes : les inégalités ont recommencé à s'aggraver. Quatre ans plus tard, la sanction tombera... sur le CERC. La droite revenue au pouvoir en 1993, Édouard Balladur s'empresse de casser cet insupportable thermomètre.

Et pourtant, lorsqu'en 1996 parait enfin l'édition triennale des *Données sociales* de l'INSEE, avec l'étude de la distribution des revenus et du patrimoine des ménages en... 1990, il faut se rendre à l'évidence : si les patrimoines sont de plus en plus inégalitaires, la hiérarchie globale des revenus n'est pas tellement différente de celle de 1984 ou même de 1975[5]. Car les ultimes années quatre-vingt ont vu se mettre en place, du côté de la redistribution, deux contre-feux.

---

2. La Fondation Saint-Simon regroupait à l'origine des intellectuels et de « grands commis » de la « deuxième gauche ». Elle occupait déjà de solides bastions dans les médias. Son libéralisme encore teinté de préoccupations sociales est devenu aujourd'hui la pensée officielle d'un immense arc de forces politiques du centre droit au centre gauche, avec des forteresses maintenant inexpugnables dans les médias, et jusqu'à la direction de la Banque de France. Devenu « pensée unique » (selon l'expression d'Ignacio Ramonet dans *Le Monde diplomatique*), ce que j'appelais « saint-simonisme » peut aujourd'hui se payer le luxe de se diviser, de s'auto critiquer.

3. Et par la mort du gentil beur manifestant Malik Oussekine. La mort de Khaled Kelkal dix ans plus tard (« Finis-le ! ») permet de méditer le chemin parcouru.

4. CERC, *Les Français et leurs revenus. Le tournant des années quatre-vingt*, La Découverte, Paris, 1989.

5. Cette illusion statistique, dont nous allons voir l'origine, conduit Jean-Paul Fitoussi et Pierre Rosanvallon (*Le nouvel âge des inégalités*, Seuil, Paris, 1996) à minimiser le creusement structurel des inégalités et à ne plus voir que les « inégalités dynamiques » : la perception *individuelle* du risque de chute. Il est vrai que c'est la composante essentielle du malaise français, déjà bien diagnostiqué par Pierre Bourdieu *(op. cit.)*.

Le premier, seule conquête sociale promise et réalisée par Michel Rocard dans le second septennat de François Mitterrand, c'est bien sûr le revenu minimum d'insertion, ultime barrage contre la brésilianisation (ou tout simplement l'américanisation). La pointe inférieure du strobiloïde est bloquée aux alentours de 2 500 Francs, 500 dollars par mois, 6 000 dollars par an, bien plus que n'en gagnent les trois quarts de l'humanité. Seuls les SDF... et les jeunes de 18 à 25 ans crèveront vers le bas la paroi inférieure du sablier français.

Le second contre-feu a mijoté longtemps, sous les braises du fordisme. En 1986, les premiers bénéficiaires des régimes de retraites mis en place après guerre, qui avaient vingt ans en 1946, atteignent le droit au bénéfice de la retraite avec une carrière complète. Dès lors, la figure du couple de retraités à l'aise va commencer à refouler l'ancienne figure de la déréliction : la petite vieille vivotant du minimum vieillesse.

L'inégalité des revenus en France

S'il a fallu attendre 1996 pour disposer d'une représentation accessible de la société en sablier de 1990, il ne faut pas en accuser un complot libéral trouvant ses complices jusque chez les fonctionnaires de l'INSEE. Ceux-ci font courageusement leur devoir, mais construire la pyramides des revenus n'est pas chose aisée, et construire la pyramide des patrimoines est presque une gageure. Qu'on en juge dans l'encadré ci-après.

Nous devons donc nous contenter de cette date (1990) pour avoir une estimation précise de la situation en France, et nous devrons aussi nous contenter d'épisodiques études antérieures (1984, 1979, 1975...) pour saisir « comment on en est arrivé là ». Mais que le lecteur se rassure : des résultats, moins fiables, seront donnés plus loin sur les évolutions les plus récentes.

Toute première approche des inégalités

Le tableau 1 donne la distribution des revenus des ménages en 1990, par déciles.

La deuxième colonne donne le niveau du décile, c'est-à-dire le revenu de la *limite supérieure* de la tranche de 10 %, la

Tableau 1. – Le revenu fiscal des ménages en 1990 selon les fractiles de revenu

Tranches de revenu fiscal	Limite supérieure de la classe	Revenu fiscal moyen déclaré du ménage (en F)	Composition du revenu fiscal déclaré (en %)					
			Traitements, salaires	Bénéfices agricoles	Bénéfices ind. et commerciaux	Bénéfices non commerciaux	Pensions retraites, rentes	Revenu de la propriété
1er décile	43 141	24 900	33,7	2,9	1,4	0,5	57,8	3,7
2e décile	63 773	54 200	42,5	2,6	2,5	0,4	47,5	4,5
3e décile	81 143	72 600	55,6	2,0	2,3	0,3	36,0	3,8
4e décile	98 277	89 500	59,3	1,8	2,2	0,4	32,1	4,2
5e décile	117 336	107 800	59,8	1,6	3,7	0,6	31,0	3,2
6e décile	139 109	128 000	67,4	1,5	2,9	0,4	24,2	3,6
7e décile	165 614	152 300	70,7	1,6	3,4	0,6	20,6	3,1
8e décile	203 013	182 900	74,0	1,7	3,9	1,0	16,4	3,0
9e décile	267 230	230 800	73,2	1,4	4,4	1,2	15,7	4,0
95e centile	347 953	301 500	72,7	1,6	6,2	3,0	12,4	4,1
>>>		581 000	51,4	2,9	10,5	13,0	7,6	14,6
Ensemble		**148 500**	**63,8**	**1,9**	**5,1**	**3,4**	**20,1**	**5,8**

Source : « Revenus et patrimoines des ménages », Édition 1995, *Synthèses,* n° 1, juin 1995, p.14. La source de *Synthèses* est elle-même : Nathalie Campagne, Didier Contensin, Christelle Roineau, *Les Revenus fiscaux des ménages en 1990, INSEE-Résultats Emploi-Revenus,* n° 103, 1996. C'est là qu'on trouvera toutes les précisions nécessaires.

DES DÉCLARATIONS FISCALES AUX REVENUS DISPONIBLES

Il y a des données de bases assez vite disponibles, par enquêtes de masse auprès d'un échantillon de dizaines de milliers d'entreprises ou de ménages: c'est ainsi qu'on dispose de la pyramide des salaires en deux ans environ, et elle est publiée. Pour les autres revenus, c'est une autre paire de manches.

Théoriquement, l'administration des impôts dispose d'une enquête générale annuelle: les déclarations fiscales. Seuls y échappent les très pauvres et très exclus... mais aussi, en haut du sablier, des revenus de la propriété, pas toujours intégralement déclarés. Mais ce n'est pas tout. Une déclaration de revenu ne représente pas un objet précis. Ce n'est pas nécessairement un revenu individuel: le revenu porté sur la déclaration est en général celui d'un couple marié, avec parfois des enfants «rattachés». Ce n'est pas non plus nécessairement le revenu d'un ménage (une petite communauté vivant sous le même toit et faisant caisse commune): les fiscalement célèbres concubins, certains enfants adultes cohabitants, déclarent séparément leurs revenus. En fait, il y a quelque 28 millions de déclarations pour 22 millions de ménages. Alors que fait-on? D'abord, on tire au sort 30 000 ménages dans un fichier disponible (le dernier recensement, par exemple). On repère les déclarations fiscales correspondantes. On demande l'autorisation de les lire à la Commission nationale informatique et liberté. Eh oui! Si le tirage au sort en grande masse est le seul échantillonnage inattaquable, il implique un rapprochement en masse des fichiers. On calcule ainsi le *revenu fiscal* des ménages. Le «revenu imposable», après les abattements systématiques (10 % et 20 %) et particuliers (le bric-à-brac de la page 3 des déclarations de revenus) ne nous intéresse pas. En revanche, nous intéressent les impôts effectivement prélevés, et il n'y a pas seulement la CSG et l'impôt sur le revenu: en pratique, on rajoute seulement la taxe d'habitation. Puis on prend en compte ce qui est reversé aux ménages sous forme de prestations sociales, et n'est pas imposable: allocations familiales, aides au logement, RMI. On a ainsi le *revenu disponible* des ménages.

Bref, on obtient à peu près deux données essentielles: les revenus que les ménages reçoivent de leur situation socio-économique, avant redistribution par le biais de l'État (mais attention! cotisations sociales déjà déduites) et les revenus après redistribution (fiscalité + prestations). Pour cela, il a fallu coordonner plusieurs administrations, et leurs fichiers... On comprend que cette lourde opération ne soit pas faite plus fréquemment. En pratique, nous n'aurons que quatre études pour éclairer notre lanterne: 1975, 1979, 1984, 1990. Mais d'autres pays, dont les États-Unis, refont plus souvent le travail!

troisième colonne donne le *niveau moyen* de la tranche (ou « classe ») de 10 % dont le décile est la limite. C'est-à-dire que le chiffre de la troisième colonne, qui représente la moyenne des 10 % qui gagnent moins que le décile, est forcément inférieur au chiffre de la deuxième colonne. Il est d'ailleurs légèrement décalé pour bien faire comprendre qu'il concerne l'intervalle entre deux limites. Les statisticiens ont eu la gentillesse de nous détailler la tranche supérieure en deux demi-tranches. Cela se lit : 90 % des ménages gagnent moins de 267 230 francs par an, 95 % des ménages gagnent moins de 347 953 francs, les 5 % qui gagnent le plus gagnent en moyenne 581 000 francs par an, les 5 % suivants gagnent en moyenne 301 500 francs[6].

Nous avons donc une photo de la société française en sablier[7]. Pour « mesurer les inégalités », il n'y a que l'embarras du choix. Pour limiter les dégâts, on compare par exemple D1 à D9, le montant tel que 10 % des ménages gagnent moins au montant tel que 10 % gagnent plus : de 1 à 6,2. Mais on peut construire des indicateurs plus spectaculaires. Par exemple, du revenu moyen des 10 % qui gagnent le moins (nous les appellerons dorénavant les « très pauvres ») au revenu moyen des 10 % qui gagnent le plus (les « très riches ») : de 1 à 17,7. Ou encore, du revenu moyen des 10 % très pauvres au revenu moyen des 5 % « très très riches » : de 1 à 23,3. Cela fait déjà nettement plus brésilien ! Mais le plus terrible, c'est que les 10 % de ménages les plus pauvres gagnent en moyenne, avant toute redistribution, 2 000 francs par mois : moins que le RMI !

Et nos strobiloïdes ?

Dessiner le graphique n'est pas une opération très facile, nous ne le ferons pas ici. Essayons de retrouver au moins les niveaux clés du strobiloïde. Le niveau médian, que nous appelions « 100 », est écrit en clair : 117 336 francs. Ne pas le

6. Attention ! Il s'agit des revenus déclarés au fisc. Les revenus du capital, qu'il s'agisse des bénéfices d'entreprise ou des revenus financiers, sont assez mal déclarés. Comme nous le verrons plus tard, ces revenus mal déclarés se concentrent justement en haut du sablier.

7. Dans ces chiffres, et dans tous ceux qui seront cités, il s'agira toujours de la France métropolitaine (Corse comprise). La question de la brésilianisation des « confettis de l'Empire » (Antilles, Guyanne, Réunion, Nouvelle-Calédonie et autres DOM-TOM) ne se pose absolument pas de la même façon, et ne sera jamais abordée dans ce livre, sauf à propos du cas d'école « RMI et bananes », tout à la fin.

confondre avec le revenu «moyen» (le revenu total divisé par le nombre de ménages) qui est de 148 500 francs. La «moyenne» est toujours supérieure à la «médiane», car elle prend en compte le fait que les revenus des 50 % qui gagnent le plus... sont plus élevés que ceux des 50 % qui gagnent le moins et donc pèsent plus dans le calcul de la moyenne. Nous pouvons calculer le revenu «demi-médian»: 58 668 francs. C'est le niveau 50 du strobiloïde; il est usuel, dans l'Union européenne, de l'appeler *seuil de pauvreté*. Il est entre le premier et le deuxième décile: par une règle de trois[8], on voit qu'il faut rajouter trois quart de la deuxième tranche à la première tranche pour connaître le total des ménages au-dessous de ce seuil. Donc, en 1990, environ 17,5 % des ménages de France métropolitaine vivent en dessous du seuil de pauvreté.

De l'autre côté du strobiloïde, nous pouvons calculer le niveau 200 (le «seuil de richesse», mais le terme est moins usité): deux fois le revenu médian, soit 234 672 francs, situé entre le huitième et le neuvième décile. Par la même règle de trois, on voit que 14,9 % des ménages constituent «les riches». Naturellement, la plupart des ménages de la neuvième tranche se considéreront comme de simples «classes moyennes», même au-dessus de deux fois le revenu médian, et ils auront raison. C'est une question de définition ! Si vous trouvez que, sérieusement, pour être riche il faut être dans les 5 % qui gagnent le plus (les «très très riches»), vous constatez alors qu'ils sont au-dessus de l'indice 540 du strobiloïde. Ils ne tiendraient pas dans la figure 1 ! Et nous ne parlons même pas des grands capitalistes, présentateurs de télévision, vedettes sportives et assimilés.

Ici, il importe de faire une mise au point sur l'usage des statistiques d'inégalités. Dénoncer les écarts monstrueux entre le haut et le bas de la société en sablier en choisissant les points de repères les plus extrêmes est utile pour «rendre la honte encore plus honteuse», comme disaient les situationnistes. Politiquement, la révélation du revenu de tel ou tel (celui de Pierre Suard, le PDG d'Alsthom, ou celui de Jean-Luc Delarue

8. C'est ce qu'on appelle une «interpolation linéaire»: on considère que le revenu monte progressivement entre les limites de déciles. Pour repérer la place dans la deuxième tranche du ménage gagnant 58 670 francs, on calcule: (58 668-43 141)/(63 773-43 141) = 0,75.

LES REVENUS PAR CATÉGORIES SOCIO-PROFESSIONNELLES

Les « catégories socio-professionnelles » (CSP) sont tellement entrées dans les mœurs, elles s'ancrent si bien dans la physiologie sociale et aussi dans la représentation que la société se fait d'elle-même (voir les remarques amusées de P. Bourdieu) que le lecteur y aurait plus volontiers recours qu'aux « déciles ». Et pourtant je m'appuie principalement sur les revenus des ménages classés par déciles, pour au moins trois raisons :

– en tant qu'économiste proposant des réformes, c'est la distribution des revenus qui m'intéresse ;

– les ménages sont en général... mixtes, et les adultes conjoints n'ont pas toujours la même CSP. On désigne la CSP d'un ménage par celle du « chef de famille » (« la personne de référence », si l'on veut être politiquement correct), l'homme quand il y en a un ;

– comme on le verra par la suite, les situations sociales des ménages intègrent quantité d'autres facteurs que la CSP.

À la demande générale du public, je donne néanmoins le revenu moyen des divers CSP de ménages. On retiendra que :

– les écarts entre les CSP sont dérisoires par rapport aux écarts entres ménages ;

– les professions libérales (« non commerciales : avocats, médecins, etc. ») ont *en moyenne* les plus hauts revenus, individuellement et par ménage. Mais ce n'est qu'une moyenne : un tiers des avocats ont un si faible revenu qu'ils auraient droit à l'aide juridique !

– ces professions libérales et les cadres supérieurs gagnent plus que la moyenne des patrons ! En réalité, les « chefs d'entreprises de dix salariés et plus » déclarent 608 000 francs en moyenne par an ;

– les employés gagnent 7 300 francs par mois en moyenne, maris et femmes. En revanche, les ouvriers qualifiés, qui gagnent autant que les employés, ont des conjointes moins bien loties (des ouvrières non qualifiées ?).

	0 actif	1 actif	2 actifs	> 2 actifs	Ensemble
Agriculteur exploitant		118 345	149 665	197 246	138 497
Artisan, commerçant, chef d'entr.		199 838	269 082	324 258	237 283
Profession non commerciale		388 357	493 128	632 604	444 063
Cadre supérieur		229 372	317 783	412 395	281 148
Profession intermédiaire		130 227	204 921	252 347	175 143
Employé		87 354	163 830	220 248	119 109
Ouvrier qualifié		89 170	146 832	213 956	128 403
Ouv. non qualifié ou agricole		73 535	126 301	184 124	101 131
Inactif	96 596	150 145	214 501	224 843	110 860
Ensemble	96 685	133 249	201 918	246 500	147 754

Source : « Les revenus fiscaux des ménages en 1990 », *INSEE-Résultats – Emplois-revenus,* n° 103.

à France 2) peut être décisive pour soulever un problème de société, déclencher une grève. Mais ce livre vise au-delà: à préparer des réformes. Or, pour réformer la hiérarchie des revenus, ce qui est intéressant, c'est de connaître les masses en jeu. Et pour cela, il vaut mieux travailler avec des tranches suffisamment épaisses, où se noieront les situations extrêmes.

Prenons le cas de Jean-Luc Delarue. Le revenu *quotidien* de son contrat avec France 2, calculé par Delfeil de Ton dans *Le Nouvel Observateur* d'après les chiffres rendus publics par le présentateur, dépasse légèrement 100 000 francs par jour: c'est le revenu *annuel* moyen du cinquième décile des ménages français, c'est l'indice 31 100 du strobiloïde (311 fois le revenu annuel médian des ménages français), c'est, en un jour, plus de quatre ans du revenu moyen des 10 % les plus pauvres. Donc, en confisquant le revenu versé par France 2 à Jean-Luc Delarue, on peut doubler le niveau de vie de 1 460 ménages (4 fois 365) dont les revenus seraient aux environs de la moyenne des très pauvres. Cela représente déjà la population d'un gros bourg de 5 000 habitants. Malheureusement (ou heureusement), il n'y a pas beaucoup de Delarue à donner en pâture aux partageux du Père Duchêne. Une fois que l'on aura étranglé le dernier Delarue avec les tripes du dernier Suard, on aura de quoi améliorer sensiblement la situation dans la Creuse, mais guère plus.

Tout change lorsqu'on considère des masses de situations moins extrêmes, comme sur le tableau 1. L'enquête porte sur près de 22 millions de ménages (21 913 500): chaque décile représente donc 2 200 000 ménages. Ce que révèle déjà ce tableau 1, c'est que la masse des revenus disponibles pour une redistribution se concentre très haut. Il est loin le temps (en fait, celui de la société en montgolfière) où l'on pouvait redistribuer aux très pauvres en prélevant essentiellement sur les «gens de la moyenne». Le ménage en situation médiane (117 336 francs: 9 800 francs par mois, deux SMIC) se considère *déjà* comme pauvre, et il est impossible de lui demander quoi que ce soit au nom de la solidarité. Pire: cela ne servirait pas à grand chose, car en serrant la ceinture autour du ventre du strobiloïde français de 1990 on obtiendrait à peine de quoi améliorer la vie des plus démunis. Précisons cette idée.

Tableau 2. – Le revenu disponible des ménages (1990)

Tranches de revenu fiscal	Limite supérieure de la classe	Rappel revenu fiscal (en F)	Apport des prestations sociales (1) (%)	dont Prestations familiales (%)	dont Prestations logement (%)	dont Autres prestations* (%)	Prélèvement fiscal (1) (%)	dont Impôt su le revenu (%)	dont Taxe d'habitation (%)	Revenu disponible en % du revenu fiscal
1er décile	43 141	24 900	83,6	20,8	26,9	35,9	- 2,1	- 0,1	- 2,0	181,5
2e décile	63 773	54 200	17,5	6,1	8,0	3,5	- 1,3	- 0,3	- 1,0	116,3
3e décile	81 143	72 600	11,3	6,0	4,1	1,2	- 2,8	- 1,5	- 1,2	108,5
4e décile	98 277	89 500	9,7	5,9	3,1	0,7	- 3,8	- 2,4	- 1,4	106,0
5e décile	117 336	107 800	6,7	4,1	2,0	0,6	- 4,7	- 3,3	- 1,4	102,0
6e décile	139 109	128 000	4,7	3,5	0,9	0,3	- 5,3	- 4,0	- 1,3	99,4
7e décile	165 614	152 300	3,8	2,9	0,8	0,2	- 6,0	- 4,7	- 1,3	97,8
8e décile	203 013	182 900	2,6	2,2	0,3	0,2	- 7,2	- 6,0	- 1,2	95,4
9e décile	267 230	230 800	1,4	1,3	0,0	0,1	- 9,0	- 7,9	- 1,2	92,4
95e centile	347 953	301 500	1,1	1,1	0,0	0,1	- 11,6	- 10,6	- 1,0	89,5
>>>		581 000	0,7	0,6	0,0	0,0	- 21,6	- 20,8	- 0,7	78,2
Ensemble		**148 500**	**5,3**	**2,8**	**1,5**	**1,0**	**- 9,6**	**- 8,4**	**- 1,1**	**95,5**

(1) En % du revenu fiscal de la classe.
* RMI et minimum vieillesse.

Source : INSEE, « Revenus et patrimoines des ménages », Édition 1995, *Synthèses,* n° 1, juin 1995, p. 19.

Les 40 % de ménages entre le troisième et le septième décile (8 millions 800 000 ménages entre 81 000 et 166 000 francs par an : 30 % gagnent moins qu'eux, 30 % plus qu'eux) constituaient jadis le ventre de la montgolfière. Ils gagnent en moyenne[9] 119 400 francs par an (10 000 francs par mois). Prélevons-leur 5 % de leur revenu et donnons-le aux 10 % les plus pauvres. Le revenu moyen de ceux-ci est un peu moins que doublé (il passe à 48 700 francs), mais il est toujours au-dessous du seuil de pauvreté.

Prélevons maintenant les mêmes 5 %, mais seulement sur les revenus des 5 % très très riches, les 1 100 000 ménages qui gagnent plus de 581 000 F par an, et donnons-le au 10 % très pauvres. Le revenu moyen de ces très très riches « tombe » à 550 000 francs, encore très au-dessus de 95 % des ménages de France. Celui des très pauvres est plus que doublé, et passe au-dessus du seuil de pauvreté...

Mais c'est justement ce que fait la politique de redistribution ! En effet : regardons le tableau 2.

La redistribution

Il nous montre la déformation des revenus, jusqu'au *revenu disponible*, par l'impôt qui « enlève aux riches pour donner aux pauvres ». Et il est vrai que la combinaison des impôts sur les ménages (c'est-à-dire ici : impôt sur le revenu et taxe d'habitation) et des prestations sociales (en gros : RMI, allocations logement, allocations familiales et APL, minimum vieillesse) va dans la direction recherchée. Les revenus du premier décile sont presque doublés en moyenne, puis la redistribution diminue jusqu'au revenu médian où elle s'annule, puis, au-delà du revenu médian, le revenu disponible devient inférieur au revenu fiscal. Au niveau du 95e centile, on restitue ainsi à la solidarité nationale 10 % du revenu avant impôts, et les 5 % des ménages aux très très hauts revenus restituent en moyenne 22 %. Ce n'est pas exagéré...[10] et cela divise par deux l'écart entre le revenu moyen des très pauvres et celui des très riches (de 1 à 8).

---

9. L'intérêt des « moyennes de tranches » (la troisième colonne du tableau) c'est qu'on peut en faire la moyenne, puisque les tranches ont la même population.

10. C'est beaucoup moins que le fameux taux de 56,8 % de la dernière tranche d'imposition, qui ne touche qu'une petite partie de leurs revenus.

LE REVENU DISPONIBLE PAR UNITÉ DE CONSOMMATION

Aussi bien le revenu fiscal que les prestations sociales ou les impôts dépendent de la composition du ménage: nombre d'adultes et d'enfants. Mais, à revenu disponible donné pour le ménage, le niveau de vie réel des différents membres du ménage dépend de cette composition. Bien sûr, plusieurs personnes vivant dans le même foyer font des économies du fait qu'elles vivent ensemble. Aussi faut-il apprécier ces économies: le «revenu par personne» n'aurait pas grand sens. On va donc définir les «unités de consommation du ménage» en agrégeant au premier adulte, qui compte pour 1 : son compagnon, les enfants de moins de 14 ans et de plus de 14 ans.

L'échelle traditionnelle est l'«échelle d'Oxford»: 0,7 pour le second adulte et 0,5 pour les enfants. Mais on considère aujourd'hui que ces coefficients, calculés à une époque où la nourriture était le poste le plus important, sous-évaluent les «économies de mise en ménage». L'INSEE propose une échelle plus simple et assez fidèle: 1 pour le premier, 0,35 pour tous les autres («UC modifiées»).

Entre la moyenne du revenu fiscal par ménage de la tranche des 10 % les moins riches et de 10 % les plus riches, l'écart est de 1 à 17,7. Après redistribution (revenu disponible) et par UC modifiée, l'écart tombe à 5,9. Nous savions que la redistribution faisait déjà chuter l'écart de moitié, le reste traduit le fait que les ménages riches ont des enfants, et que les pauvres sont souvent des personnes seules.

Bref, la progressivité de l'impôt sur le revenu semble bien remplir sa mission. Elle fait pivoter la distribution des revenus autour du revenu médian, elle améliore considérablement le sort des pauvres, en prélevant exclusivement sur les riches. D'après la dernière ligne du tableau 2, elle ne sert même qu'à cela : au final, l'État n'aura gardé, au passage des impôts sur les ménages, que 4,5 % de leurs revenus pour faire autre chose que de la redistribution !

Oui mais... quand les ménages de France touchent leurs revenus, ils ont déjà cotisé énormément à la solidarité, par le biais des cotisations sociales ! Ils ont payé leurs médicaments, mais aussi les revenus de substitution pendant les congés de maladie, et surtout les retraites, et ces retraites figurent déjà dans les revenus fiscaux. Or ces cotisations, beaucoup plus importantes que les impôts sur les revenus, ne sont nullement redistributives : elles sont presque proportionnelles aux revenus, en tout cas pour les salariés. Quant aux revenus de la propriété, avant l'invention de la CSG, ils ne cotisaient rien du tout. C'est là une des grandes injustices du système français : le gros des prélèvements ne redistribue rien (sauf entre différentes situations de la vie : santé et maladie, activité et retraite). Et l'instauration de la CSG, qui frappe même les plus bas revenus, n'arrange rien (sauf qu'elle fait cotiser quand même les revenus de la propriété). Nous y reviendrons au chapitre 11.

La concentration des revenus

Mais revenons aux masses redistribuables. Nous avons vu qu'un même impôt appliqué à des tranches différentes avait des rendements très différents. Cela vient bien sûr de la « concentration » des revenus. Nous nous sommes jusqu'ici intéressés à la dispersion des *niveaux* de revenus selon les tranches, intéressons-nous maintenant à la concentration des *masses* de revenus sur certaines tranches. Cela nous est donné par le tableau 3.

Tableau 3. – La concentration du revenu des ménages
En % de la masse du revenu considéré

Limite des fractiles de revenu	Revenu fiscal	Revenu disponible
10	2,0	2,7
25	8,0	9,7
50	24,0	27,0
75	48,6	52,7
90	70,6	74,3
95	80,7	83,9
100	100,0	100,0

Champ : revenu fiscal positif ou nul.

Source : INSEE, « Revenus et patrimoines des ménages », Édition 1995, *Synthèses,* n° 1, juin 1995, p. 23.

Ce tableau se lit: les 10 % des ménages les plus pauvres perçoivent (avant redistribution) 2 % du revenu total des ménages. Les 25 % des ménages les plus pauvres perçoivent 8 % du revenu total. La moitié «centrale» des ménages (entre les 25 % les plus riches et les 25 % les plus pauvres) perçoit 40,6 % du revenu des ménages (48,6 - 8,0). Les 5 % des ménages très très riches perçoivent 19,3 % du revenu des ménages. On voit, troisième colonne, que la redistribution par l'impôt et les prestations va, certes, «dans le bon sens»... mais qu'elle reste minuscule: le quart le plus pauvre des ménages ne récupère que 1,7 % du revenu total des ménages, les 5 % les plus riches n'en cèdent que 3,2 %. Ne crachons pas sur cette mince redistribution: elle empêche la France de se brésilianiser vraiment, comme le font les États-Unis. Car les pauvres gagnent si peu que les miettes des riches suffisent parfois à assurer leur survie. Ce que savaient les religions du Livre, qui inspiraient à Booz, le riche moissonneur, de laisser le champ jonché d'épis de blé, pour les pauvres glaneuses.

Mais retenons ce résultat essentiel: presque tout se joue avant la redistribution par l'État, dans les rapports «primaires» de distribution, au sein de la société civile: salaires, pensions, bénéfices commerciaux, rentes, dividendes et autres revenus de la propriété. Ces conflits de distribution sont certes régulés au niveau politique (par la législation sociale, par la fixation des taux d'intérêts...), mais beaucoup plus à travers la fixation des règles qu'à travers les transferts impôts/prestations. La tentation est grande (fut grande, à l'apogée de la social-démocratie classique) de «rétablir la justice par l'impôt». Nous aurons, chemin faisant, à nous garder de cette tentation, dans les chapitres sur le partage du travail notamment. Car nous voyons dès le tableau 3 que la redistribution par l'impôt direct, qui fait déjà hurler de douleur la presse même progressiste, ne saurait corriger que marginalement les inégalités de revenu[11].

11. Remarquons toutefois que la taxe d'habitation constitue un impôt dégressif («qui prend aux pauvres pour donner aux riches») non négligeable. 41 % des ménages aux revenus inférieurs à 60 000 francs y ont été assujettis en 1990, et ont versé 513 francs en moyenne, soit un taux de 1,5 %. Les très très riches subissent un taux de 0,6 %. Rendre le taxe d'habitation progressive ne serait pas un luxe et serait assez bien supporté (sauf par les maires des communes de pauvres). Mais la gauche en dix ans n'y est même pas parvenue.

Il existe une forme de redistribution plus traditionnelle, à laquelle on aurait tendance à demander beaucoup : l'entraide familiale. Elle prend la forme de soutien financier, d'aide en nature, d'appui auprès de réseaux. Les ménages consacrent de 3 à 4 % de leur revenu à l'entraide familiale : des parents vers les enfants adultes, des grands-parents retraités vers les descendants. Les principaux bénéficiaires sont les 10 % les plus pauvres, c'est-à-dire en fait les ménages de moins de 25 ans dont elle accroît le revenu d'un cinquième. Las ! Par définition, cette entraide au sein d'une même catégorie sociale (en général) bénéficie le plus à ceux qui en ont le moins besoin, elle atténue surtout les écarts selon l'âge. Les enfants de cadres supérieurs sont trois fois plus aidés que les enfants d'ouvriers[12].

Radiographie du sablier

Pour reconstituer la mise en place de cette distribution des revenus profondément inégalitaire, il faut donc maintenant se tourner vers la « physiologie » de la société. Le tableau 1, qui nous livre une photo, nous livre aussi une *radiographie* : la part des revenus venant des différentes fonctions socio-économiques. Commençons par un rapide examen.

D'où vient l'argent ?

D'abord, on ne sera pas surpris de constater que les très pauvres (premier décile) vivent principalement d'allocations de chômage, de pensions ou des rentes de retraite[13] : il n'y a qu'un tiers de salaire dans le revenu de la tranche, même avant redistribution. Et c'est encore vrai au deuxième décile : le salaire ne représente qu'une part mineure du revenu des 20 % de ménages les plus démunis.

12. Voir la contribution de Jean-Hugues DÉCHAUX au hors-série « Le lien social » de la revue *Sciences humaines*, mai 1996, et Chantal de BARRY, Denise ENEAU, Jean-Michel HOURIEZ, « Les aides financières entre ménages », *INSEE Première*, n° 441, avril 1996.

13. Attention. Mis en rapport avec les mots « pension » et « retraites » dans le langage INSEE, le mot « rente » désigne les retraites par capitalisation (assurance-vie, etc.). Mais quand on parle de « rentier » on pense aux revenus de la propriété immobilière (« loyers et fermages ») et par extension de la propriété mobilière (intérêts et dividendes).

On ne sera pas surpris non plus d'apprendre que la part des revenus de la propriété, qui représentent *toujours*, en moyenne, pour 95 % des ménages de France, quelque 4 % du revenu (car en France, Marx le savait déjà, même les très pauvres sont souvent quelque part petits propriétaires, petits épargnants...), ne devient significative (14,6 %) qu'au-delà du 95e centile. Mais, même à ce niveau-là, 51 % des revenus sont toujours touchés en salaires. On tiquera en revanche sur la faiblesse de la part des revenus de la propriété entre les centiles 80 et 95 : pas trace de la participation des cadres à la « société-casino » ! C'est que justement les cadres ont concentré leurs placements sur des instruments financiers inventés pour eux, plans d'épargne en action, SICAV en capitalisation, assurances-vie, et soigneusement défiscalisés (donc exclus de l'enquête !) par les gouvernements socialistes, au point qu'il fallut que la droite orléaniste balladurienne, représentant l'aristocratie de la finance, y mette le holà.

On ne s'étonnera pas enfin que les « bénéfices industriels et commerciaux » qui, eux aussi, se rencontrent à tous les niveaux dans le revenu des ménages, ne deviennent significatifs que chez les très riches (dernier décile), surtout les très très riches (derniers centiles). Quant aux « bénéfices non-commerciaux » (ceux des professions libérales : avocats, dentistes... mais aussi infirmières), ils ne pèsent que chez les très très riches (et là, presqu'autant que les revenus de la propriété).

On s'étonnera en revanche des bénéfices agricoles, qui semblent épouser un profil en U : relativement important chez les très très riches et les très pauvres. En fait, c'est probablement dans la paysannerie que la déchirure sociale s'est faite la plus profonde au cours des années quatre-vingt[14]. Aujourd'hui, les paysans pauvres ne sont plus que des quasi-exclus, souvent des ménages dont le mari est un retraité mais dont l'épouse glane encore de maigres ressources complémentaires de la vente de quelques produits[15], tandis que l'aisance agricole se

14. Voir Gilles ALLAIRE et Robert BOYER (dir.), *La Grande Transformation de l'agriculture*, INRA-Économica, Paris, 1995.

15. Il y a bien aussi quelques ménages paysans « alternatifs », ou tout simplement des chômeurs réfugiés « à la campagne », peu insérés dans les rapports marchands. La thèse de Catherine LAURENT, présentée dans sa contribution au livre cité d'ALLAIRE & BOYER, « La fin de

concentre vers le haut. La crise du paysan moyen est sans doute la base de la montée du syndicalisme progressiste et écologiste (la Confédération paysanne) et aussi des révoltes de plus en plus violentes de la Coordination rurale.

Cette idée que tous les types de revenus d'activité ne sont pas concentrés de la même manière est bien captée dans le tableau 4. Le principe en est le même qu'au tableau 3, mais on a distingué ces différents types de revenus (nous verrons plus loin ce qu'il en est des revenus de la propriété). On s'aperçoit ainsi que 32 % des «bénéfices agricoles» sont concentrés chez les 5 % les plus riches. Les autres «bénéfices» sont à peine moins concentrés. Les «pensions et rentes» sont en revanche à peu près aussi concentrés que les salaires, ce qui est normal puisqu'elles sont en général indexées sur les salaires antérieurs. Les 5 % de ménages qui reçoivent les plus gros salaires accaparent 16,4 % des salaires, les 5 % qui touchent les plus grosses retraites accaparent 17,5 % des retraites.

Tableau 4. – Concentration des divers revenus d'activité et des retraites des ménages en 1990

Limites des fractiles de revenu catégoriel	Traitements et salaires	Bénéfices agricoles	Bénéfices industriels et commerciaux	Bénéfices non commerciaux	Pensions rentes
10	1,6	0,3	0,7	0,4	1,3
25	7,9	1,9	4,2	2,4	6,2
50	24,8	10,0	16,3	12,5	21,8
75	50,9	29,9	37,8	36,4	47,7
90	73,5	53,7	60,9	63,2	71,4
95	83,6	68,1	73,1	76,3	82,5
100	100,0	100,0	100,0	100,0	100,0

Source: INSEE, «Revenus et patrimoines des ménages», Édition 1995, *Synthèses,* n° 1, juin 1995, p. 14.

l'hégémonie des agriculteurs professionnels sur le territoire», montre que les agriculteurs «non-professionnels» tendent à occuper l'espace rural au fur et à mesure de la chute des prix des terrains. Couplée avec le RMI et les systèmes d'échanges locaux, cette tendance commence à se traduire dans certains départements ruraux par l'apparition de véritables sphères d'activités alternatives.

Nous en arrivons ainsi au plus gros morceau : les salaires. Nous l'avons dit : ils ne représentent la majorité du revenu (même avant redistribution !) qu'au-delà du deuxième décile, et cela vaut jusqu'aux plus hauts revenus. Mais c'est entre le revenu médian et le neuvième décile que le salaire représente environ 70 % du revenu des ménages.

Nous avons donc, grâce à cette radiographie, une première image raisonnée (en instantané) de la société en sablier. Elle confirme notre analyse qualitative initiale :

– le salaire (des petits boulots) n'est qu'un revenu d'appoint pour les 20 % les plus pauvres !

– il ne devient la part prépondérante du revenu des ménages qu'au-delà du revenu médian. Les « moyens-pauvres » (déciles 3,4,5) sont des chômeurs, des salariés précaires et mal payés, des indépendants pauvres, ou des retraités[16] ;

– les revenus du capital, directs (les bénéfices) ou indirects (revenu de la propriété), se concentrent tout au sommet de la hiérarchie.

Bref, la société reste une « société salariale », mais les pauvres ne survivent que par les prestations sociales qui s'ajoutent à leur salaire ; et les revenus autres que le salaire ou les pensions (16,1 % de l'ensemble des revenus des ménages avant redistribution) se concentrent tout à fait dans le haut de la hiérarchie. La société en sablier à la française oppose, de part et d'autre du salariat moyen, des pauvres qui ne sont plus ou qui ne sont que très peu salariés (ou très mal payés) à des hauts revenus qui pour moitié prennent la forme de salaires, et pour le reste de grasses retraites ou de très confortables revenus du capital. Ce qui en fait une société en sablier « à la française » est le poids, chez les 20 % les plus pauvres, de revenus de substitution, les retraites, allocations de chômage, RMI et prestations sociales : c'est la trace persistante de ce que la France a été une sociale-démocratie. Dieu merci, nous sommes encore loin

16. Le revenu des chômeurs, compris dans les « pensions », n'est pas isolé par *Synthèse*. Rappelons que leur allocation diminue de 17 % tous les quatre mois. Selon le bilan de l'UNEDIC au 30 juin 1995, elle est en moyenne de 3 855 francs par mois (46 260 francs par an, ce qui ne veut rien dire, puisqu'elle est dégressive avec le temps), et près de la moitié des chômeurs touchent moins de 3 000 francs par mois. Un chômeur isolé sera donc dans le deuxième décile.

du Brésil et même des États-Unis, ou de la société britannique des « 30-30-40 » décrite par William Hutton.

Mais un point qui nous rapproche (un peu) du Brésil, où les salariés stables sont déjà appelés « classes moyennes », c'est que maintenant le fait d'avoir un travail salarié stable est un relatif « privilège », même si le revenu que la majorité des ménages tirent de ce salaire leur paraît, à bon droit, trop faible. Ce décalage entre la « sous-société salariée » et la société tout entière apparaît dans le tableau 5, qui est l'analogue du tableau 1, mais réduit aux ménages dont le « chef » est un salarié.

Les salariés : inégalités et précarité

On note immédiatement que le premier décile des ménages salariés est presque moitié plus élevé que le premier décile de l'ensemble des ménages. Tous les ménages salariés, jusqu'au huitième décile, reçoivent plus de 95 % du revenu sous forme de salaire. En fait, seuls les 5 % des ménages salariés aux revenus les plus élevés reçoivent une partie significative de leurs revenus sous une autre forme (et on s'étonne toujours de la modicité de cette part entre le 80e et le 95e centiles, chez la plupart des cadres).

Comment, au sein de cette société en sablier, distinguer les segments 4, 3, et 2, les exclus, les précaires et les salariés « restés fordiens » ? Par la photographie instantanée de l'année 1990 que nous offre le tableau 5, c'est impossible : on ne peut pas distinguer ceux qui ont travaillé cette année-là mais pas les autres années, ceux qui ont gagné leur salaire sur un contrat de six mois et ceux qui gagnent la moitié sur un contrat à durée indéterminée, etc. Une indication nous est donnée par une jolie étude de l'INSEE, qui filme, sur une période de vingt-deux mois (de janvier 1993 à octobre 1994), le destin d'un panel d'adultes en âge de travailler[17].

On constate d'abord que la stabilité ne commence qu'à 25 ans pour les hommes comme pour les femmes (environ 10 % de stables chez les moins de 25 ans) et qu'elle rechute

17. Chantal CASES et Philippe LAGARDE, « Activité et pauvreté. Une tranche de vie des personnes de 17 à 59 ans », *INSEE Première*, n° 450, mai 1996.

Tableau 5. – Le revenu fiscal des ménages de salariés en 1990 selon les fractiles de revenu

Tranches de revenu fiscal	Limite supérieure de la classe	Revenu fiscal moyen déclaré du ménage (en F)	Composition du revenu fiscal déclaré (en %)					
			Traitements, salaires	Bénéfices agricoles	Bénéfices ind. et commerciaux	Bénéfices non commerciaux	Pensions retraites, rentes	Revenu de la propriété
1er décile	60 050	38 500	97,1	0,1	- 0,6	0,7	2,2	0,5
2e décile	79 822	70 400	96,6	0,2	0,1	0,2	2,2	0,7
3e décile	95 944	87 600	96,5	0,1	0,5	0,3	1,6	1,0
4e décile	115 141	105 800	95,8	0,1	0,5	0,0	2,9	0,7
5e décile	134 204	124 700	96,3	0,1	0,5	0,3	1,8	0,9
6e décile	155 886	145 100	96,5	0,1	0,3	0,1	2,2	0,8
7e décile	180 406	167 500	96,0	0,1	0,4	0,3	2,4	0,9
8e décile	214 343	196 600	95,5	0,1	0,5	0,4	2,2	1,3
9e décile	273 032	239 800	94,7	0,1	0,8	0,3	2,4	1,6
95e centile	336 726	300 700	93,2	0,0	1,0	1,1	2,6	2,0
>>>		472 300	86,1	0,0	3,4	3,0	2,1	5,4
Ensemble		**156 200**	**94,1**	**0,1**	**1,0**	**0,8**	**2,3**	**1,8**

Champ : Ménages dont la personne de référence est salariée ayant un revenu fiscal positif ou nul.

Source : INSEE, « Revenus et patrimoines des ménages », art. cité.

après 50 ans (surtout pour les femmes, où les stables redeviennent minoritaires). Mais, même dans la tranche des 25 à 39 ans, cette stabilité ne concerne que 71 % des hommes et 54 % des femmes. Ici apparaît le caractère fortement sexué du statut de « précaire ». Quant à l'exclusion, si on la repère par l'impossibilité durable de retrouver un travail, on peut dire qu'elle concerne un nombre assez faible d'hommes entre 25 et 49 ans (un peu plus de 6 %), et environ 20 % des femmes. Avec cette difficulté, déjà évoquée, qu'une « femme au foyer » est une exclue en puissance ou en acte, selon le statut de son compagnon, si elle en a un.

Ce caractère « domestique » de la notion de précarité oblige à un autre examen. Être en ménage est en effet une assurance anti-exclusion (on ne perd pas tout d'un coup si l'un des deux perd son emploi), mais, du point de vue du budget du ménage, cela accroît la probabilité d'un « accident ». C'est pourquoi les auteurs de l'étude, Chantal Cases et Philippe Lagarde, nous proposent aussi une chronique du destin de ces ménages.

On constate alors que :

– 13 % des ménages sont entièrement précaires ou exclus : aucun adulte n'a eu un emploi stable sur 22 mois ;

– 33 % des ménages sont « collectivement précaires » : au moins l'un des adultes a connu le chômage ou un CDD.

Certes, la précarité ne s'arrête pas au CDD. Un mi-temps imposé est une forme de précarité. Mais ce chiffre est déjà impressionnant : un tiers des ménages de France est directement touché, dans sa vie collective, par la précarité ! Nous ne sommes pas dans la « société des 30-30-40 » à la William Hutton. Mais nous sommes déjà dans une « société des 13-33-54 » : 13 % d'exclus, 33 % de précaires, 54 % de stables. Et encore, considère-t-on ici implicitement normal que 11 % seulement des moins de 25 ans soient « actifs » ! Or, beaucoup de moins de 25 ans doivent se débrouiller sans le secours que leurs parents seraient bien en peine de leur accorder. Résultat : 42 % des moins de 25 ans appartiennent à un « ménage pauvre », c'est-à-dire avec un revenu en dessous du demi-médian. La plupart sont des « Petits Poucets » isolés, que leurs parents ne peuvent plus entretenir. Quelques-uns sont des étudiants ayant une chambre gratuite en ville.

Comment en est-on arrivé là ?

La radiographie de 1990 a permis de comprendre une bonne partie de la physiologie de la société en sablier, sa logique interne. Reste à retracer la dynamique qui a désagrégé la montgolfière fordiste : passer de l'instantané 1990 au film en *échographie* qui, depuis 1975, nous a conduits là. Pour cela, il suffit de reprendre *séparément* les divers types de revenu des ménages et d'en considérer la dynamique.

Nous l'avons déjà annoncé : à s'en tenir à la distribution *globale* des revenus, la hiérarchie ne s'est pas clairement creusée depuis cette date ! Eh non. La *Synthèse* sur laquelle nous nous appuyons ne donne, il est vrai, que le revenu par *unité de consommation*[18], ce qui est assez légitime, car le nombre de « personnes seules » ou de « familles monoparentales » augmente considérablement depuis quinze ans. Le rapport entre le premier et le neuvième déciles de ces « revenus par U.C. » était de 4,04 en 1975, il baisse encore, selon la logique fordiste, jusqu'à 3,65 en 1979, remonte à peine avec le début de la « rigueur » à 3,67 en 1984, et... redescend à 3,42 en 1990. En variant les indicateurs, on retrouve toujours le même résultat : la dispersion des revenus a cessé de décroître, mais elle ne bouge pratiquement plus depuis 1979.

Dans le « labyrinthe des années quatre-vingt », nous savons ce qui explique ce résultat surprenant : en fin de période, l'institution du RMI et l'arrivée des « jeunes retraités » avec une pleine carrière de salariat. Ces deux contre-feux sont si puissants statistiquement qu'ils obscurcissent le creusement général des inégalités dans toutes les autres situations. Mais voyons les choses de plus près.

L'âge d'or des retraités[19]

Certes, les ménages dont le « chef » est retraité ont en moyenne rattrapé les actifs (figure 4). Par unité de consommation, le revenu entre 60 et 69 ans est sensiblement le même

18. Echelle d'Oxford (voir encadré plus haut).

19. Voir Marie-Gabrielle DAVID et Christophe STARZEC, « Aisance à 60 ans, dépendance et isolement à 80 ans », *INSEE Première*, n° 447, avril 1996.

Figure 4. – Évolution du niveau de vie selon l'âge

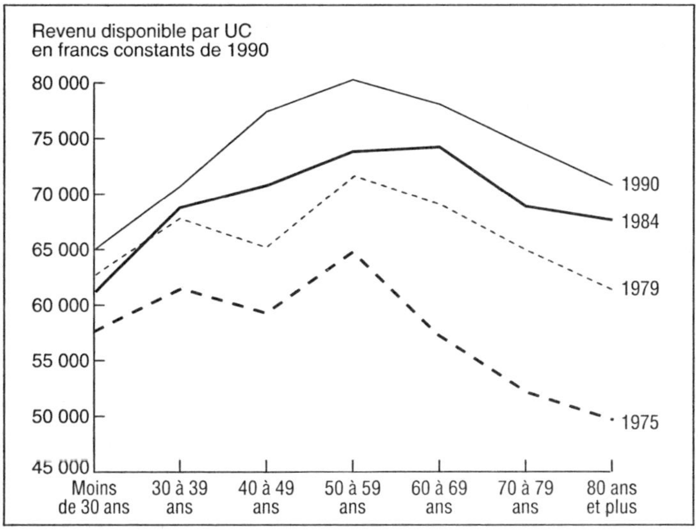

Figure 5. – Évolutions comparées du niveau de vie des indépendants, des salariés et des retraités

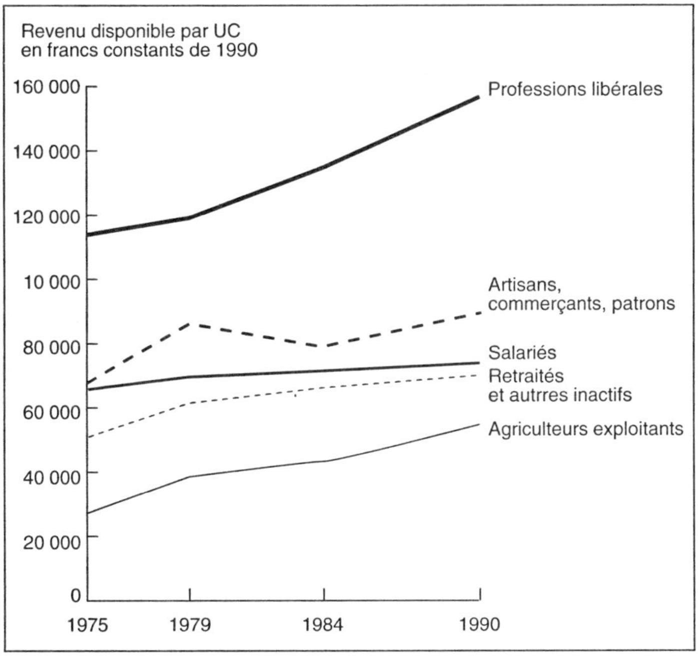

Source des deux graphiques : INSEE, *Données sociales 1996,* p. 343.

qu'entre 40 et 49 ans, et *en moyenne* il ne retombera plus en deçà du niveau des moins de 30-39 ans. *Mais*, dans les couples retraités, l'apport des femmes n'est que de 28 % des revenus du ménage. Certes, les retraités du fordisme bénéficient de l'écho de cette heureuse époque, mais ils portent aussi les stigmates de ses distorsions. Or, s'il est vrai que l'activité salariée des femmes n'a pas cessé d'augmenter depuis 1950, elle était faible en début de période et elle est toujours restée plus intermittente, précaire... et moins bien payée que celle du compagnon. Résultat : pour les couples de retraités, il n'y a que 10 % de différence de revenu entre ceux où la femme n'a jamais travaillé et les autres[20] !

Mais dès lors tout bascule après 75 ans. D'abord, les femmes seules deviennent majoritaires de façon écrasante. Ce sont des femmes qui avaient au moins 35 ans en 1950, au début de la grande salarisation, et qui donc n'ont souvent jamais travaillé dans le salariat, et en tout cas n'ont que peu d'années de cotisations dans les régimes de retraite d'après-guerre. Elles bénéficient parfois d'une petite pension de réversion (environ la moitié de la pension du mari)... si elles ont été mariées. Leur revenu tombe en dessous de 85 % de la moyenne des revenus par unité de consommation des plus de 60 ans. Elles sont le vestige, non pas du fordisme, mais de la société pré-fordiste.

Seulement, celle-ci avait d'autres normes pour prendre soin de ses aînés. Les aïeules y avaient en général leur place, dans la famille élargie de la société rurale. Et les voici qui doivent aujourd'hui survivre dans une société postmoderne hyper-individualiste, tandis que leurs forces, parfois leur tête, les abandonnent. Au-delà de 80 ans, 36 % des femmes seules ne peuvent plus faire leurs courses, 23 % ne peuvent plus faire de ménage, 67 % le gros entretien, 75 % les démarches administratives. Elles sont les plus exclues de la société en sablier. À la désagrégation de la société salariale s'ajoute pour elles la désagrégation de la société domestique... et l'horreur du sablier de

20. Le rapprochement de ce chiffre et du précédent (la retraite de la salariée apporte 28 %) montre que c'est dans les ménages les plus riches que les femmes ont le moins « travaillé à l'extérieur ». Les femmes ouvrières ou employées des années fordistes cherchaient un complément au maigre salaire du compagnon, alors qu'il était mal vu que la femme d'un cadre travaille.

Saturne : la mort qui approche et qui détourne d'elles leur propre famille, dans une société qui, ne voulant plus voir la mort, ne sait plus s'occuper de ses anciens. Elles rejoignent alors le sort commun d'une autre catégorie de retraités qui n'ont pas su prendre en son temps le train du régime de retraite fordiste : les anciens petits agriculteurs.

Enfin, l'« âge d'or » des jeunes retraités pourrait être de courte durée. Les réformes préparées par Michel Rocard, entamées par Édouard Balladur et Alain Juppé, les menacent très sérieusement, et la décrue a déjà commencé. Nous y reviendrons dans la troisième partie.

Les Petits Poucets

Les jeunes ménages de moins de 25 ans sont les autres grands exclus. De 18 à 25 ans, nous l'avons vu, ils ne sont qu'une petite minorité à trouver un emploi stable (12 % des garçons, 8 % des filles). La majorité n'essaie même pas de trouver un travail, ou s'y essaie en vain (56 % des garçons, 61 % des filles), les autres ont des emplois précaires. Entre les jeunes et les vieux, la masse des chômeurs, exclus ou précaires. Mais la différence spécifique des 18-25 ans, c'est qu'eux n'ont ni ASSEDIC (puisqu'ils n'ont en général pas pu cotiser), ni RMI. Invraisemblable, impardonnable bévue du législateur socialiste et du gouvernement Rocard : avant 18 ans le jeune « rapporte » du RMI ou des allocations à ses parents, après 25 ans, il a droit personnellement au RMI, entre les deux : rien.

Ce « trou » avait-il une valeur pédagogique (« faire travailler ces fainéants ») ? S'agirait-il de leur faire accepter un emploi payé en dessous du SMIC ? C'est réussi grâce à la « politique de promotion de l'emploi des jeunes » : un sur cinq travaille pour moins que le SMIC[21]. Mais si peu travaillent ! Que deviennent-ils ? Ils ne sont en général qu'un coefficient pour le calcul du nombre d'unités de consommation dans le ménage de leurs parents, diminuant donc considérablement le niveau de vie de la famille... quand elle peut le supporter.

---

21. Gérard Cornilleau, P. Marioni, B. Roguet, « Quinze ans de politique de l'emploi », *Travail et Emploi*, n° 44, 1990.

Dans certains bassins d'emploi ravagés par la désindustrialisation, où 80 % des revenus sont des transferts sociaux, une horrible pratique se développe. Pour l'anniversaire des 18 ans d'un enfant, on change la serrure. Ses parents ne peuvent plus le garder à la maison. C'est encore une forme de brésilianisation, ou plutôt de retour au passé de la France, à Zola, et même à Perrault : ce XVIIe siècle où, par temps de famine, les parents du Petit Poucet allaient perdre leurs enfants dans la forêt[22].

Dans la population des pauvres, on trouve, aux côtés des jeunes, des chômeurs, des retraitées très âgées, une catégorie d'actifs : les femmes salariées cheffes de famille monoparentale. Mais ici nous sortons clairement du champ de l'exclusion (puisqu'elles sont actives) et entrons dans la vaste zone de la *déchirure sociale.* Avant de revenir vers elles, il faut donc examiner en bloc le fonctionnement du sablier dans son ensemble actif.

La déchirure du salariat

La figure 5 est assez saisissante. Toutes les catégories d'actifs non salariés, et même les retraités, ont vu leur niveau de vie (revenu disponible par UC) augmenter plus vite que celui des ménages salariés. À partir de 1979, les revenus déjà élevés des professions libérales se sont envolés, ceux des patrons ont connu un bond sous Valéry Giscard d'Estaing et Raymond Barre, un petit creux (sous Pierre Mauroy) et ensuite sont repartis. Le revenu moyen des agriculteurs survivants s'élève au fur et à mesure que les paysans pauvres et moyens-pauvres (comme disait Mao) disparaissent. Mais, à partir de 1979 comme aux États-Unis dès 1973, le niveau de vie *général* des salariés stagne. C'est la fin de l'escalier mécanique fordiste.

Première conséquence : ceux qui mettent le pied aujourd'hui sur la marche du bas ne commencent guère plus haut que leurs parents n'avaient commencé[23]. D'où la proportion élevée

---

22. J'ai failli dire « aux années cinquante », quand les ménages pauvres plaçaient leurs filles comme bonnes chez les cadres, ce qui est le grand espoir des filles des *favelas.* Mais pour l'instant la « bonne » n'est pas encore réapparue en masse dans la structure de consommation des riches.

23. B. LEGRIS et S. LOLLIVIER, « Le niveau de vie par génération », *INSEE Première,* n° 423, février 1996.

de « jeunes travaillant » dans les tranches les plus pauvres. Mais pourront-ils au moins monter « à pied », c'est-à-dire à l'ancienneté ou en se qualifiant ? C'est peu probable, car le second élément majeur de la société en sablier, c'est justement l'élargissement de la hiérarchie des revenus, qui s'accompagne d'une segmentation croissante du marché du travail : les non-qualifiés, les précaires ont de moins en moins de chances de gravir les marches.

La mobilité entre les marches du salariat est difficile à étudier, particulièrement sur un cycle de vie[24]. Beaucoup plus évident en tout cas : les marches s'éloignent maintenant les unes des autres. Et c'est assez facile à mesurer : les revenus salariaux sont connus assez vite, nous pouvons déjà avoir les chiffres de 1995. Le tableau 6 et la figure 6 résument 45 ans d'évolution[25].

On remarque d'abord que le fordisme français a connu deux périodes distinctes. Dans une première période, jusqu'en 1968, l'éventail des salaires (du premier au neuvième décile) s'élargit. Le salaire minimum interprofessionnel garanti (le SMIG) n'est indexé que sur les prix. Il concerne de moins en moins de monde au fur et à mesure que le pouvoir d'achat général s'élève. Le « partage des fruits de la croissance » est alors régulé par les grèves et les conventions collectives : le salariat des branches les mieux organisées, les plus concentrées, en profite davantage. Cette dualité du salariat français, l'importance d'un segment à très bas salaires fondé sur la tétralogie alors fameuse « femmes, jeunes, immigrés, ouvriers-paysans », permettent la survie d'un secteur peu mécanisé : dans *L'Audace ou*

24. Voir l'enquête « Mobilité professionnelle », *INSEE-Résultats*, n° 86 à 91, juin 1995. Pour autant qu'un salarié reste dans la même catégorie sociale (ouvrier toute sa vie, etc.), on peut remarquer qu'il monte d'autant plus vite qu'il part de haut. Ouvriers et employés démarrent à vingt ans au même niveau, les professions intermédiaires 24 % plus haut, les cadres 45 % plus haut. A cinquante ans, les ouvriers gagnent 17 % de plus, les employés 13 % de plus, les professions intermédiaires 80 % de plus (que l'ouvrier de vingt ans), les cadres 230 % de plus. *Mais* si l'ouvrier a fait toute sa carrière dans la même entreprise, il gagne en outre un bonus de 25 % (donc il gagne 42 % de plus que l'ouvrier de vingt ans). En revanche, pour le cadre de cinquante ans, trente ans d'ancienneté implique un malus de 5 % (il ne gagne que 225 % de plus qu'un jeune ouvrier). Bref : ne pas confondre la « mobilité » du cadre et la « précarité » de l'ouvrier ! Remarquons enfin que, si le cadre est une cadre, ses cinquante ans ne lui rapporteront que 165 % de plus qu'à la jeune employée. (Voir Alain Bayet, « L'éventail des salaires et ses déterminants », *Données sociales 1996*. Attention : ces résultats valent « en coupe » pour 1992, il n'est pas sûr qu'ils soient valables ni pour une cohorte qui avait vingt ans en 1962, ni pour la cohorte qui aura cinquante ans en 2022 ! Mais cela donne une idée.)

25. Alain Bayet et Dominique Demailly, « Salaire et coûts salariaux », *INSEE Première*, n° 449, mai 1996.

Tableau 6. – Les chiffres clés sur les salaires et les charges sociales de 1951 à 1994

En francs 1994

	1951	1967	1978	1984	1994
Salaire net					
Salaire moyen	35 130	71 400	108 250	108 660	116 500
Plafond de la Sécurité sociale	36 220	74 580	109 330	114 420	121 590
Salaire minimum	19 420	24 190	50 280	56 210	56 950
Salaire du 1er décile	16 720	29 080	52 990	56 220	58 500
Salaire médian	29 550	57 280	89 180	89 990	96 340
Salaire du 9e décile	56 860	118 710	174 760	173 930	191 750
Coût salarial total					
Coût d'un salarié au SMIG ou SMIC	26 190	35 500	77 260	92 340	95 780
Coût du salarié du 1er décile	22 560	42 850	81 430	92 360	98 410
Coût du salarié médian	39 850	84 390	137 030	147 830	169 170
Coût du salarié du 9e décile	69 830	159 180	245 460	272 720	330 300
Rapport interdécile					
– des salaires nets	3,4	4,1	3,3	3,1	3,3
– des coûts salariaux	3,1	3,7	3,0	3,0	3,4
Taux de cotisations en % du salaire brut					
Sous plafond					
Salariales (y compris CSG)	6,0	8,2	10,3	15,0	20,9
Patronales	26,8	35,3	37,9	39,6	39,6
Sur la part du salaire d'un cadre comprise entre 1 et 4 plafonds					
Salariales	1	3,1	4,1	11,0	17,2
Patronales	0,6	8,3	13,6	26,8	37,6

Figure 6. – Indicateurs de la dispersion des salaires
Rapport du salaire moyen au salaire minimum et rapport interdécile

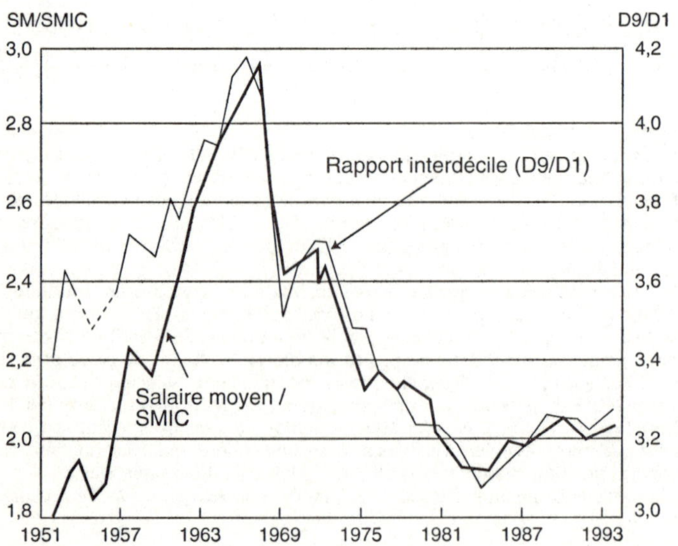

Sources du tableau et du graphique : INSEE Première, n° 449.

l'enlisement, j'ai parlé d'un « fordisme bas de gamme ». Un des aspects de Mai 68 (pas le seul, mais sa principale conséquence institutionnelle) fut le parachèvement du fordisme français : la modernisation conduite par Jacques Chaban-Delmas, avec dans son cabinet Jacques Delors. C'était le temps où *L'Expansion* était pour l'expansion, c'est-à-dire la sociale-démocratisation définitive de la société française. Le SMIC succède au SMIG : il est relevé de 30 % et indexé sur le salaire moyen. Il joue donc un rôle de voiture-balai qui va chasser vers le haut les bas salaires. Le rapport entre les déciles extrêmes, grimpé de 3,4 à 4,2 de 1951 à 1968, redescend à 3,1 en 1984. Dans ce resserrement, le SMIC joue un rôle tantôt passif (il reflète l'évolution du salaire moyen), tantôt actif : le gouvernement lui donne régulièrement un « coup de pouce » pour accélérer le partage des gains de productivité en faveur des salariés.

C'est ce mouvement de resserrement qui s'interrompt en 1984. Non seulement la montée du chômage a brisé la progression des salaires depuis 1979. Mais encore le SMIC devient purement passif. Plus de coup de pouce[26]. Résultat : le rapport inter-décile remonte de 3,1 à 3,3 de 1984 à 1994. Cette petite différence signifie que le pouvoir d'achat du salaire net au premier décile augmente de 4 % en 9 ans, alors que celui du salaire médian augmente de 7 %, et celui du neuvième décile de 10 %.

Cette envolée des hauts salaires est encore plus spectaculaire quand on prend en compte le total du coût salarial, c'est-à-dire cotisations sociales comprises. Il est connu que le poids des cotisations n'a cessé d'augmenter, sous le fordisme, dans la crise du fordisme, dans l'après-fordisme. De 33 % du salaire brut en 1951, il passe à 60 % en 1994 (parts salariées, patronales et CSG comprises). À cette date, le coût salarial pour l'employeur approche le double du salaire net de toutes cotisations (CSG comprise). Ce que l'on sait moins, c'est que le coût relatif des hauts salaires n'a cessé de croître, par une série de déplafonnements des cotisations dans les années quatre-vingt,

26. Sauf l'ultra-miniparenthèse populiste de Jacques Chirac au printemps 1995 : le SMIC augmente de 2 % de plus que le coût de la vie au 1er juillet, ce qui rapproche du salaire médian. Mais globalement, les salaires nets auront progressé aussi peu que les années antérieures en 1995 (0,1 % à prrix et structure constants : *INSEE-Première,* n° 471).

puis à partir des années quatre-vingt-dix par des réductions de cotisations au voisinage du SMIC. Mais voyons-en tout de suite les conséquences en termes de hiérarchie des coûts salariaux. L'écart entre les déciles extrêmes atteint 3,35 ; entre le décile supérieur et le SMIC il atteint 3,45. A franc constant, de 1984 à 1994, le coût salarial total du Smicard aura augmenté de 3,7 % (en 10 ans !), tandis que le coût du décile supérieur aura augmenté de 21,1 %[27] !

Bref, les employeurs acceptent de payer de plus en plus cher leurs cadres, tandis qu'est montré du doigt le coût des bas salaires. Ceux-là, il est vrai, sont mis en concurrence avec les salariés du tiers-monde, d'Espagne ou du Royaume-Uni, du moins quand ils travaillent dans un secteur exposé à la concurrence. Mais cet argument n'est pas valable pour les autres, la grande majorité des employés et même des ouvriers. Et s'il était valable, il devrait l'être aussi pour les hauts salaires. Or on ne voit jamais d'article fustiger le coût du travail des cadres (sauf dans l'aviation), bien qu'on en lise parfois sur le bas coût des ingénieurs et informaticiens pakistanais.

Il faut donc admettre que cette polarisation des revenus salariaux correspond bien à une déchirure sociale au sein même du salariat, dont la société en sablier est le produit. Les bas salaires, précarisés et mis en concurrence en fait avec les exclus, n'ont plus droit au « partage des fruits de la croissance ». La petite bourgeoisie moderne, les classes moyennes salariées, si. Et elles y participent, soit sous forme de salaires de plus en plus élevés, soit sous forme de revenus financiers qu'elles gagnent « en plus », ouvertement ou de façon rampante, par la constitution d'un patrimoine défiscalisé (assurance-vie, plan d'épargne en actions, etc.).

---

27. Mais, dira-t-on, ces hauts salaires ne bénéficient pas de ces charges sociales énormes ? Eh si. Car elles financent leurs retraites, leurs congés de maladie, leur éventuel « chômage frictionnel » entre deux emplois (qui peut lui aussi devenir dramatique), et même leurs médicaments, car il est bien connu que la consommation médicale s'élève avec le revenu. Encore une fois, les cotisations sociales ne servent pas à la redistribution sociale : elles lissent les revenus individuels sur les aléas de la vie.

Salariat féminin et familles monoparentales

Mais avant d'en venir à ce dernier facteur de l'aggravation des inégalités, revenons aux femmes salariées. La figure 7 illustre ce que nous avions déjà évoqué : si les femmes rattrapent lentement, tranche par tranche, l'inégalité des salaires hommes-femmes, elles sont cantonnées dans les tranches basses de la distribution des salaires[28]. La moitié des femmes gagnent moins de 7 670 francs net par mois, contre 36 % des hommes. Et surtout, 20 % des femmes seulement gagnent plus de 10 970 francs, contre 32 % des hommes : elles sont exclues des « hautes classes moyennes salariées », du moins dans le privé.

À cette première conséquence des rapports sexistes sur la société salariale s'en ajoute une seconde : les femmes salariées portent exclusivement le poids financier de la crise de la société domestique. Elles sont pour l'essentiel les cheffes des « familles monoparentales » : des femmes seules avec enfant. Sur les 22 millions de ménages recensés par les enquêtes fiscales,

Figure 7. – Les inégalités de salaire net
dans le secteur privé et semi-public
Salaires mensuels nets par tranches de 10 %, en francs 1994

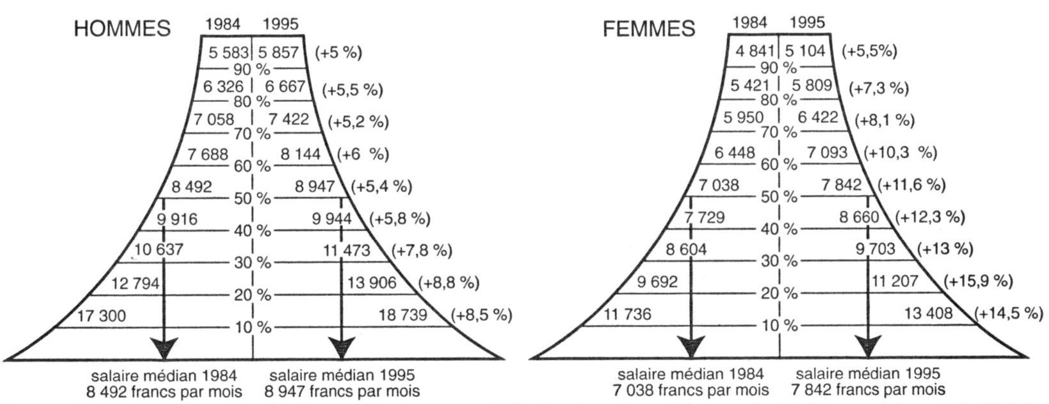

Lecture : En 1984, le dixième le moins bien payé des hommes salariés dans le secteur privé ou semi-public à temps plein gagnait moins de 5 583 francs par mois. La moitié gagnait moins de 8 492 francs par mois et l'autre moitié gagnait plus (salaire médian).

Source : Alternatives économiques, Hors série, 4e trimestre 1995.

28. Attention ! La figure 7 donne les salaires nets mensuels, alors que nous nous exprimons, depuis des pages, en revenus annuels ! Plus grave, elle n'est pas comparable au tableau 8, car la base d'enquête n'est pas la même et la CSG n'est pas traitée de la même façon.

il y en a 1,1 million[29]. Leur revenu fiscal moyen est de 91 200 francs en 1990, ce qui les place dans le troisième décile (27 % des ménages ont un revenu inférieur à cette moyenne), à seulement 36 % au-dessus du seuil de pauvreté.

Les femmes seules avec enfant sont donc plutôt pauvres, et une bonne partie d'entre elles sont carrément des pauvres. Pourtant ce sont des femmes qui gagnent leur vie: 85 % de leur revenu vient de leur salaire. Mais leur revenu moyen reste moins de la moitié (44 %) de celui des couples avec enfants.

Certes, les diverses allocations leur accordent 11 % de revenu disponible supplémentaire en moyenne. Oui, mais justement... elles ont les enfants! Il faut donc considérer leur revenu disponible par unité de consommation. Si l'on repère celui-ci par rapport à la moyenne générale (indice 100), le revenu des «UC» des couples avec enfants est de 103 : c'est bien la famille standard! Mais celui des familles monoparentales est de 73. C'est le niveau le plus bas de tous les types de ménage, à la seule exception des «couples d'inactifs avec enfant», la situation la plus difficile[30].

Lady Madonna, wonder how you manage to make ends meet... Comment font-elles pour joindre les deux bouts? Regardez autour de vous. Ce qui est sûr, c'est qu'elles sont la proie favorite des statuts précaires, des horaires atypiques, du temps partiel subi. Celles qui auraient le plus besoin des « 32 heures payées 39 ». Leur sort sera la pierre de touche d'une société plus juste. Mais revenons à la société en sablier.

Les revenus du capital

À l'autre bout du sablier, le dernier élément qui vient polariser la fortune est évidemment la possession d'un patrimoine. Par «patrimoine» on entend le logement et toutes les propriétés qui rapportent de l'argent, et qui constituent 46 % du patrimoine total en 1990[31]: les terres et logements mis en location,

---

29. Contre 4,4 millions de couples d'actifs avec enfant (le ménage «standard»), et 3,2 millions des personnes seules inactives: des femmes âgées en majorité.

30. Indice 66. On compte 230 000 ménages dans ce cas.

31. Toujours d'après le n° 1 de *Synthèse*. Il y a un débat pour savoir s'il faut compter les «droits à la retraite» comme un patrimoine. Ici, non. C'est d'ailleurs inutile, puisque nous avons déjà analysé les retraites et leur progression.

ET LES FONCTIONNAIRES ?

Les fonctionnaires ont lourdement payé, en termes de salaire, leur privilège de « nantis » au long des années quatre-vingt. Il importe de connaître leur salaire relatif par rapport au privé, pour compléter la figure 7. Et ce d'autant plus que la fonction publique est, depuis le fordisme, la principale voie de promotion professionnelle des femmes, et quasiment le seul secteur où elles peuvent espérer crever le « plafond de verre » des hautes responsabilités. Voici les chiffres des salaires nets annuels 1993, *primes comprises*, pour la fonction publique d'État (titulaires), comparés avec les niveaux du privé pour la même catégorie socio-professionnelle.

(en francs)	Public	Privé et semi-public
Cadres	182 100	251 900
dont enseignants	176 060	
Professions intermédiaires	120 430	133 200
dont institut, PEGC	118 370	
Employés	101 500	89 400
dont agents de service	74 300	
Ouvriers	87 300	89 900
Ensemble	132 180	121 300

On remarque que les femmes, en « colonisant » les postes de cadres ou les professions intermédiaires de la fonction publique, y gagnent nettement moins que dans le privé. Quand les femmes sont des « cadres », ce sont en général des enseignantes, des cadres à 14 600 francs par mois en moyenne. Mais comme la fonction publique est globalement plus qualifiée, avec des salaires moins polarisés que dans le privé, le revenu moyen y est plus élevé.

Source: INSEE-Résultats, Emploi-Revenus, n° 81-82 (n° 373-374).

les actions et autres placements, dont l'assurance-vie. Or ce patrimoine de rapport (le *capital* au sens propre) est énormément concentré. Le patrimoine total aussi, bien entendu, et bien plus que les revenus: les 10 % très riches détiennent 50 % du patrimoine total (28 % du revenu total). Mais si le logement contribue largement au *niveau de vie*, seul le patrimoine de rapport contribue à l'enrichissement. Nous avons vu pourtant que *toutes* les tranches de ménages ont une petite part de leur revenu en « revenus de la propriété », et encore ne déclarent-ils pas tout. Mais ces petites parts de petits et moyens revenus ne représentent pas grand chose. En fait, le revenu de la propriété ne devient important dans le revenu des ménages que pour les 5 % très très riches.

Soyons encore plus précis. Parmi les détenteurs de chacun des types de revenu de la propriété suivants, les 2 % (deux !) des ménages qui en accaparent le plus s'approprient :

– 19 % des loyers et fermages ;

– 24 % des revenus de l'assurance-vie et Plans d'Épargne « Populaire » ;

– 31 % des revenus de l'épargne bancaire ;

– 50 % du revenu des valeurs mobilières (actions et obligations), le plus gros morceau[32].

Ces revenus sont concentrés en outre dans les tranches d'âges de 50 à 74 ans (au-delà, les personnes âgées décapitalisent un peu). Bref : chez les patrons et cadres arrivés.

Or, ces sources de revenus hyperconcentrées vont connaître, dès la crise du fordisme, la croissance la plus rapide. Comme le « rendement » du patrimoine de rapport ne se limite pas à son revenu, mais aux plus-values dues à la hausse du prix des titres, *Synthèse* a calculé le rendement moyen sur des périodes glissantes de huit ans (afin de lisser les variations en dents de scie du prix des actifs d'une année sur l'autre[33]). Avant la crise, le rendement du patrimoine de rapport oscillait autour de 1 % par an. Sur la période 1973-1981, période de haute inflation qui marque l'agonie du fordisme, il devient négatif. De 1978 à 1986, il est remonté au-dessus de 3 % par an. De 1981 à 1988 (premier septennat de Mitterrand !) il est en moyenne de près de 7 % par an. Puis il oscillera entre 4 et 6 %.

32. En moyenne, les détenteurs de revenus mobiliers perçoivent 31 700 francs par an. Ces 2 % perçoivent donc en moyenne 792 500 francs par an (0,5/0,02 × 31 700) en dividendes et intérêts (31 700 × 0,5/0,02), et même 1 290 000 francs si l'on ne s'intéresse qu'aux 2 % des « détenteurs de 60 à 74 ans ». Soit plus du double de la moyenne des revenus *totaux* (tous types de revenus) de nos 5 % de « très très riches ». C'est la résurrection des rentiers.

33. La plaisanterie s'est répandue que pendant le krach de 1987 les capitalistes avaient perdu l'équivalent de la dette du tiers-monde, et il y a eu des gens de gauche pour le croire ! En fait, lors des krachs, il suffit souvent d'attendre quelques mois sans rien vendre pour ne rien perdre.

LE MYSTÈRE DES PLACEMENTS DES CADRES

On s'est étonné de la faiblesse des revenus de la propriété des cadres, hormis les 5 % les plus favorisés. Il n'est pas nécessaire de soupçonner la fraude. Il y en a peut-être, mais les statisticiens ne la connaissent pas. En fait, beaucoup de revenus financiers ne sont tout simplement pas imposables, et donc ne sont pas déclarés. Cela concerne évidemment l'épargne populaire (Livrets A, etc.), mais aussi tous ces instruments de placement, directement capitalisables (et donc même pas «perçus»), et en plus souvent défiscalisés quand ils sont enfin perçus sous forme de plus-value. Le socialiste Christian Pierret s'est illustré dans ce genre d'innovations sociales, naturellement au nom du franc fort et de la défense de la balance des paiements.

L'étude de *Synthèse* consacrée aux patrimoines reconstitue ces revenus non déclarés. En les comparant aux sources fiscales de 1990, on constate que:

– les ménages ouvriers, qui déclarent en moyenne 1 000 francs de revenus de la propriété, perçoivent en fait (et en toute bonne foi) 5 600 francs par an;

– les ménages de «professions intermédiaires», qui déclarent 2 830 francs, en perçoivent 14 800;

– les ménages de cadres, qui déclarent 10 155 francs, en perçoivent en réalité 34 500, soit en moyenne 14 % de leur salaire et moitié plus que le revenu total moyen des «très pauvres».

Ainsi, la part de cette «dissimulation légitime» décroît avec le salaire (et la part du Livret A), mais reste considérable – deux tiers – pour les cadres. Et ces deux tiers ne sont pas imposables !

Mais ce n'est pas tout ! Ce capital de rapport fait boule de neige, donc la base sur laquelle est calculé ce rendement s'accroît. Résultat: de 1985 à 1993, le revenu total du capital de rapport augmente presque régulièrement de 4 % par an. Alors que les bas salaires n'augmentent pratiquement plus depuis 1979...

Années récentes : le film

Un jour, un cadre retraité et néanmoins socialiste, Bernard Ferré, eut la curiosité de rechercher ce qui serait disponible pour financer la lutte contre le chômage et l'exclusion en diminuant la hiérarchie des revenus, en piochant dans les hauts revenus. Il se rendit à la Direction générale des Impôts et à l'INSEE, où on lui communiqua avec parcimonie des tableaux récapitulatifs des revenus tantôt fiscaux, tantôt imposables, classés par tranches (de 10 000 francs) de *déclarations de revenu* croissantes. Il apprit avec stupéfaction qu'en deçà de 1985 les récapitulatifs des déclarations des contribuables non imposables n'étaient pas conservés. Traitant ces données avec les moyens du bord, il constata avec indignation la formidable accumulation des revenus dans les déciles supérieurs, au cours des années « socialistes », jusqu'en 1994, et courut tirer la sonnette d'alarme auprès des hiérarques de son parti. Las de leur indifférence, il transmit le fruit de ses réflexions à la candidate des Verts, Dominique Voynet, qui me les communiqua. Ce fut le début d'une amicale collaboration.

Bien sûr, il n'y a, si l'on veut être rigoureux, rien à tirer de ces données qui ne sont ni individuelles (il y a souvent plusieurs revenus par déclaration) ni par ménage (il y a souvent plusieurs déclarations par foyer). D'où la difficulté, la rareté, les délais des « enquêtes fiscales » sur le revenu des ménages, comme je l'ai expliqué en encadré au début de ce chapitre.

Mais il serait dommage de laisser perdre cette trace, certes déformée, des *évolutions*, cette fois année par année, et jusqu'à 1994 ! Car après tout, il suffit de supposer que le taux de concubinage et de rattachement des enfants dans les déclarations fiscales varie moins vite que les revenus déclarés au fisc, et de façon « neutre » par rapport à la structure du revenu des ménages (ce qui est très probablement vrai[34]) pour que la déformation de la pyramide des 28 millions de déclarations fiscales reflète qualitativement la déformation de la pyramide des 22 millions de ménages. Et on peut alors suivre le « film » de la

34. Prudence tout de même. Le nombre de déclarations fiscales augmente vite : 1,6 % par an de 1986 à 1994, alors que le nombre de ménages entre les recensements de 1982 et 1990 n'augmente que de 1,2 % par an. Cette augmentation, on va le voir, est surtout sensible dans les bas revenus. Si elle traduit le phénomène véritable de fragmentation des foyers, accéléré depuis le milieu des années quatre-vingt (envol des familles monoparentales, « effet Petit Poucet » du départ des jeunes pauvres), alors la statistique est fidèle à la réalité. Si elle traduit une simple décohabitation fiscale (le Petit Poucet reste à la maison, mais déclare à part les revenus de son petit boulot ; les concubins se hâtent de jouir du bénéfice fiscal de leur péché avant que Monsieur de Courson n'y mette le holà), alors une vraie enquête « revenu fiscal des ménages » risque d'infirmer certaines conclusions.

déformation de la pyramide, année par année. En fait, on se contentera ici des années 1986, 1989, 1993 et 1994.

Étant cette fois maître d'œuvre du traitement informatique[35], nous pouvons de plus réaliser au plus près la représentation évoquée par l'image du sablier: d'une part, le gonflement progressif de la population dans les tranches basses, d'autre part la concentration de la richesse dans les tranches hautes. Il suffit de faire *deux* regroupements en déciles, selon des principes différents (figure 8).

– Sur le schéma du haut, nous représentons, comme sur le tableau 1, l'empilement des *déciles de la population*, mais avec les revenus croissants de bas en haut. Il s'agit donc des tranches qui représentent 10 % du nombre total des déclarations. Et la longueur de la barre horizontale représente la part du revenu total que reçoit chaque décile (et non pas le niveau moyen du revenu, qui varierait d'une année à l'autre avec le revenu national).

– Sur le schéma du bas, on représente au contraire les *déciles de revenus*, c'est-à-dire les tranches de déclarations, rangées par ordre croissant, qui totalisent successivement 10 % du revenu total. Et la longueur de la barre horizontale représente la part de la population totale dont le revenu déclaré est dans cette tranche.

La superposition des deux schémas est saisissante: on voit clairement le sablier s'évaser de plus en plus vers le haut et vers le bas de 1986 à 1993, et le col s'amincir! Commençons par le schéma du haut, le plus familier (c'est la logique du tableau 1).

En 1986, le décile supérieur de la population des déclarations accapare 31,7 % du revenu total, 33,18 % en 1994. Cette croissance est encore sensible au septième décile (tranche). Plus bas, l'évolution est irrégulière. Et les trois déciles les plus pauvres de la population voient décroître leur part du revenu. Il n'a pas été possible malheureusement de voir ce qui se passe exactement au sein de ces 30 % les plus pauvres, car toutes leurs déclarations sont regroupées dans la tranche des « moins de 40 000 francs par an » des récapitulatifs qui servent

35. Réalisé par Yves LEBORGNE, que je remercie bien vivement.

Figure 8. – L'évolution de la société en sablier (1986-1994)

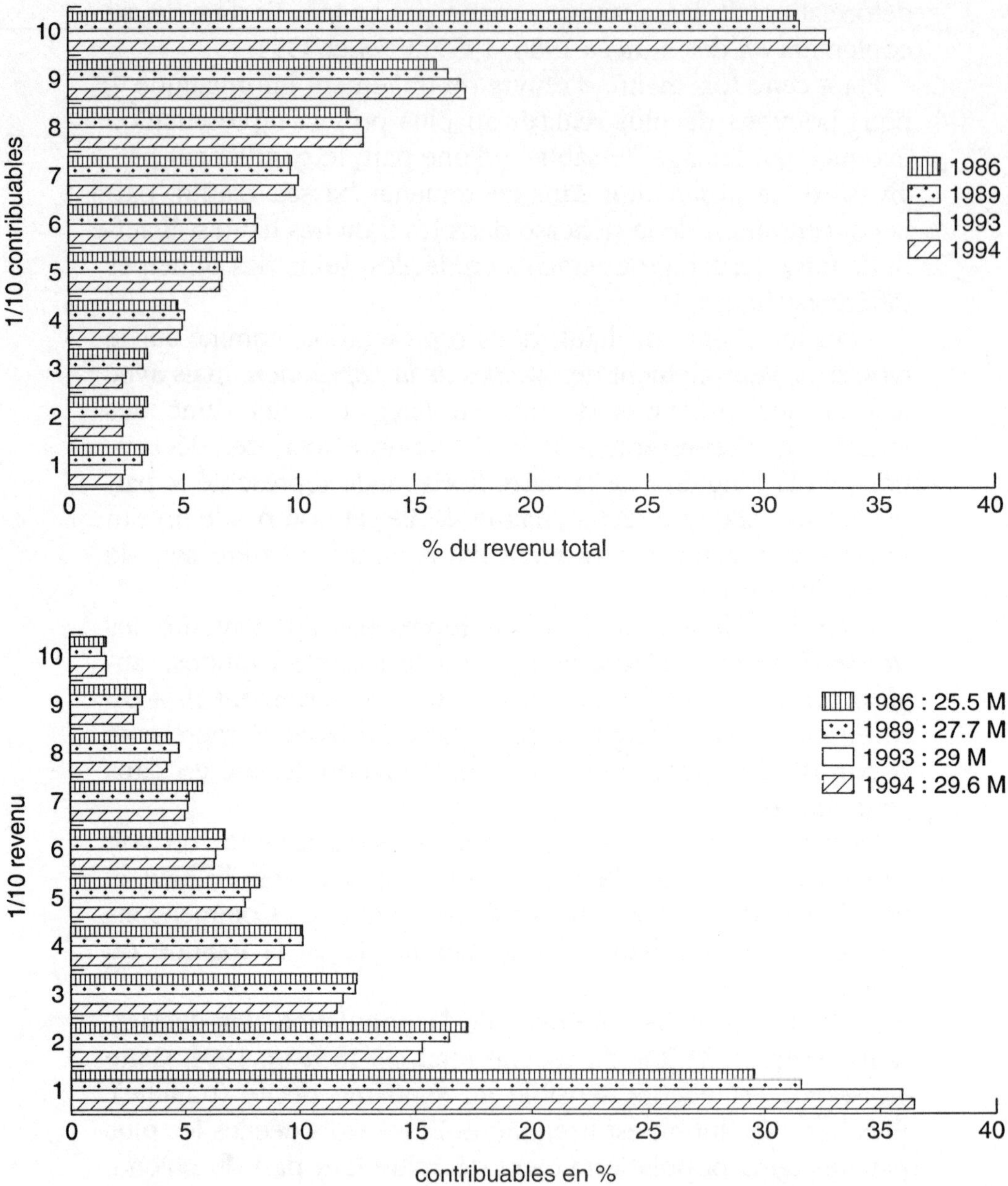

Source : élaboration propre à partir des récapitulatifs des déclarations fiscales.

Mode d'emploi. Acheter un second exemplaire de ce livre (attention ! le « photocopillage » tue le livre). Découper le schéma du bas et le superposer au schéma du haut. Par transparence, vous verrez le sablier.

de base à nos calculs. Retenons seulement que ces 30 % de déclarations les plus faibles représentaient, au total, 10 % du revenu total en 1986, et n'en représentent plus que 7,05 % en 1994.

Voyons le schéma du bas maintenant: quel pourcentage de la population se partage les tranches de 10 % du revenu total? Pour les trois tranches les plus élevées, le résultat est assez instable d'une année à l'autre. Ainsi, parmi les très riches, ils sont 1,56 % des « déclarants » à se partager 10 % du revenu total en 1986, un peu moins en 1989, un peu plus en 1994. L'évolution est inverse pour le huitième décile. Mais il faut se rendre en évidence: « Il y a toujours autant de riches dans ce pays. » En revanche, du septième au deuxième décile, la chute est régulière. Le « dégonflement de la montgolfière », « l'érosion des couches moyennes » se lit à l'œil nu sur ce graphique: le col du sablier se vide vers le bas, et 70 % des grains de sable peuvent percevoir le sens de la chute dans leur entourage immédiat, au même niveau de revenu que le leur. Seule gonfle, et rapidement, la tranche des très pauvres, qui se partagent 10 % du revenu: ils étaient 29,7 % de la population totale (des contribuables) en 1986, ils sont 31,6 % en 1989 et 36,5 % en 1994! En chiffres absolus, le nombre des déclarations les plus basses, dont le cumul représente 10 % du revenu total, passe de 7,6 millions en 1986 à 8,9 millions en 1989 et 10,5 millions en 1994[36].

C'est ainsi qu'avance la brésilianisation et que s'écoule le sablier.

Le mal français: la carte

De cette avalanche de données sur le sablier français, le lecteur, outre une certaine lassitude, retirera peut-être une certaine insatisfaction. La multiplicité des causes de « polarisation/exclusion » se trouve ramenée à un indicateur unidimensionnel:

36. Ce résultat est évidemment à prendre avec des pincettes, car la pyramide des tranches de revenus qui nous sert de donnée brute est trop grossière à sa base pour que les interpolations linéaires soient vraiment valables. Si l'on craint en outre un effet de « décohabitation fiscale » (une masse de jeunes aux petits revenus quittant la déclaration paternelle entre 1989 en 1993), on ne retiendra que l'évolution 1986-1989, qui va dans le même sens.

le revenu, et plus particulièrement le *niveau* du revenu. Même la *précarité* du revenu (seconde dimension du processus d'exclusion) n'a pu être abordée que de biais. Or le sentiment comme la réalité de la précarité sont multidimensionnels, reflétant de multiples facettes dont certaines... purement subjectives. Pour répondre à cette objection, le CREDOC, qui réalise de copieuses et régulières enquêtes sur le *mode de vie* (pas seulement le niveau de vie) des ménages, a tenté une approche beaucoup plus synthétique[37].

Sur un large échantillon de ménages, on commence par recueillir vingt-deux variables : revenu, chômage, types d'épargne, équipement du foyer, soins médicaux, opinions sur la situation propre ou celle du pays, etc. On construit ainsi un « espace des situations inégalitaires » à vingt-deux dimensions, inutilisable. Le nuage des ménages dans cet espace est alors projeté sur un plan, selon « sa plus grande longueur » (le *premier axe*) et « sa plus grande largeur » (le *second axe*). Sur ce plan, on peut aussi figurer où se situe le centre de gravité des ménages correspondant une certaine information, ce qui permet d'identifier la signification des axes, ce qui les « explique le plus ».

Pas de surprise, le premier axe synthétise surtout des variables de niveau de vie : revenu (du foyer et par personne), possession d'une voiture et de biens d'équipement, épargne, départs en vacances, diplômes... Quant au second axe, il est déterminé surtout par les variables « a été au chômage dans les douze derniers mois », « s'impose des restrictions », « évolution du niveau de vie personnel depuis dix ans », « opinion sur le poids des dépenses de logement ». Bref, il indique non un niveau stabilisé, mais les difficultés à s'y maintenir. Le CREDOC l'appelle « sensibilité à la conjoncture économique » : c'est tout simplement la *précarité* !

Autrement dit, le plan des situations inégalitaires représente, de gauche à droite, les situations de revenu et capital croissant, et de bas en haut les situations de plus en plus précaires. On

37. Franck BERTHUIT, Ariane DUFOUR, Georges HATCHUEL, « Les inégalités en France : évolution 1980-1994 », *Cahier de Recherche CREDOC*, n° 83, janvier 1996, selon une méthodologie expérimentée par Georges HATCHUEL, Viviane PAYET-THOUVENOT et Guy POQUET six ans auparavant (*Collection des Rapports du CREDOC*, n° 83).

peut alors y projeter toutes les caractéristiques et tous les types des ménages, par exemple, sur la figure 9, certaines situations socio-démographiques. Ainsi :

– en bas à gauche, on trouve les « défavorisés » : relativement pauvres, mais tranquilles, telles les retraitées ;

– en haut à gauche, on trouve les « laissés pour compte », à la fois pauvres et précaires, qui s'imposent des restrictions et ne savent comment payer leur loyer : jeunes, chômeurs, femmes avec enfants, ouvriers ;

– en bas à droite : les « nantis ». Ils n'ont aucun problème matériel et ne craignent pas de perdre leur situation : ce sont les couples de cadres ou de patrons, sans enfant, en fin de carrière ;

– en haut à droite : les « favorisés », avec de relativement bonnes conditions matérielles, mais qui savent qu'un malheur peut arriver. On y trouve les couples actifs, avec des enfants, en milieu de carrière.

En fait, le centre de gravité de l'ensemble des ménages s'est déplacé dans ce plan, depuis 1980, de gauche à droite (puisque la société s'est globalement enrichie, surtout pendant la « reprise » de la seconde moitié des années quatre-vingt), mais d'abord de bas en haut de 1980 à 1985, et à nouveau depuis 1990. En somme, la société est globalement plus riche et plus précaire : son cœur actif (hors les retraités et les nantis) se partage maintenant entre les « laissés pour compte » et les « favorisés », mais même ceux-là sentent peser sur eux la menace de la précarité. Tel est le fondement d'une alliance possible contre la société en sablier.

Reprenant alors les variables qui ont le rôle le plus déterminant dans la structuration de l'espace des inégalités, le CREDOC donne une note (0,1 ou 2 : désavantagé, moyen, avantagé) à chaque ménage pour chaque variable, et fait la somme. On a ainsi un indicateur synthétique chiffré (de 0 à 34) d'une situation multidimensionnelle, à partir de laquelle on peut observer l'évolution comparée, au cours du temps, des différents types de ménages.

On classe ensuite tous les ménages par déciles (air connu). Entre les déciles extrêmes l'écart de points a légèrement augmenté. Ceux du bas sont passés de 7,6 à 7,9, ceux du haut de

Figure 9. – Projection des groupes socio-démographiques dans l'espace des situations inégalitaires

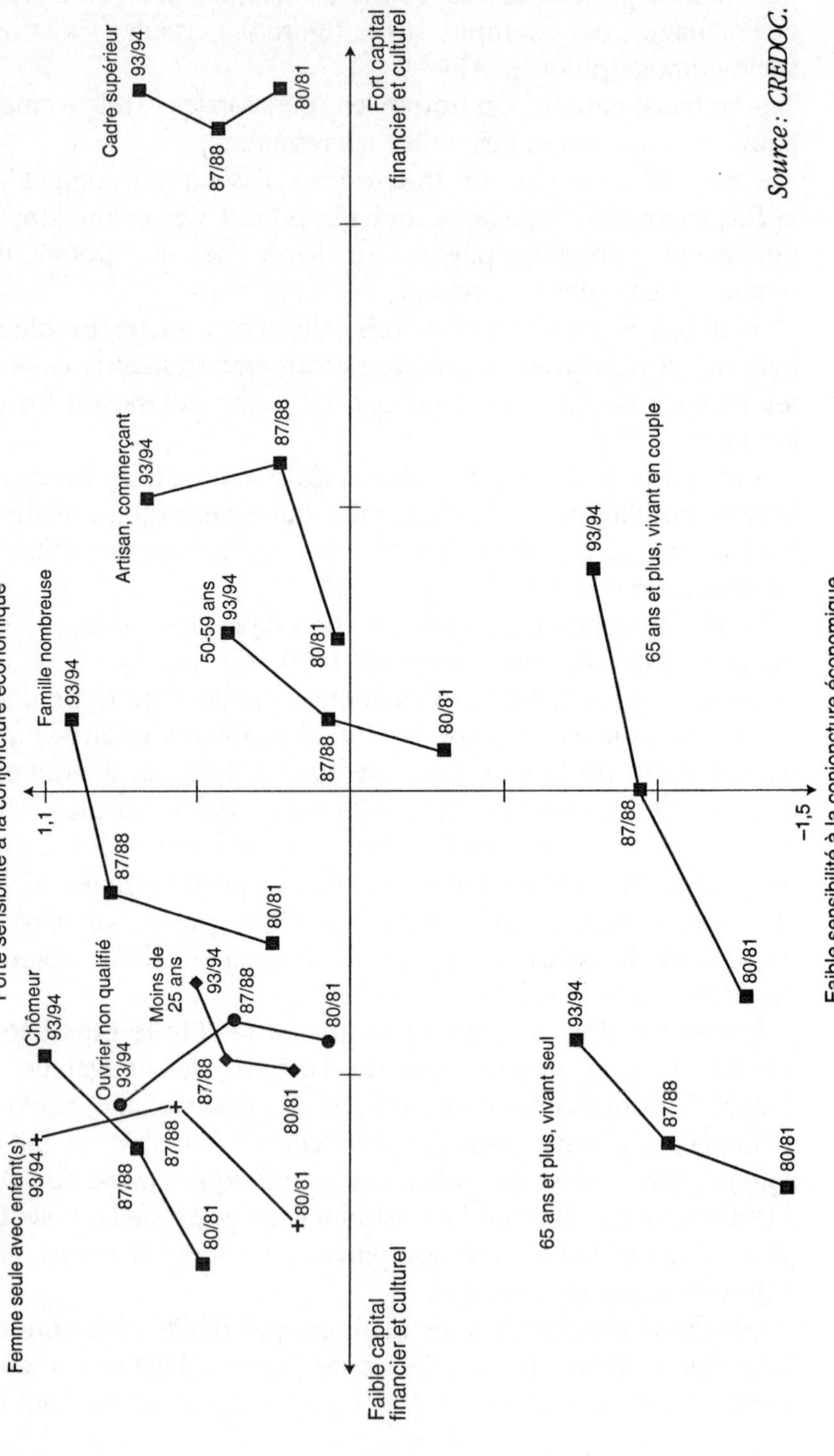

Source : CREDOC.

23 à 24,9. Ce qui a permis à ceux d'en bas de progresser un peu, c'est la généralisation des « quatre équipements de base » : WC intérieurs, douche ou baignoire, eau chaude et téléphone. 16 % des « défavorisés » possédaient ces quatre équipements en 1980, les trois quarts en disposent en 1994. Si on élimine cette variable, l'écart entre les déciles extrêmes s'élargit de 3,3 à 4 en quatorze ans.

À l'autre bout de l'échelle, les ménages favorisés ont augmenté tous leurs scores pour les variables décrivant une situation objective (patrimoine, revenu, vacances, biens de luxe). Mais certains scores ont baissé: les favorisés commencent à connaître le chômage, certains ont le sentiment de s'imposer des restrictions, et l'opinion sur l'évolution du niveau de vie personnel depuis dix ans, en moyenne, a baissé. La précarité commence à toucher même les favorisés, au moins comme impression.

Mais le plus intéressant est l'évolution sur le plan de certains groupes clés (figure 9). Elle résume les résultats du chapitre 2 :

– les personnes âgées progressent en revenus, surtout si elles sont en couple, et restent les seules à l'abri de la précarité. Même les cadres, les commerçants et les artisans sentent monter la précarité, à niveau objectif à peu près constant ;

– les « laissés pour compte », ceux qui tombent au fond du sablier, sont avant tout les femmes seules avec enfant, puis les chômeurs, les ouvriers, les moins de 25 ans.

Tels sont les groupes dont tout projet de société plus juste doit viser avant tout à améliorer le sort. Ce qui signifie des réformes (et donc des luttes) selon deux axes :

– réduire les inégalités de revenu ;

– éradiquer le chômage et la précarité, et cela en prenant en compte les effets de la crise de la société domestique derrière la mutation de la société salariale.

3

Travail, place et activité

On peut envisager la question sous tous les angles : l'effondrement de la montgolfière de ce qui fut la « société de bien-être » résulte fondamentalement de la précarisation de l'emploi. C'est la flexibilisation du rapport salarial qui a ouvert les vannes pour l'invasion du chômage et fermé les portes de l'emploi aux jeunes. C'est à son tour la menace du chômage et de l'exclusion qui a fait accepter la flexibilité aux travailleurs désarmés. C'est la précarité de l'emploi qui a rendu vaine toute tentative de sortie de la crise « par en haut », par la qualification et la mobilisation négociée des ressources humaines, exposant ainsi les ouvriers non qualifiés à la concurrence directe des nouveaux pays industrialisés. C'est la précarisation inattendue du salariat qui a brisé l'élan de la libération des femmes en dérobant sous leurs pieds l'appui d'une existence indépendante. C'est elle qui menace à terme le havre de la retraite, qui fragilise même le travailleur à statut et le cadre moyen.

En ce sens, la résolution de la crise de l'emploi est la condition de la résolution de toutes les autres. Le racisme ne disparaîtrait pas avec le retour au plein emploi, car il a d'autres racines que la concurrence sur le marché de l'emploi : du côté de l'envie et de la peur de l'autre. Mais au moins il serait refoulé dans le champ des passions inavouables. La crise de la société domestique ne disparaîtrait pas avec le plein emploi. Mais au moins le sort souvent dramatique des « cheffes de familles monoparentales » ne serait plus une entrave à la liberté des femmes[1]. La crise de l'identité citoyenne ne se résoudrait pas avec le plein emploi, mais au moins l'Europe ne serait-elle plus perçue comme une agression contre la nation, dernier rempart des avantages acquis. La crise écologique pourrait être aggravée par certaines politiques de l'emploi, mais c'est la situation actuelle qui fait accepter les entreprises les plus irresponsables au nom de l'emploi à tout prix.

Qu'attendons-nous de l'emploi ?

L'emploi est donc un objectif prioritaire et l'est absolument. Mais faire travailler ses membres n'est pas l'objectif absolu de toute société. Au contraire, on pourrait légitimement penser que, moins il y aurait de travail à réaliser, mieux cela serait. L'objectif d'une bonne société est que chacun y puisse « trouver sa place » en étant « bien dans sa peau » : s'insérer dans la société, en tirer de quoi vivre, de façon digne, être reconnu par elle. Or, ces trois impératifs – s'insérer dans la société pour *pouvoir en vivre*, mais de façon *digne* et *reconnue* – continueront à prendre de plus en plus la forme d'un emploi, c'est-à-dire du passage par l'économie marchande ou salariale, et ce de façon irréversible, au moins à l'horizon des trente ou quarante prochaines années. Autrement dit, nous aurons de plus en plus besoin, pour trouver une place, d'avoir un emploi, c'est-à-dire un travail.

Et quand je dis « place », je ne l'entends pas, bien sûr, au sens des positivistes, des ingénieurs du social, qui veulent (comme autrefois les nobles et le clergé) remettre chacun « à sa place ». Le fordisme, à l'époque du plein emploi, assignait aux ouvriers spécialisés, aux petits employés, et même aux enseignants, une « place » contre laquelle ils se sont révoltés dans les années soixante-dix. Les femmes aussi avaient une « place » dont elles ont cherché à s'émanciper. Mais, si pénible, oppressante, que soit la condition subie en une place donnée, l'appartenance à

1. Même aujourd'hui ce sont elles qui le plus souvent prennent l'initiative de la séparation, et, selon mes enquêtes dans plusieurs villes d'Amérique du Sud, c'est déjà vrai dans les bidonvilles de Recife ou de Santiago. Je serais plus nuancé en ce qui concerne les sociétés moins individualistes, comme en Afrique.

cette place constitue la base d'une éventuelle conscience collective visant à la transformer. Valoriser dans la lutte émancipatrice une place socialement dévaluée, c'est la première étape de mouvements de transformations sociales : « le mot "ouvrier", camarades... ». Encore faut-il avoir au moins une place, un lien avec les autres, et la reconnaissance d'au moins une partie d'entre eux. Or l'emploi a été, et reste, semble devoir être de plus en plus, cette place témoignant qu'on est « quelqu'un », même si le travail fait d'abord de nous un numéro.

Cela ne veut pas non plus dire que l'on aura sa place en étant employé en permanence. On peut même dire, d'une certaine façon, que de plus en plus de gens ont pu trouver un emploi parce que l'on a considéré que certains n'avaient pas leur place au travail. Depuis le début du capitalisme, une part décisive de la lutte des travailleurs – mais aussi des médecins ou des hygiénistes – a visé à diminuer le temps de leur vie durant lequel ils auraient effectivement un emploi, c'est-à-dire garantiraient leur place sociale à travers le salariat. Par exemple : les premières luttes contre le travail des enfants, et pratiquement les toutes premières luttes de l'histoire du mouvement ouvrier, celles qui scandent tout le XIXe siècle, les luttes pour l'instauration d'une retraite, celles pour l'avancement de l'âge de cette retraite, les luttes pour la réduction de la durée quotidienne, annuelle, hebdomadaire du travail, dans ce temps de la vie humaine de plus en plus bref où l'on devait avoir un emploi. Ce qui voulait dire qu'en dessous d'un certain âge on avait sa place sans avoir un emploi, et qu'au-delà d'un âge plus avancé, on avait sa place sans avoir un emploi non plus : les retraités et les enfants, puis les jeunes étudiants. De nos jours, en dehors de la tranche des 25-50 ans, une proportion importante d'hommes et de femmes ne sont pas « actifs ». Ils ne cherchent pas un emploi. Mais ils ont une *place* parce qu'ils en ont eu un, ou se préparent à en avoir un.

Mais parallèlement à ce mouvement historique, de plus en plus de candidats cherchaient des « places » sur le marché de l'emploi. Car de plus en plus d'hommes et de femmes quittaient des formes de vie en société où l'on avait sa place sans avoir un emploi : les communautés paysannes et le travail domestique des femmes. Ce mouvement est irréversible et, à mes yeux, positif en ce qui concerne les femmes. À l'avenir, la plupart des femmes ne considéreront plus qu'elles ont leur place dans la société si elles ne peuvent pas avoir un emploi au moins à certains moments de leur vie. Il n'y aura pas de retour en arrière, vers le passé, elles ne se satisferont plus de n'être que « femmes de... ». En d'autres termes, il ne faut pas s'attendre à pouvoir rétablir le plein emploi en éliminant une partie de celles qui, actuellement, recherchent un emploi.

L'emploi, l'emploi salarié, ou celui de producteur indépendant, bref le travail rémunéré, a donc réalisé ce tour de force de monopoliser les « places légitimes », ou du moins la légitimation des places (puisqu'il légitime par anticipation la place d'étudiant et après coup celle du retraité). Et le miracle du salariat jusqu'au fordisme, c'est qu'il soit parvenu, contre toute attente historique, à réunir les trois conditions qui légitiment une place insérée dans la société : non seulement le moyen de « gagner sa vie », mais encore d'être « reconnu », voire d'en éprouver la « dignité ».

La reconnaissance sociale et la dignité interfèrent, évidemment. Mais elles sont distinctes. La reconnaissance sociale signifie que l'on sait dire qui l'on est et se faire reconnaître, quand on a un travail : « Je suis agriculteur », « Je suis ouvrier », « Je travaille à la Poste »... On n'ose plus, ou pas encore, dire tranquillement : « Je suis rentier. » Et quand on demande à une femme : « Et vous, qu'est-ce que vous faites ? », on est presque gêné de l'entendre répondre aujourd'hui : « Je suis femme au foyer. » Or l'activité de mère ou d'épouse est et reste vécue comme une place éminemment digne, elle n'est pas « indigne » pour celle qui s'y consacre. D'ailleurs on ne poserait pas la question à l'épouse qui « tient la maison » d'un grand dirigeant d'entreprise. Inversement, on ne dira pas sans gêne : « Je suis éboueur », parce qu'on sait qu'il y a de sottes gens pour juger ce métier indigne[2]. Femme au foyer ou travailleur sont donc des places où la dignité subjectivement tirée de sa propre

2. Dans un débat sur les régies de quartier, une militante communiste me lança avec rage : « Vous voulez que les chômeurs soient payés à ramasser les ordures des gens ! » Dans cette municipalité « communiste », les éboueurs avaient d'ailleurs été privatisés. Indignes du service public ?

activité et la reconnaissance accordée par le regard de la société se conditionnent l'une l'autre.

Le chômage, ce manque d'emplois rémunérés, dignes et reconnus, n'est donc pas une notion simple. Lorsque l'on regarde les statistiques du chômage (le nombre de ceux qui recherchent un emploi et qui n'en ont pas), on observe une extrême variabilité selon les pays. Il y a des pays où le taux de chômage est très faible, simplement parce que la plupart des habitants ont leur place en dehors de l'emploi, parce que le salariat n'est pas la forme dominante d'insertion dans la société. C'est le cas notamment de l'Afrique. Il y a des pays qui n'ont pas beaucoup de difficultés à obtenir un relatif plein emploi, parce qu'une partie très importante des femmes ne considèrent pas qu'il faut avoir un emploi pour avoir une place. C'est le cas du Japon. Il y a également des pays où le chômage existe assez peu, bien qu'ils soient très pauvres et que le passage par l'intermédiaire de l'économie marchande et salariale soit quasi obligatoire. Ce sont des pays, comme le Brésil, où presque n'importe quoi est un emploi : avoir vendu des cigarettes aux automobilistes, pendant quelques heures, la semaine précédant l'enquête, est un emploi. Le critère de dignité n'est pas le même qu'en France. On pourrait dire que les États-Unis se dirigent vers une situation à la brésilienne, où le chômage baisse parce que n'importe quoi est un emploi. *Cireur de chaussures* est un métier aux États-Unis et une injure en France. Pour le dire autrement, les exigences d'une société sur ce que peut être un emploi peuvent être une cause apparente de chômage[3]. Enfin, parmi les pays ayant une réelle exigence sur ce que peut être un emploi, certains obtiennent un faible taux de chômage, par exemple les pays de type scandinave ou alpin jusqu'à une date récente. Et il y a des pays qui n'y arrivent pas du tout, comme la France.

L'ambition sociale de garantir à chacun une place lui permettant de vivre de manière digne et reconnue apparaît donc intenable dans les sociétés en sablier. Soit, comme aux États-Unis, on accepte le travail indigne et à peine rémunéré (on y trouve de nombreux « travailleurs » au-dessous du seuil de pau-

3. Voir le livre de Philippe d'Iribarne, *Le Chômage paradoxal*, PUF, Paris, 1990.

vreté). Soit, comme en France, les « rigidités » héritées du fordisme (on ne travaille pas pour un salaire ridicule et pour un poste indigne) transforment les situations « lewisiennes » (l'excès inépuisable de demandeurs d'emploi) en chômage de masse. De ce dilemme résultent les discours sur la « fin du travail ».

La fin de la valeur-travail ?

Nous avons dit un mot des discours quantitatifs sur la fin du travail par triomphe de la machine, à la Rifkin. Ils débouchent directement sur une première école idéologique de la « fin du travail », par extinction : le temps de travail devient si peu important dans une vie humaine que le travail lui-même ne saurait plus assurer son rôle d'insertion ni de valorisation sociales. Ce discours est bien illustré par Roger Sue[4] qui insiste sur l'amenuisement de la durée du travail dans le temps d'une vie éveillée : autour de 15 % aujourd'hui.

Cet argument (du moins sous cette forme rudimentaire où il est généralement reçu) me laisse sceptique. Ne confond-on pas ici « temps dominant » et « temps déterminant » ? Dira-t-on que les rapports sexuels occupent si peu de temps dans une vie humaine qu'ils ne sauraient déterminer les rapports entre les hommes et les femmes et une part considérable de nos attentes et de nos actions ? En vérité, ces 15 % de notre vie passés à travailler suffisent à déterminer notre place sociale, même quand nous ne travaillons pas ou plus, et se réduiraient-ils à 10 % qu'ils la détermineraient encore. La retraite d'un cadre, les loisirs d'un cadre, la manière dont ses enfants sont élevés, et même le chômage d'un cadre ne sont pas ceux d'un ouvrier ou d'un agriculteur.

En fait, toutes les attentes envers le travail demeurent (rémunération, dignité et reconnaissance) et on les attend toujours d'un emploi. Or cet emploi, la société en sablier ne peut plus le garantir à tous, et pas de manière assez stable pour qu'il joue un rôle de légitimation. D'où l'idée : ne plus demander au travail d'assurer *toutes* ces fonctions sociales en même temps,

4. Roger Sue, *Temps et Ordre social*, PUF, Paris, 1995.

ne lui demander que ce que l'économie lui demande (produire ce qui est rentable et solvable). Donc il faut renoncer au plein emploi, mais assurer par ailleurs ce que l'on attendait jadis du travail. Bref, il faudrait :

– déconnecter l'emploi et le revenu ;

– déconnecter l'emploi et *« l'activité »* qui, elle, prendra en charge l'auto-expression personnelle (la dignité) et la reconnaissance sociale.

L'idéologie de « l'activité »

Cette nouvelle idéologie de la « pleine activité » comporte de nombreuses variantes.

Une variante révolutionnaire. Après tout, les utopies communistes correspondent assez bien à ce schéma. L'abondance étant garantie par le progrès technique, une « allocation universelle » est distribuée à chacun selon ses besoins, et les humains, librement associés dans l'administration des choses, s'étant partagé selon leurs capacités les quelques heures de travail nécessaire, se font le matin pêcheurs, l'après-midi chasseurs et le soir critiques littéraires[5]. Nous n'en sommes pas là, mais, comme toute utopie, ce schéma indique des directions valables pour un réformisme radical.

La variante réformiste-radicale sera en gros la mienne : il suffit de remplacer le mot « déconnecter » par « tendre à dissocier ». On obtient les formules :

– assurer à chacun un revenu décent et couvrant les aléas de la vie, même s'il (ou elle) n'a pas d'emploi ;

– ouvrir, à côté de l'emploi productif, un espace pour les « activités autonomes » qui pourront tout aussi bien et sans doute mieux que l'activité professionnelle apporter à chacun épanouissement de sa vie et reconnaissance sociale.

Mais la variante dominante de l'idéologie de la pleine activité est d'inspiration « réformatrice-adaptatrice ». Elle prend acte des contraintes « incontournables » (c'est-à-dire chues de la concur-

5. Selon une vieille formule de Karl MARX, à qui je laisse la responsabilité du choix des activités légitimes... Pour une critique écologiste de la centralité du travail chez Marx, voir mon texte « L'écologie politique et l'avenir du marxisme », *Congrès Marx international. Cent ans de marxisme : bilan critique et prospectives*, PUF, Paris, 1996.

rence internationale et de l'irréversibilité du progrès technique) dans la société en sablier et vise à y adapter au moins nos attentes, au mieux quelques institutions. Cette variante admet elle-même différents styles.

Le style *iconoclaste* est très en vogue depuis le lancement médiatique de la Fondation Saint-Simon par l'émission d'Antenne 2, *Vive la crise !*, au début des années quatre-vingt. Il vise à briser les pauvres espoirs du vain peuple, pour lui apprendre à « regarder les choses en face »[6]. Les éditeurs usent et abusent du qualificatif *iconoclaste* dans les encarts publicitaires consacrés à cette littérature qui est devenue la « pensée unique » (les livres d'Alain Minc ont particulièrement contribué à banaliser ce signifiant). Ont-ils oublié que les iconoclastes (« briseurs d'images ») avaient historiquement une fonction bien précise ? C'étaient les agents de la police politique du *Basileus*, empereur de Byzance et chef de l'Église orthodoxe, qui forçaient la porte des maisons et des églises pour y fracasser les images pieuses qu'affectionnait la religiosité populaire, syncrétique et paysanne, et inculquer au peuple la religion abstraite de la Sainte-Trinité qu'avaient conçue les clercs dans les bonnes universités. La résistance populaire finit d'ailleurs par imposer aux importants l'idée que ce Dieu abstrait avait quand même une mère terrestre, et les iconoclastes durent remballer leur marteaux et leurs bûchers.

Bref, en style iconoclaste, notre variante adaptatrice s'appelle : *Le grand mensonge. L'emploi est mort, vive l'activité*[7] *!* Mais il existe un style humaniste (qu'exprime parfois le Centre des jeunes dirigeants) et un style technocratique dont on trouve l'écho dans des rapports rédigés pour le Commissariat général du plan par des commissions de hauts fonctionnaires, grands patrons et grands intellectuels (souvent saint-simoniens), en général rédigés par les habituels (Alain Minc, Jean Boissonnat, etc[8]).

---

6. « Quand on regarde les choses en face, on ne voit en face de soi que des choses », disait un mur de Mai 68.

7. Michel GODET, Fixot, Paris, 1994.

8. Je fais allusion aux rapports des commissions présidées par : Alain MINC, *La France de l'an 2000*, Odile Jacob, Paris, 1994, et Jean BOISSONNAT, *Le Travail dans vingt ans*, Odile Jacob, Paris, 1995. Ces rapport sont en fait assez différents.

Le premier est un ordinaire plaidoyer pour l'aggravation de la société en sablier. Il s'appuie

Quant au contenu, il s'agit de parachever la destruction des modes de régulation fordistes (législation sociale, contrat de travail à durée indéterminée, SMIC, durée hebdomadaire légale du travail, système d'assurance chômage lié aux cotisations, etc.). On mettra en place une alternance aléatoire de périodes d'emplois, de périodes de formation, de périodes d'activités bénévoles couvrant la plupart des besoins sociaux autrefois satisfaits par l'État-providence. En échange: la promesse d'assurer pendant ces deux dernières périodes une certaine rémunération, de maintenir un certain lien avec la situation d'embauche. Promesse garantie par on ne sait quelle force de résistance collective...

Ce projet a été clairement critiqué par une autre école au sein de la thématique de la fin du travail, et ce de manière d'autant plus méritoire que cette école pousse jusqu'à son terme la critique de l'idéologie du travail, de la «valeur-travail».

Quête du sens, médiocrité du lien

La réflexion la plus spectaculaire par sa trajectoire est celle d'André Gorz. Marxiste puis écologiste, il emprunta d'abord le chemin de Marx. Conscient de l'opposition entre le travail «idéal» d'une part, comme essence profonde et dignité de l'homme et comme lien de l'individu à la société et à la nature, et le «travail réel» d'autre part, subordonné au despotisme et au productivisme du capital, il exalta successivement la résis-

---

sur un diagnotic erroné et démenti par les chiffres cités dans la première partie de ce livre: «Au cours de la période 1980-1991, plus de la moitié de la valeur ajoutée a été consacrée aux salaires», par suite d'une poussée inconsidérée du SMIC, et non à la création d'emplois. Si l'on veut dire par là que la masse salariale a conservé une part légèrement supérieure à la moitié de la valeur ajoutée, c'est vrai, mais cette masse inclut aussi les créations d'emploi. Si l'on veut dire que les salaires individuels se sont approprié la moitié de la valeur ajoutée, c'est aussi faux en France qu'aux États-Unis.

Mais l'essentiel était de justifier la stratégie suivante: bloquer le pouvoir d'achat du SMIC, et multiplier les emplois à temps partiel, selon le modèle américain, en application de la règle macroéconomique: «Le coût salarial par tête, au cours de cette phase, doit augmenter moins vite que la productivité, afin que le surplus dégagé soit prioritairement affecté à la création d'emploi.» Comme une masse croissante de salariés productifs à coût salarial croissant moins vite que la productivité engendre une masse explosive de profits (ce qui est macroéconomiquement insoutenable), il faut comprendre que cette création d'emplois sera essentiellement consacrée au service des dépenses improductives des revenus de la propriété: la «domesticité» (c'est le modèle en *trickle-down*, l'économie de la retombée).

Le rapport Boissonnat, sans doute mieux éclairé, est au contraire une ambitieuse tentative de formalisation institutionnelle de la stratégie adaptatrice ici décrite.

tance du travailleur qualifié et celle de l'OS déqualifié face au taylorisme[9]. Puis ce fut le coup de tonnerre des *Adieux au prolétariat*[10]. C'était bien le prolétariat comme mythe qui était visé. Le prolétariat de Marx, force messianique, accoucheuse du futur, parce qu'elle incarne les trois fonctions du travail : production des conditions de l'existence humaine, expression de l'essence quasi divine de l'homme s'appropriant la nature, et force de socialisation de l'espèce dans la coopération productive.

Mais, à travers l'attaque contre le prolétariat, c'était le travail lui-même comme valeur qui s'en trouvait anéanti. Non seulement pour sa subordination intrinsèque au productivisme, mais pour sa nature essentiellement « hétéronome » (commandée par des buts extérieurs à l'expression de soi) et pour le caractère nécessairement totalitaire de toute « organisation du travail par la communauté », fût-ce une communauté de moines cisterciens. Était exaltée de manière extravagante la « non-classe des non-producteurs » (les exclus : c'était bien la peine de se débarrasser du prolétariat !) et, de manière bien imprudente, le caractère soi-disant autonome et fondé sur le don de l'activité des femmes dans la sphère domestique.

Toute l'évolution ultérieure d'André Gorz consiste en un long réajustement de sa réflexion, au-delà de sa cible provisoire (le prolétariat : on ne tire plus sur une ambulance) vers sa cible réelle : une critique minutieuse de l'incapacité du travail « réellement existant » à jouer ensemble tous les rôles que ses adorateurs, Marx en tête, lui avaient assignés. Sa critique fondamentale, dans *Métamorphoses du travail*[11], est la suivante. La division et la mécanisation du travail, rendues nécessaires par sa première fonction (la productivité), le rendent à jamais impropre à l'expression de la dignité humaine (puisque le sens, la destination de ses actes échappent au producteur) et à la création d'un lien social authentique (puisqu'il passe par la médiation du service d'une mégamachine). Curieusement, André Gorz minorait dans ce livre l'importance des efforts

9. André GORZ, *Stratégie ouvrière et néocapitalisme*, Seuil, Paris, 1964 ; *Critique de la division du travail*, Seuil, Paris, 1973.
10. André GORZ, *Adieux au prolétariat*, Galilée, Paris, 1980.
11. André GORZ, *Métamorphoses du travail. Quête du sens*, Galilée, Paris, 1988.

pour revaloriser la dignité du geste productif lui-même à travers la répudiation du taylorisme, thèse qui lui était chère jusque dans les années soixante-dix.

Depuis lors, Gorz n'a cessé de renouer une certaine unité des trois composantes de la «valeur-travail». D'abord, dans sa critique de la «domesticité» des petits boulots, ce fameux gisement indéfini de services à la personne. Aujourd'hui, dans sa critique de l'allocation universelle, qui romprait le lien entre le droit social à rémunération et le devoir de s'inscrire dans la production sociale. Il se rapproche ainsi progressivement, sur la base d'une critique qui reste largement fondée de la «valeur-travail», de l'approche réformiste-radicale, terme qu'il avait d'ailleurs forgé dans les années soixante, à l'époque où j'avais appris à l'aimer[12].

Une autre intellectuelle est entrée récemment dans le débat, ce qui lui a sans toute évité les excès des *Adieux*: Dominique Méda[13]. Partant du contraste entre la réalité de l'exclusion et du chômage d'une part, et d'autre part l'acharnement des marxistes, humanistes et technocrates a relégitimer le travail, fût-ce sous le nom d'activité, D. Méda explore longuement la formation du mythe du travail. Comment les économistes du XIXe siècle ont réussi à l'imposer comme «lien social» alternatif au contrat politique, comment les socialistes utopiques et Marx ont réussi à l'imposer comme «essence de l'homme», comment la social-démocratie a réussi à l'imposer comme «emploi», seul susceptible d'assurer à chacun une place dans la société tout en lui garantissant les moyens de vivre. Dans une perspective rigoureusement marxienne, elle montre les limites que le travail réellement existant oppose à tout projet de «travail libérateur»: la subordination au despotisme du capital, à la logique du profit, au machinisme.

Mais plus fondamentalement, elle critique l'idée même que le travail puisse se voir reconnaître les éminentes capacités qui lui confèrent son statut de valeur fondatrice. Le travail marchand ou salarié ne saurait constituer qu'un lien social pauvre, fondé sur la composition des égoïsmes individuels; pire, il ne

12. André GORZ, *Réforme et Révolution*, Seuil, Paris, 1963.
13. Dominique MÉDA, *Le Travail, une valeur en voie de disparition*, Aubier, Paris, 1995.

saurait être l'expression de la dignité, de la créativité humaine, puisqu'il est accompli non pour lui-même (ayant son but en soi) mais comme un moyen pour obtenir de l'argent. Comme chez Gorz, cette critique se focalise sur les « emplois de service », seul gisement d'emplois à l'abri et de la concurrence internationale et de l'automation, mais qui réduisent la relation la plus directe de personne à personne à un moyen d'en recevoir un peu d'argent, « où les individus s'utilisent eux-mêmes comme moyen de vivre », sans y gagner ni dignité, ni reconnaissance sociale, ni même les moyens d'assurer une existence autre que précaire.

Pour sortir des impasses où nous a entraînés la divinisation du travail du XVIIIe au XXe siècles, Dominique Méda nous invite à rompre avec l'individualisme, et à revaloriser la *communauté*. Il y faut, de sa part, un certain courage, d'autant qu'elle n'hésite pas à se référer à la tradition allemande. Or l'un des tabous de la pensée unique est l'ostracisme jeté sur le mot « communauté » (comme d'ailleurs sur le mot « nature », souvent par les mêmes), mot plus ou moins connoté nazi[14]. La communauté (primitive, germanique, indienne) est en effet toujours associée à l'image d'une société fermée et hiérarchique, subordonnant les individus aux exigences d'un bien commun qui leur échappe. Résultat : à force d'exalter l'individualisme jusqu'au social-sadisme (« Vive moi, crèvent les autres »), on en arrive à oublier ce que la défense des simples intérêts individuels doit à l'existence de biens communs : l'harmonie sociale, les services publics, etc.

La société en sablier est la conséquence directe de cette dénégation (qui n'est pas, quoi qu'en dise D. Méda, d'origine purement anglo-saxonne : elle a ses racines bien françaises). Pour n'avoir accordé au drame de l'exclusion et du chômage qu'une commisération polie, les élites françaises et la partie encore stable de la société en sablier sentent aujourd'hui sur leur propre face le souffle de la précarisation. Elles s'émeuvent

14. Cet ostracisme (dont Luc Ferry est l'un des porte-parole les plus écoutés), justifié par la conception française de la démocratie, de la laïcité et des « droits de l'homme », rend souvent difficile la simple traduction du mot « community » dans les textes des conférences internationales. Je m'y suis souvent heurté lorsque, dans mes écrits, j'évoquais la « communauté-providence », la « démocratie communautaire », etc.

d'une dégradation qui offense leur vue du spectacle des clochards et menace la sécurité de leurs biens, voire de leur vie. Elles s'inquiètent de constater que les « réformes nécessaires » sont rejetées par ceux qui s'accrochent aux parois du col du sablier ; crient à la « société en grève d'elle-même » (mais quel projet positif lui avaient-elles offert ?) ; s'indignent de constater que le désir de solidarité se cristallise dans ce communautarisme dévoyé qu'est le nationalisme.

Réhabiliter la communauté passe par une démocratisation profonde de l'État (qui en est le garant) et de ses élites, par une diffusion dans tout le corps social (vers les collectivités locales, le mouvement associatif, et ce que j'appelle « tiers secteur ») de toutes les fonctions que la ou les communautés accomplissent pour elles-mêmes. Cette diffusion a pour contrepartie le « désenchantement du travail », comme le dit Dominique Méda : une activité qui peut assurer les moyens de vivre, qui peut être l'occasion d'y affirmer sa dignité, qui peut assurer reconnaissance et lien social, mais à la condition de réformes profondes, et qui ne peut plus, n'a jamais pu, ne devra jamais plus être considérée comme la seule activité à pouvoir le faire. La solution est d'ouvrir l'espace, au sein de la communauté, à de multiples champs où pourront s'épanouir la créativité individuelle et l'expression de la solidarité. Dans la vie démocratique, culturelle, sportive, dans l'auto production, dans la vie affective...

Le travail – l'emploi – ne peut plus être la seule activité assurant une place, mais pendant longtemps il restera la principale. Dominique Méda appelle donc à « un mode convaincant de partage du travail ». Elle propose trois règles :

« – garantir un accès égal au travail ;

– viser à un partage acceptable de l'ensemble travail, revenus, statuts, protections ;

– accepter d'autres moyens de distribution du revenu que le seul travail. »

Comme André Gorz, elle rejoint ici les sentiers escarpés des réformes radicales.

Travail, écologie et politique

Ainsi se forme une aire de consensus, relativisant le travail dans le projet de reconstruire le lien social contre la vague individualiste, parlant (comme Jacques Robin) d'économie «plurielle», «avec marché», donnant plus ou moins d'importance au travail partagé dans la reconstruction du lien social, intégrant parfois la variante humaniste du discours de la «pleine activité», soulignant le rôle essentiel du politique et l'importance des activités hors du travail rémunéré[15]. Je crois m'inscrire dans ce courant, à une réserve près : il ne me paraît pas possible d'abandonner définitivement la valeur-travail à l'enfer du néotaylorisme. Mais avant d'y venir, je voudrais encore, au déluge de ces critiques sur le travail et l'activité, en ajouter deux autres.

Au travail d'abord, on ne s'étonnera pas que j'ajoute la critique écologiste. Car le travail est tout de même, dans la plupart des cas, une activité d'appropriation de la nature et de transformation du milieu. C'est parfaitement légitime et ce n'est pas forcément tomber dans l'idéologie prométhéenne de la Bible[16] ou de René Descartes («se rendre maître et possesseur de l'univers»). Mais quand le travail devient un prétexte à la mise en valeur du capital, à l'exercice de la mégalomanie des technocrates, ou à la volonté d'offrir à chacun une place, c'est-à-dire un «emploi» à tout prix, les ravages qu'il provoque peuvent être pires que la guerre... à laquelle il était sensé se substituer pour «adoucir les mœurs» (selon Montesquieu). Toute politique de création d'emplois doit donc, dorénavant, être «écologiquement soutenable», c'est-à-dire destinée à satisfaire les besoins de la génération présente sans compromettre les intérêts des générations futures[17]. Telle est la «quatrième

15. Je rangerais dans ce courant des livres tels que : Bernard PERRET, *L'Avenir du travail*, Seuil, Paris, 1995 ; Jean-Baptiste de FOUCAULD et Denis PINOTEAU, *Une Société en quête de sens*, Odile Jacob, 1995 ; Guy ROUSTANG, Jean-Louis LAVILLE, Bernard EME, Daniel MOTHÉ et Berrard PERRET, *Vers un nouveau contrat social*, Desclée de Brouwer, Paris, 1996, etc. La plupart de ces auteurs se sont retrouvés autour d'Alain CAILLÉ et Jacques ROBIN, dans l'*Appel au débat* paru dans *Le Monde* du 28 juin 1995 (reproduit *in* Alain CAILLÉ et Jean-Pierre LE GOFF, *Le Tournant de décembre, op. cit.*) ; ils se sont divisés sur le plan Juppé et le mouvement de décembre, mais poursuivent leurs rencontres.

16. «Les montagnes seront arasées et les vallées comblées», disait Isaïe pour décrire la terre de la Grande Promesse.

17. Et, plus généralement, de la vie et de la beauté sur la planète ; mais là on rencontre de sérieuses difficultés pour en préciser les critères.

condition » que la fin du terrible XXe siècle nous oblige à rajouter aux trois premières conditions d'un travail légitime.

À l'activité ensuite, telle que la conçoit la variante réformatrice-adaptatrice, j'adresserai une critique politique. Certes, les plus lucides (ou les plus prudents) des partisans de la « pleine activité » cherchent à éviter les pièges d'une dissociation radicale des trois fonctions du travail et ne proposent pas aux chômeurs de s'activer bénévolement pour sortir de leurs difficultés. Ils ont bien sûr l'idée qu'une autre institution (l'allocation universelle, la retraite ou le RMI) pourvoira à la première fonction de toute « place » digne de ce nom : assurer les moyens de vivre. Ce faisant, ils se rapprochent du réformisme radical. Ce qu'ils oublient, c'est que, dans son exaltation du travail, Marx en soulignait d'abord le poids politique. C'est la croissance même de la classe laborieuse, sa communauté de situation, d'intérêts et de conception du monde, et même sa socialisation organique et concrète dans le bagne de l'usine, qui lui permettraient un jour d'émanciper, d'humaniser le travail.

Et c'est bien ce qui s'est passé, mais par la voie sociale-démocrate : le fordisme ne s'est pas imposé par le succès des livres de Ford, de Keynes, ou du rapport Beveridge[18], mais par la lutte organisée de la classe ouvrière en Suède ou aux États-Unis (en soutien à F. D. Roosevelt), par sa participation à la résistance antifasciste (en France et en Italie), par la menace de son ralliement au communisme (en Allemagne et au Japon).

Comment un salariat complètement éclaté en de multiples statuts, atomisé dans son cycle de vie par l'alternance emploi-formation-bénévolat, pourrait-il imposer à la partie supérieure du sablier la prise en compte de ses intérêts ? Même si certains outils, certaines institutions proposés par les tenants de la voie réformatrice-adaptative convergent avec les ambitions de la voie réformiste-radicale, il ne saurait s'agir, en l'absence d'une contestation et d'un contrôle organisés par le « grand salariat », que de la mise en place de palliatifs à la détresse de la partie basse du sablier. Cette politique sociale du néolibéralisme est déjà expérimentée à grande échelle dans le tiers-monde, avec

18. Rapport qui a esquissé pour le Royaume-Uni, au lendemain de la Seconde Guerre mondiale, la forme achevée de l'État-providence.

la bénédiction et les crédits de la Banque mondiale : nous y reviendrons.

En tout cas, le sentiment d'un rapport de forces politiques qu'assure à tous les salariés, précaires et exclus, l'existence encore aujourd'hui d'un grand salariat « garanti et organisé », même s'ils n'en font pas partie, explique le soutien quasi unanime à la grève du secteur public en décembre 1995. Une grève menée (ce n'est pas un hasard) par des salariés qui ont gardé une certaine éthique du travail, à la fois comme dignité et comme service du public : les enseignants et les travailleurs des transports.

Qu'est-ce que la dignité du travail ?

Car il faut quand même faire retour sur la question de la dignité subjective attachée au travail, sur laquelle les tenants de la fin du travail, André Gorz compris, tirent trop rapidement un trait. Dominique Méda part pourtant d'un texte extraordinaire de Karl Marx.

« Supposons, dit-il, que nous produisions comme des êtres humains : chacun de nous s'affirmerait doublement dans sa production, soi-même et l'autre. 1. Dans ma production, je réaliserais mon individualité, ma particularité ; j'éprouverais, en travaillant, la jouissance d'une manifestation individuelle de ma vie, et dans la contemplation de l'objet, j'aurais la joie individuelle de reconnaître ma personnalité comme une puissance réelle, concrètement saisissable et échappant à tout doute. 2. Dans ta jouissance ou ton emploi de mon produit, j'aurais la joie spirituelle de satisfaire par mon travail un besoin humain de réaliser la nature humaine et de fournir, au besoin d'un autre, l'objet de sa nécessité. 3. J'aurais conscience de servir de médiateur entre toi et le genre humain, d'être reconnu et ressenti par toi comme un complément à ton propre être et comme une partie nécessaire de toi-même, d'être accepté dans ton esprit comme dans ton amour. 4. J'aurais, dans mes manifestations individuelles, la joie de créer la manifestation de ta vie, c'est-à-dire de réaliser et d'affirmer dans mon activité individuelle ma vraie nature, ma sociabilité humaine. Nos productions seraient autant de miroirs où nos êtres rayonneraient l'un vers l'autre. »[19]

Première remarque: dans ce texte en effet stupéfiant, aucune allusion n'est faite à l'effort productif, à la confrontation avec la matière, si ce n'est marginalement et très abstraitement au point 1. La dignité du travail, c'est l'expression de soi dans le rapport à l'autre. Il suffit, pour s'en convaincre, de remplacer les mots «produits», «travail», par le mot «baiser» et de transposer tous les verbes correspondants. La dernière phrase devient tout simplement un vers de *La Mort des amants* de Charles Baudelaire.

Cette similitude, entre ce que Marx attend du travail authentiquement humain et ce que la psychanalyse la plus généreuse attend du rapport sexuel[20], est évidemment poussée ici à l'extrême par l'usage de la dialectique de Hegel, appareil commun au marxisme et à la psychanalyse. Mais l'analogie est plus profonde.

Le socioanalyste Gérard Mendel soutient qu'à côté de la psychanalyse individuelle, ancrée dans la famille, existe une psychanalyse à l'échelle de la société, où l'équivalent de l'acte sexuel serait *l'acte-pouvoir*[21]. Il s'agit du sentiment de «voir le bout de ses actes» dans sa propre action sur l'environnement (humain, spirituel ou matériel), qui assure à la fois la certitude de sa propre valeur et de l'appartenance à la communauté. Cet acte-pouvoir se concrétise dans le travail, dans l'esprit d'entreprise, mais aussi dans le jeu, le militantisme, et cette synthèse de tout cela qu'est l'animation d'une coopérative. La souffrance correspondant à la privation de cet acte-pouvoir n'est autre que ce que Marx appelait *aliénation*, concept beaucoup trop oublié. Il sous-tend la critique d'André Gorz et de Dominique Méda au «travail réellement existant»: le sentiment de perdre sa vie à la gagner dans un labeur dépourvu de sens pour soi et pour les autres. Car, on le voit bien dans la citation de Marx: si distinctes soient-elles, je l'ai dit, «jouissance» du travail

---

19. Karl Marx, *Écrits économiques*, t. II, p.22, Gallimard, coll. «La Pléiade», Paris.
20. Voir Luce Irigaray, «Fécondité de la caresse», *in Éthique de la différence sexuelle*, Minuit, Paris, 1984.
21. Gérard Mendel, *La Société n'est pas une famille*, La Découverte, Paris, 1993.

(ce que j'ai appelé dignité) et reconnaissance (d'autrui) sont intimement liées.

D'où le drame radical de l'exclusion. « Les hommes sont prêts à vivre et à mourir pour la reconnaissance », répète François Plassard[22]. L'exclusion sociale, notamment l'exclusion de l'activité, engendre de mortelles pulsions à la recherche d'autres objets pour l'acte-pouvoir, tournées contre soi (la drogue) ou contre les autres (la violence, et plus particulièrement la violence en bande, rite initiatique des jeunes désœuvrés des quartiers de relégation). Au fond de la société en sablier, il y a les bandes de Los Angeles ou des favelas de Rio, il y a *La Haine*.

Mais pour une fois, et puisqu'en introduction j'ai fait référence à Khaled Kelkal, prenons l'exemple de l'Algérie. Une démocrate algérienne, Amida Bousadia, l'une de ces femmes démocrates prises en étau entre la dictature et les islamistes, nous parlait avec une étonnante compréhension de ces jeunes qui se décollent des murs d'Alger pour rejoindre les Groupes islamiques armés : « Pendant toute leur vie ils ont été considérés comme moins que rien. Ils savent que l'Armée ne leur laissera guère que neuf mois à survivre dans ces maquis. Mais pendant ces neuf mois, kalachnikov à la main, ils auront été quelqu'un. » Et elle ne disait pas « neuf mois » par hasard.

La dimension de « reconnaissance » qui s'attache au travail est la plus facile à comprendre, à condition qu'on ne la confonde pas avec la reconnaissance sociale qui va à la place de celui qui a simplement un emploi. Je parle de la reconnaissance qui va à celui, à celle qui a un métier ou un savoir-faire, qui sait faire et fait quelque chose pour l'autre. C'est aussi bien la reconnaissance qu'attend la maîtresse de maison qui compose un repas, ou la militante qui fait vibrer les foules et réchauffe les cœurs par ses discours. Mais c'est encore le processus « socio-anthropologique » de l'affirmation de soi au sein d'une collectivité de travail, cette tribu avec ses rites, son honneur, sa camaraderie. Cela justement que détruit la « flexibilité »[23]. D'où

22. François PLASSARD, *Territoires en prospective. Quel nouveau contrat ville-campagne ?*, ADIR (140, rue du Chevaleret, 75013 Paris).

23. Voir Pierre BOUVIER, *Le Travail au quotidien. Une démarche socio-anthropologique*, PUF, Paris, 1989.

la passion de trouver une place au travail qui perdure aujourd'hui parmi les jeunes chômeurs : « L'absence de travail est vécue comme une amputation », explique Christian Baudelot[24].

Plus subtile est la « jouissance du travail », l'aspect « pour soi » de l'acte-pouvoir, que traitent avec quelque dédain A. Gorz et D. Méda. Pourtant, les recherches contemporaines de la sociologue Danièle Linhart sont formelles : cette jouissance est la sirène dont le chant captive les jeunes ouvriers et les fait consentir à une « implication paradoxale » jusque dans le travail taylorisé, qui s'exprime bien sûr encore plus clairement dans la « perruque » (le travail fait en douce avec les machines du patron, pour soi ou pour ses amis)[25]. Et c'est avec un réel enthousiasme que les salariés ont participé aux cercles de qualité qui ont fleuri en France dans les années quatre-vingt. Ils n'en furent que plus amers de constater qu'ils n'obtenaient de leurs employeurs, en échange du don gratuit de leurs compétences, de leurs « trucs » et de leur savoir-faire, aucune reconnaissance, pas même pécuniaire. Cette amertume éclata lors des grèves de la fin des années quatre-vingt, chez Peugeot, à la RATP ou à la SNCF, aux Finances ou chez les infirmières, etc. Et la grève de décembre 1995, grève pour le temps et le statut, contenait encore l'écho de cette amertume[26].

Cette jouissance du *travail*, des douleurs de l'enfantement (étymologiquement) et de la joie de porter son produit au monde, est évoquée dans le premier point de la citation de Marx. Elle est développée dans cette autre citation célèbre (Livre I du *Capital*) : « Ce qui distingue d'emblée le plus mauvais architecte de l'abeille la plus experte, c'est qu'il a conçu son plan dans sa tête avant de le réaliser pratiquement. » L'essence de l'acte-pouvoir humain, sa jouissance, réside en ceci qu'il introduit entre le besoin et sa réalisation la médiation d'un projet. Dominique Méda peut ironiser sur la dé-taylorisation du travail en Allemagne et l'inintérêt de surveiller un pro-

24. Dossier de Marie-Pierre Subtil, *Le Monde*, Paris, 1996.

25. Danièle Linhart, *L'Appel de la sirène. L'accoutumance au travail*, Le Sycomore, Paris, 1981 ; *Le Torticolis de l'autruche. L'éternelle modernisation des entreprises françaises*, Le Seuil, Paris, 1991 ; *La Modernisation des entreprises*, La Découverte, coll. « Repères », Paris, 1994. Voir aussi Philippe d'Iribarne, *La Logique de l'honneur*, Seuil, Paris.

26. Point bien mis en lumière par Jean-Pierre Le Goff, dans *Le Tournant de décembre*, *op. cit.*, et annoncé par son livre *Les Illusions du management*, La Découverte, Paris, 1996.

cessus automatique. Elle a elle-même conçu un livre, a rassemblé, rapproché, ordonné avec peine de multiples idées, citations et références, et elle a tiré plaisir de son effort et satisfaction de son résultat. Elle peut concevoir que la jouissance de l'électricien de chez Siemens ou de l'ouvrier de Toyota dans les cercles de qualité, comme jadis celle de l'ouvrier de métier ou même de l'ouvrier professionnel, n'est pas d'une nature différente.

Cette jouissance n'est pas sans perversions. Le plaisir à proprement parler « viril » du métallurgiste baigne dans l'idéologie occidentale du rapport de sujet (tout-puissant) à objet inerte (à dominer). Il communique par tous ses pores au machisme et au productivisme. Au productivisme, cela va sans dire et c'est la limite la plus profonde à toute importation du « paradigme marxien » au sein de l'écologie politique[27]. Car, à côté des deux citations très immatérielles mobilisées dans ce chapitre, il est parfaitement clair que la dominante de l'œuvre de Marx implique un travail « sur » la nature, une exaltation presque inconditionnelle du développement des forces productives, à peine tempérée par la critique des rapports de production. Reste que c'est un inestimable succès du marxisme et du communisme que d'avoir su, pour un siècle, rendre sa dignité, sa fierté au travailleur manuel.

Quant au machisme, il est d'autant plus prégnant que la jouissance du travail est cousine de la jouissance sexuelle[28]. Au-delà de la rivalité sur le marché du travail, la conception dominante de la « dignité du travail » a certainement joué son rôle dans l'exclusion des femmes des postes les plus qualifiés (industriels ou tertiaires) : « Ce n'est pas le travail d'une femme. » Mais cela ne signifie en aucun cas que la culture féminine n'éprouve pas à sa manière, ne revendique pas (et en résonance avec la sexualité féminine) la jouissance de l'acte-pouvoir[29].

27. Voir mon texte déjà cité sur « L'écologie politique et l'avenir du marxisme ».

28. Christophe DEJOURS va jusqu'à souligner que le travail est nécessaire pour reprendre dans un autre champ ce qu'on n'a pu accomplir dans l'économie érotique (« Le sens du travail », *Politis, La Revue*, avril-mai-juin 1994).

29. Nous n'entrerons évidemment pas dans le débat sur l'existence d'une sexualité proprement féminine (voir mon livre *Phèdre : identification d'un crime*, A.-M. Métailié, Paris, 1992). Sur la difficulté des femmes à faire reconnaître leur « conscience professionnelle », voir le livre cité de Margaret MARUANI et Chantal NICOLE.

Or les femmes travailleuses sont les premières victimes de l'option de la France, au long des années quatre-vingt, pour la voie néotaylorienne, versant productif du modèle de la société en sablier.

La misère ouvrière

Le choix du néo-taylorisme, nous en avons mesuré largement la dimension sociale: précarisation, appauvrissement relatif et même absolu, chômage. Mais peut-être est-il bon de donner ici quelques chiffres sur sa réalité productive: le retour au taylorisme après les hésitations des années quatre-vingt[30]. Et il n'est plus utile de distinguer ouvriers et employés: dans les segments les plus subordonnés du salariat, cette antique distinction s'estompe. Claviste ou perforatrice, cuisinière de fast-food ou «agent de surface» (balayeuse), qui peut dire à première vue où les statisticiens de l'INSEE les ont classées? Probablement en fonction de l'activité principale de l'entreprise qui les emploie.

Dans l'imaginaire, le taylorisme est assimilé au travail à la chaîne. Cette technique, où le mouvement d'un convoyeur dicte la cadence d'un travailleur parcellaire, est plus spécifique du fordisme, mais n'est qu'un cas extrême. Il y a taylorisme quand le travail est parcellisé, prescrit dans son exécution et dans sa cadence au travailleur semi-qualifié. Cette prescription peut prendre la forme de normes («tu dois en faire tant en tant d'heures») ou du mouvement automatique d'une machine (mais ce peut être le mouvement incessant d'une presse qu'il faut servir). Dans le néotaylorisme, c'est le délai prétendument imposé par le client qui pèse directement sur le travailleur, parfois à travers la pression des collègues: c'est la loi du «flux tendu».

En 1984, 7 % des salariés se voyaient dicter leur cadence par le mouvement automatique d'une machine. Ils sont 10,6 % en 1991. S'ils sont tous «ouvriers», cela représente 40 % des ouvriers....

30. *Alternatives économiques*, n° 137, juin 1996, livre un dossier fort complet, qui généralise sans doute un peu abusivement aux cas étrangers.

En 1984, 18,5 % des salariés se voyaient imposer des normes sur une journée, 5,2 % sur une heure. En 1991, c'est le cas de 38 % et 16 % d'entre eux.

En 1984, 21 % des salariés devaient s'ajuster à une demande extérieure nécessitant une réponse immédiate. Ils sont 57 % en 1991[31].

Pendant ces années-là, la fréquence des tendinites professionnelles a été multipliée par sept.

Que peut-il rester de la jouissance de l'acte-pouvoir dans ces conditions ? On ne s'étonnera pas que des travailleurs ainsi privés de la maîtrise de leur temps au travail aient par la même occasion perdu la maîtrise de leur temps de travail. De 1983 à 1992, 75 % de tous les nouveaux emplois créés en France ont été des emplois à temps partiel féminins, 18 % sont des emplois à temps partiel masculins. À ces 2,7 millions d'emplois à temps partiel s'ajoutent deux millions d'autres emplois « atypiques » (mais en passe de devenir la norme ouvrière) : contrats à durée déterminée, intérim, etc. En fait, un ouvrier sur quatre n'a pas d'emploi stable.

À s'en tenir à ce qui reste des ouvriers, le résultat est une véritable « re-prolétarisation ». Cette exclusion (comme processus) se mesure à la pauvreté du revenu, à la précarité du statut, à l'absence de patrimoine matériel et de capital culturel, et elle se reproduit d'une génération sur l'autre : 19 % des enfants d'ouvriers ont le bac, contre 72 % des enfants de cadres. Finalement, ce qui reste d'ouvriers ne se recrute plus que chez les enfants d'ouvriers[32]. Cette situation d'aliénation totale est refoulée par les travailleurs qui se murent dans le désespoir. Ils « n'y croient plus », ils ne croient pas que leur contribution serve à quelque chose et qu'ils puissent en obtenir même le salaire qui symboliquement reconnaîtrait leur engagement, ils ne croient plus qu'ils soient quelqu'un. Leur stratégie défensive de désengagement, comme une censure sur une blessure cachée, n'est pas sans coût. Sans coût pour l'entreprise, bien sûr. Sans coût social : la France est le plus gros consommateur de psychotropes du monde. Mais qui dira la souffrance qui se

---

31. Étude de la DARES (ministère du Travail) citée par *Alternatives économiques*. Voir aussi, de Michel Cézard et Lydie Vinck, « Contraintes et marges de manœuvre des salariés dans leur travail », *Données sociales 1996*.

32. Michel Cézard, « Les ouvriers », *INSEE Première*, n° 455, mai 1996.

cache derrière cette consommation, ses contrecoups sur le ou la compagne, sur les enfants...[33]

Tout au début de notre histoire ouvrière, des médecins, des ingénieurs, les Lachaise, Blanqui, Buret, et surtout le médecin Louis Villermé et le polytechnicien Frédéric Le Play, dépeignirent la misère ouvrière et fondèrent ainsi la statistique sociale[34]. Comme pour les écologistes aujourd'hui, leurs motivations étaient diverses : de la compassion pour les plus opprimés à la mise en garde des élites, responsables de l'ordre social[35]. Aujourd'hui, cette littérature de la misère ouvrière revient en force. Le signal en fut donné par *Le Coût de l'excellence*, qui obtint le prix du Livre d'entreprise[36]. C'est que l'affaire redevient sérieuse. Le recul de la couverture médicale (au nom de la « maîtrise des dépenses de santé ») se combine avec une véritable attaque de la machine productive sur la santé physique et morale des ouvriers. Les formes modernes de néotaylorisme, cette « japonisation de pacotille », combinent l'accélération des cadences, la montée de l'insalubrité et l'obligation morale d'être « toujours prêt » à servir impeccablement le client (c'est-à-dire en fait à permettre à l'employeur de le servir « juste à temps »). Selon un rapport du Bureau international du travail, le stress qui en résulte coûterait 200 milliards de dollars par an à l'industrie américaine[37]. Le lien entre précarisation et stress passe par de multiples voies : difficultés à tenir le rythme au travail, difficultés à joindre les deux bouts, humiliations distribuées au nom de la mobilisation des ressources humaines et du zéro-défaut. D'où la nouvelle figure des nouveaux Villermé : des collectifs de médecins, d'économistes et de psychanalystes ou pychodynamiciens[38]. Car la combinaison perverse de la précarité et de

---

33. Christophe DEJOURS, *Travail : usure mentale (de la psychopathologie à la psychodynamique du travail)*, Bayard Edition, Paris, 1993.

34. Louis VILLERMÉ, *Tableau de l'état physique et moral des ouvriers dans les fabriques de coton, de laine et de soie*, 1840, rééd. EDI, Paris, 1989 ; Frédéric LE PLAY, *La méthode sociale (abrégé des ouvriers européens), ouvrage destiné aux classes dirigeantes*, Mame, Tours, 1879.

35. Guy GROUX et Catherine LÉVY, dans le livre *La Possession ouvrière. Du taudis à la propriété* (éd. de l'Atelier, Paris, 1993), rendent hommage à ces premiers « hygiénistes ». La question du logement des classes laborieuses est en effet intimement liée à l'écologie du travail : espace de production et de reproduction se reflètent l'un l'autre, cumulant les risques d'infection et de stress.

36. Nicole AUBERT, Vincent DE GAULEJAC, *Le Coût de l'excellence*, Seuil, Paris, 1991.

37. *Le Monde*, 9 septembre 1995.

38. Exemples de travaux de ces collectifs : *Les Cahiers Santé et Médecine du Travail*, n° 9, mai 1996, sur « Les dérives de l'organisation du travail », ou le recueil (qui très justement esquisse la comparaison avec les pays du Sud) de Béatrice APPAY et Annie THÉBAUD-MONY, *La Précarité sociale : Travail, Santé*, IRESCO, Paris, 1996.

l'exaltation hypocrite de la « qualité totale » vient frapper au cœur le salarié dans ce qu'il attendait encore du travail : la reconnaissance. Non seulement exploité, mais humilié dans son travail même.

Voilà donc la situation concrète à partir de laquelle on discute dans les livres et colloques de la « disparition de la valeur-travail ». Voilà ce que les années quatre-vingt, commencées avec les lois Auroux, ont fait du travail. Voilà la base sur laquelle repose la société en sablier. Dominique Méda commençait son enquête en rappelant le mépris de la sagesse grecque, fondée sur le loisir, à l'égard du monde du travail réservé aux esclaves. Et si les idéologies de la fin de la dignité du travail ne faisaient que refléter le retour à des formes indignes du statut des travailleurs ?

Sortir du néotaylorisme

Interrogée par *Libération* (22 mai 1996), une ouvrière de Belfort, fille d'ouvrière, résume ainsi ce qui a changé depuis le temps de sa mère : « Primo, les machines sont beaucoup plus performantes. Secundo, les cadences ont considérablement augmenté. Tertio, on a encore moins de considération qu'avant. »

La « considération », c'est peut-être ce qui s'amenuise le plus vite dans les sociétés en sablier, c'est ce qui les distingue le plus profondément des pays ayant opté pour la « mobilisation négociée de la ressource humaine ».

Dans *Choisir l'audace*, j'ai longuement discuté des avantages et des pièges de cette stratégie patronale alternative au néotaylorisme : risque de segmentation entre une aristocratie ouvrière impliquée, masculine et « nationale » et une masse de sous-traitants taylorisés, femmes ou immigrés, risque aussi d'aliénation au nom de la valeur-travail. « Au Japon, s'inquiète la sociologue Helena Hirata, les ouvriers qualifiés continuent de discuter entre eux de leur travail une fois sortis de l'usine [39]. »

---

39. Voir mon texte « Le débat japonais : leçons pour l'après-fordisme, *in* Henri NADEL (dir.), *Emploi et relations industrielles au Japon*, L'Harmattan, Paris, 1994. Christophe DEJOURS (article cité) rappelle qu'en France les travailleurs sont pris de la même « passion » quand, dans la période de mise au point d'une nouvelle installation, l'encadrement leur laisse « les rênes sur l'encolure ».

Mais n'est-ce pas le cas des chercheurs du CNRS ? Que le piège d'un travail intéressant puisse contribuer à l'appauvrissement de la vie, c'est un fait, mais les ouvriers français sont-ils plus heureux de leur travail précaire et inintéressant ? Et la question de la diversité des champs de valorisation de la vie humaine que prêche Dominique Méda ne se réduit pas à la concurrence déloyale du travail. Si les cadres français et les ouvriers japonais s'absorbent dans leur travail, n'y a-t-il pas, dans la société domestique, des nœuds insolubles qui les conduisent à se réfugier dans le travail ?

Aujourd'hui, il reste de mode, dans les écoles de gestion, de vanter cette « mobilisation des ressources humaines ». Améliorer les relations dans le travail, la salubrité du travail, participer à la définition de ses propres actes, et pourquoi pas, participer à l'amélioration des produits et du service, en liaison avec les associations de consommateurs ou d'usagers (en particulier dans les services publics), qui serait contre ? Voir le bout de ses actes, dans son propre travail, c'est le début de l'autonomie, y compris hors travail. « Qui accepterait d'être esclave même deux heures par jour ? », demandait Simone Weil (reprise par André Gorz). La révolution antitaylorienne ? Résolument pour !

Ici, l'écologie politique rejoint la tradition la plus ancienne du mouvement ouvrier. Les premières luttes ouvrières furent des luttes d'artisans salariés contre la dégradation des conditions de travail et contre la perte de sens de leur travail. La lutte contre la dégradation des conditions de travail, contre l'effet du travail salarié sur les corps des humains – et d'abord la lutte contre le travail des enfants ! – ce fut la première bataille conjointe des embryons de syndicalisme et des médecins « philanthropes » (ou « hygiénistes », comme on les appelait). Aujourd'hui encore, dans le tiers-monde, les écologistes sont souvent des médecins s'appuyant sur une base syndicale pour lutter contre le travail des enfants, les taudis, etc. Aujourd'hui, chez nous, cette « écologie de travail de la première révolution industrielle » est bien souvent dépassée, mais gare où pourrait nous ramener le libéral-productivisme, gare où il ramène déjà nos travailleurs clandestins !

Surtout, c'est dans la reconquête du sens du travail que les aspirations autogestionnaires des mouvements alternatifs, solidaires ou écologistes européens retrouvent les vieux accents du syndicalisme de métier. Mais dans un cadre tout à fait différent. Alors que le capitalisme n'a fait que dégrader le travail depuis le siècle dernier, alors que la Révolution russe avait elle-même accepté le taylorisme, et que les staliniens l'avaient imposé aux anarcho-syndicalistes hostiles, aujourd'hui les tendances les plus éclairées du patronat le reconnaissent : les nouvelles technologies ont *besoin* d'opérateurs plus qualifiés, plus imaginatifs, plus responsables[40]. D'où les nouvelles formules de « cercles de qualité et de productivité », où les employeurs cherchent à capter, au profit de leurs propres objectifs gestionnaires, la jouissance de l'acte-pouvoir.

Mais ce travail ennobli, enrichi, cette qualité, cet engagement, cette implication supérieure dans le travail vendu à un employeur, comment imaginer qu'ils lui soient livrés sans contrepartie ? Comment peut-on imaginer une « ressource humaine » travaillant comme une personne... et flexible comme un roseau, licenciable comme un pion ? La « japonisation de pacotille » qu'a connue la France à la fin des années quatre-vingt n'avait cependant rien d'inéluctable. C'est un *pacte salarial* nouveau qu'il nous faut concevoir. Quelles en seraient les contreparties pour les salariés ? La stabilité de l'emploi, d'abord. Car comment s'impliquer dans une tâche dont on peut être chassé demain ? Que signifierait un contrat révocable à tout moment de la part de l'employeur ? Comment accumuler l'expérience, le savoir-faire nécessaire pour une mise en œuvre des nouvelles technologies ? Cette stabilité de l'emploi est donc à peine une « contrepartie ». Elle est la condition même d'un nouveau contrat salarial.

Je demeure persuadé que la transformation du contenu du travail, de ses formes d'organisation, la mise en valeur des richesses individuelles et interindividuelles qui peuvent s'y développer au lieu de s'y rabougrir, sont une question stratégique pour la sortie de la société en sablier. Mais dans ce livre j'ai choisi de me concentrer sur la dimension sociale, externe à

40. Et cette stratégie n'est pas réservée aux ouvriers et employés *déjà* qualifiés. Comme le démontre Bertrand SCHWARTZ (un des trop rares prophètes des années quatre-vingt), il n'y a pas de « cancres du progrès », on peut *Moderniser sans exclure* (La Découverte, Paris, 1995).

l'entreprise, de la crise de notre société. Et, nous l'avons vu, sortir de cette crise passe principalement (mais pas seulement) par des solutions au problème de l'emploi. Un emploi qui permette de vivre dignement et d'être reconnu. À la recherche de ces solutions est consacrée la deuxième partie.

II

Une politique de l'emploi centrée sur le temps libéré

Introduction

« Travailler moins pour travailler toutes et tous et vivre autrement. » Depuis plus de vingt ans, cette idée résume le principal de la résistance à la société en sablier. En quelques mots, l'essentiel est dit, dans son unité : un combat pour soi et pour les autres, pour conserver le travail et pour le changer, pour changer la vie elle-même. Et de fait, dès le début des années soixante-dix, donc bien avant le début de la crise de l'emploi, cette idée était déjà le leitmotiv des écologistes. Face à la société en sablier, ce produit du « libéral-productivisme » qui oblige les travailleurs à produire toujours plus sans rien leur redistribuer, ni pouvoir d'achat, ni temps libre, elle constitue nécessairement le cœur de toute véritable politique de l'emploi. Elle est d'ailleurs devenue depuis 1992, en France, la stratégie dont on parle... mais qu'on n'applique pas.

En tout cas on en parle, on la teste, on l'étudie. Jamais politique économique (sauf peut-être la création du Marché commun européen, en 1957) n'aura fait l'objet de tant de débats publics, de sondages, de polémiques, d'expérimentations, avant sa véritable mise en œuvre. L'ironie de quelques iconoclastes attardés, demi-solde d'une « pensée unique » aujourd'hui effritée, ne peut masquer l'isolement des dogmatiques du travail. Même au Japon, naguère si rétif, la réduction de la durée du travail est en marche : de 2 120 heures de travail par an en 1987, elle a chuté à 1 972 heures cinq ans plus tard. Au rythme actuel, le Japon aura rejoint les 1 648 heures de la France en l'an 2004[1]

1. Voir Yasuyuki HIPPO, « Japan : The Reduction in Working Time », *Futures*, juin 1993. Il s'agit des horaires réels. La réduction des horaires officiels est plus spectaculaire : le Japon aurait rattrapé la France en l'an 2000.

Comment rendre compte de cet immense débat ? J'aurais pu composer un bréviaire, questions-réponses, ou un abécédaire, ou un bêtisier... J'ai préféré suivre un ordre chronologique « stylisé », depuis les années charnières 1992-1993, où le partage du travail revient sur le devant de la scène, jusqu'aux expériences qui ont suivi le mouvement de décembre 1995. Cet ordre nous permettra de sentir à quel point un projet de société avance dans le débat public, mais n'en subit pas moins l'influence de la conjoncture économique (le cycle des affaires) ou politique (les élections). Au fil des années, tel aspect du débat se focalise en belle empoignade. Il sera traité, dans ces chapitres, à cet endroit-là : ainsi, la question des « montages institutionnels expérimentaux » en 1993, ou la politique d'abaissement du coût du travail avec l'affaire du « SMIC-jeunes » en 1994, etc. Le lecteur voulant retrouver directement l'analyse de telle ou telle question pourra se reporter à la table des matières. Aux autres je souhaite bonne promenade...

Mais, pour orienter cette promenade, je présenterai d'emblée les idées-forces qui vont ressortir du débat.

Première idée : la réduction du temps de travail est un objectif en soi

Même si nous étions en situation de plein emploi, je serais partisan d'affecter l'essentiel des gains de productivité à la réduction du temps de travail. D'abord, parce que, sous l'angle *conquête du temps libre*, elle demeure l'une des plus profondes aspirations des travailleurs, l'une des plus anciennes aussi. Le 1er mai commémore l'action internationale des ouvriers pour la journée de huit heures depuis 1891. Les enfants de huit ans l'avaient obtenue en France en 1841, les adultes l'obtiendront en 1919 (sur six jours). Depuis 1906, la République laïque leur a restitué le repos du dimanche. Le Front populaire conquiert un second jour de repos dans la semaine, quinze jours de congés payés, et libère du travail les moins de quatorze ans.

Un sondage parmi 7 000 métallurgistes d'Ile-de-France[2] montre que la réduction de la durée du travail est conçue prin-

2. Enquête réalisée en 1994 par l'IFEAS (Institut de formation proche de l'Union parisienne des syndicats de la métallurgie CFDT), en liaison avec la revue *Alternatives économiques* et le centre de recherche IRIS.

cipalement sous cet angle (81 %) ou comme *amélioration de la qualité de la vie* (72 % des réponses), et seulement ensuite comme instrument de lutte contre le chômage (65 %). Ce résultat est exactement confirmé par une enquête auprès de 11 000 salariés de la chimie, et par une autre enquête portant sur 20 % des salariés de l'ANPE[3]. Il est renforcé par le triomphe de la formule « semaine de quatre jours » : ce que demandent les salariés, ce sont des « blocs de temps libéré ».

Cet aspect *qualité de la vie* renvoie directement à l'idéal d'autonomie et de convivialité cher aux écologistes, et au-delà, à une option en faveur du *développement soutenable*. La croissance matérielle qui a caractérisé les Trente Glorieuses années du fordisme, nous en payons aujourd'hui la dette : paysages défigurés, air et eau pollués, érosion de la couche d'ozone, dérive de l'effet de serre. Le tiers-monde ayant lui-même besoin d'une croissance notable de son produit matériel, seule une réorientation des pays sur-développés vers un modèle de développement axé sur la croissance immatérielle du temps libre permet de garantir notre avenir commun.

Deuxième idée : le partage du travail est la seule politique pouvant avoir un effet massif sur le chômage

Il faut aujourd'hui reconnaître qu'aucune autre politique que le partage du travail ne permet d'obtenir une création d'emplois à la mesure du niveau de chômage actuel ; 3,3 millions de chômeurs déclarés[4], plus 1,5 million de stagiaires et RMIstes, plus les chômeurs découragés de rechercher un emploi : soit un problème à cinq millions !

Et que l'on n'aille pas dire que « partage du travail » évoque la fixité d'un gâteau à partager[5]. La conjoncture internationale

3. Chimie : enquête CFDT-FUC (1995), ANPE : enquête CFDT-ANPE (1995). Même questionnaire que pour l'IFEAS. Voir une présentation succincte des trois enquêtes dans le numéro de janvier 1996 de *Futuribles*.

4. Moyenne 1994-1996, « ancien calcul » (nous verrons la signification du « nouveau calcul »).

5. Historiquement, la réduction de la durée du travail s'est toujours combinée, en proportion variable, avec la croissance, et c'est cela qui a empêché la machine de tuer l'emploi. De 3 100 heures de travail par an (3 300 dans l'industrie) en 1835, les salariés français sont passés à 2 900 heures en 1 900 et 1 650 heures aujourd'hui. Le temps de travail annuel a été divisé par deux depuis la révolution industrielle, les jeunes de 8 à 25 ans et les aînés de plus de 60 ans sont pratiquement sortis du marché du travail, et on nous explique que le taux de chômage est indifférent à la durée du travail ! Veut-on nous préparer au retour aux horaires de 1835 ? (Voir Jean RIGAUDIAT, *Réduire le temps de travail*, Syros, Paris, 1993.)

étant donnée, ainsi que le niveau de productivité, les marges de manœuvres (budgétaires et monétaires) étant drastiquement réduites par le traité de Maastricht, la croissance française est pratiquement déterminée[6]. À cette croissance de la production, dont il faut soustraire la croissance de la productivité horaire, correspond un nombre d'heures «travaillables» qui va plutôt en diminuant. Ce nombre d'heures ne peut être repartagé sur un plus grand nombre de personnes que si la vitesse de réduction de la durée moyenne effective du travail est suffisante pour contrer l'éventuelle diminution du nombre d'heures travaillables. Toute vitesse de réduction du temps de travail inférieure à cette limite ne fait que ralentir la croissance du chômage. Et encore ai-je négligé la croissance de la population active, qui ne va plus tarder à s'inverser. Heureusement?

Une étude de l'Observatoire français de conjoncture économique, publiée en mars 1993 et évaluant les trois politiques de l'emploi qui s'affrontaient aux élections législatives (*croissance* pour la gauche, *réduction du coût du travail* pour la droite, *partage du travail* chez les écologistes), montre que les effets des deux premières ne se chiffrent qu'à deux ou trois centaines de milliers d'emplois, alors que le passage en une fois aux 35 heures engendrerait quelque deux millions d'emplois. Ce chiffre dépend toutefois crucialement de la politique de *partage des revenus* accompagnant le partage du travail. C'est bien entendu le point épineux du débat!

Troisième idée: il y a de l'argent disponible même s'il n'est pas illimité

Qu'il soit impossible d'envisager un partage du travail sans partage des revenus renvoie évidemment à la logique d'ensemble de la société en sablier. Le chômage ou la précarisation des uns est la conséquence de l'accumulation des revenus chez les autres. Il serait donc parfaitement irréaliste, économiquement, sociologiquement ou politiquement, de vouloir séparer la lutte contre le chômage de la lutte pour la réduction des inégalités.

---

6. Nous verrons plus loin qu'une politique de «relance concertée en Europe», abolissant l'accord de Maastricht, est possible et donne des résultats significatifs sur la croissance, mais trop faibles sur l'emploi.

En 1984, dans *L'Audace ou l'enlisement,* j'avais martelé que toute politique de sortie de la crise du fordisme devait partir de ce fait : il n'y avait plus de trésor caché, les patrons ne pouvaient plus payer. Douze ans après, une *certaine* politique de sortie de la crise a été mise en œuvre et elle a fonctionné. Le résultat, c'est la société en sablier : il y a beaucoup de pauvres et d'exclus, mais au moins le « capital » peut maintenant payer. S'il n'y a pas véritablement de « trésor caché », il y a du moins plusieurs cagnottes. Elles ne sont pas toutes « chez les patrons », car nous avons vu que le jeu est devenu plus complexe qu'à l'époque du fordisme. Il y a une cagnotte dans les revenus financiers, une autre cagnotte dans les profits d'entreprises inutilisés, une autre dans le gonflement excessif des hauts salaires, et même une quatrième cagnotte dans les gaspillages de la politique gouvernementale de l'emploi ! Dans le débat sur le « financement de la réduction de la durée du travail », nous prendrons la mesure de ces cagnottes et de leur limite, en combattant la mauvaise foi des uns, et les illusions des autres.

Dans une récente « Réponse à Nicole Notat »[7], Jean Peyrelevade reprend les habituelles jérémiades patronales contre la compensation salariale des réductions d'horaire : « Comme s'il existait une recette miracle, un trésor caché, une richesse collective méconnue dont l'usage enfin judicieux par l'État et la patronat, ces deux entités commodément abstraites, permettrait de satisfaire à l'obligation de solidarité, tout en exonérant les individus, les salariés, chacun d'entre nous de tout effort direct, autre que *complémentaire.* »

Eh bien si, M. Peyrelevade. L'apport de chacun justement est « complémentaire » par rapport à l'effort des autres. Et l'on ne sortira pas de la crise de l'emploi si chacun cherche à cacher le petit trésor accumulé dans les années de la société en sablier. Sur ce point au moins (le trésor patronal), je ne peux que souscrire pour une fois au jugement agacé du grand prêtre ésotérique du Temple de la pensée unique, Jean-Claude Trichet[8] : « L'économie française est, pourrait-on dire, dans les starting blocks. Le taux d'épargne des ménages s'élève

7. *Le Monde* du 1er juin 1996.

8. *Le Monde* du 30 avril 1996. Jean-Claude TRICHET est gouverneur de la Banque de France. Le grand prêtre ésotérique et iconoclaste officiel est évidemment Alain MINC.

à 14,3 % selon l'INSEE. Le taux d'autofinancement des entreprises dépasse 110 %. L'excédent de la balance des paiements courants du pays est le plus important depuis la guerre et représente plus d'un point du produit intérieur. Il existe donc des réserves de puissance du côté des ménages, des entreprises, de l'économie toute entière. »

Quatrième idée : le partage du travail n'est pas une panacée

Le simple rapprochement des chiffres (deux millions d'emplois créés, 3,3 millions de chômeurs officiels, cinq millions réels) montre que les 35 heures ne sont pas une panacée[9]. D'ailleurs, elles ne constituent une issue que pour les chômeurs immédiatement « employables » (le mot atroce !). Les « bras cassés » de l'exclusion auront besoin de politiques plus subtiles pour arriver à une situation de « plein emploi » ou de « pleine activité », c'est-à-dire où chacun peut gagner de quoi vivre dignement dans la société, tout en obtenant la reconnaissance de sa propre utilité sociale. De multiples politiques devront être mises en œuvre en complément. Notons toutefois que cette remarque désamorce l'argument des « goulots d'étranglement » cher à Alfred Sauvy[10] : les deux premiers millions de chômeurs rappelés ne demanderont guère d'effort de « remise à niveau », et il est d'ailleurs hors de question, ne serait-ce que pour avoir le *temps* de créer les deux millions de postes de travail correspondants, d'espérer les recruter en moins de deux ans.

C'est pourquoi, après un détour par l'examen de la situation particulière des femmes vis-à-vis du partage du travail, et une oscultation de l'attitude des salariés concernés par les propositions en débat, nous conclurons par un inventaire rapide des autres politiques susceptibles de créer des emplois.

---

9. Panacée : remède capable de guérir tous les maux. Trop souvent, ceux qui constatent (comme moi) qu'un remède ne guérit pas *tous* les maux, insinuent qu'il n'en guérit *aucun*. C'est une démarche que l'on devine aussi chez ceux qui disent que la France n'a pas vocation à recueillir « toute » la misère du monde, ce qui est incontestable.

10. Le regretté Alfred Sauvy a toujours prétendu que le passage précipité aux 40 heures, en 1936, avait brutalement provoqué une pénurie de main-d'œuvre qualifiée. Il est bien entendu que les branches industrielles doivent se poser sérieusement le problème de la formation professionnelle pour les qualifications les plus « pointues ». Il ne suffit pas de constater que les spécialistes de la soudure du tungstène ou les secrétaires tapant des équations en anglais sont rares : il faut en former, et accepter de les payer correctement.

4

Quatre-vingt-treize : poussée de gauchisme ?

Lorsque l'Union de la gauche arrive au pouvoir, en 1981, elle est porteuse d'un copieux programme de réduction du temps de travail : les 35 heures, la retraite à 60 ans, la cinquième semaine de congés payés... Certes, dans la campagne électorale, la dimension « anti-chômage » de ce vaste programme a été mise en avant. Mais en réalité, il s'agit essentiellement du catalogue de revendications syndicales traditionnelles de « réduction du temps de travail » : le but est la conquête du temps libre. Un éphémère « ministère du Temps libre » est d'ailleurs créé... et confié à un enseignant. La gauche se méfie de l'oisiveté ! Le programme n'est nullement pensé comme un « partage du travail » et il achoppera aussitôt sur la question de la « compensation salariale » : faut-il ou ne faut-il pas baisser le salaire mensuel quand, en 1982, sont généralisées la retraite à 60 ans, la cinquième semaine (mesures dont beaucoup de salariés bénéficiaient déjà) et quand la quarantième heure est supprimée.

J'ai analysé ailleurs[1] le débat sur les effets de cette première et dernière réduction du temps de travail. Elle fut beaucoup plus efficace qu'on ne l'a dit. En pleine dépression mondiale

1. Alain LIPIETZ, *L'Audace ou l'enlisement, op. cit.* On ne pouvait à l'époque s'appuyer que sur le travail séminal de Gilles OUDIZ, Emmanuel RAOUL, Henri STERDYNIAK, « Les voies étroites d'une stratégie pour l'emploi », *Économie et Statistiques*, n° 156, juin 1983. Il faudra attendre pratiquement dix ans pour actualiser l'étude économétrique de la réduction de la durée du travail.

provoquée par le choc monétariste, la France réalise le tour de force de créer des emplois, même industriels, en 1982. Quant au débat sur la compensation salariale, il est assez fumeux : dans les faits, l'année 1982 se solde par une légère perte du pouvoir d'achat des salariés, à la suite du « blocage » intégral des salaires et du beaucoup moins réel blocage des prix décidé en juillet (l'ouverture de la fameuse « parenthèse de la rigueur » qui ne s'est jamais refermée depuis... pour les salariés). Mais la « contrainte extérieure » est trop forte. Au nom du rétablissement de la compétitivité et de l'équilibre de la balance commerciale, et avec pour objectif réel (pour les seuls initiés) de rétablir le taux de profit des entreprises, s'ouvre en 1983 une interminable période de restructuration industrielle, de stagnation du pouvoir d'achat, et de blocage de toute réduction de la durée du travail.

Le tournant de 1992

Début 1992 encore, les socialistes, de Michel Rocard à Pierre Moscovici en passant par la ministre du Travail, Martine Aubry, n'ont que sarcasmes pour la réduction de la durée du travail : seule la croissance, tirée par l'exportation et poussée par l'investissement alimenté par les profits, pourrait créer des emplois. La société en sablier est désormais bien établie dans les têtes.

Le succès des écologistes, Verts et Génération Écologie, lors des élections régionales (14 %), et l'effondrement du PS vont tirer la sonnette d'alarme. Quelques hiérarques socialistes esquissent une timide autocritique. Pendant ce temps, les écologistes, qui n'ont cessé depuis vingt ans de résumer l'essentiel de leur programme social au partage du travail et à la conquête du temps libre, s'allient dans une Entente des écologistes qui va porter la question au cœur de la campagne des élections législatives de 1993.

Presque seuls porteurs de la proposition de réduction de la durée du travail dans le débat politique, les écologistes l'envisagent de deux façons complémentaires :

– une réduction massive, rapide et générale (donc organisée par une loi, ou un accord interprofessionnel, type Grenelle

1936 ou Matignon 1968), à 35 heures dans une première étape ;

– une politique d'encouragement résolu au temps partiel volontaire, partiellement compensé par un « second chèque » versé par l'État aux « volontaires du temps choisi », chèque financé par les économies que leur initiative permet aux ASSEDIC de réaliser.

Cette seconde voie est développée brillamment par notre ami Guy Aznar[2]. En principe comme dans les faits, elle pose le moins de problèmes, puisque toujours fondée sur la base du volontariat. Mais, par définition, on ne peut en prévoir les résultats : ils dépendront de la compensation salariale offerte... et de l'air du temps.

La voie « générale » est, elle, susceptible d'évaluation économétrique. Fin 1992, une étude de l'INSEE pour le « Rapport Brunhes », dans le cadre de la préparation du XIe Plan, évalue l'impact sur l'emploi du passage aux 37 heures hebdomadaires. Surtout, début 1993, une autre étude de l'OFCE teste l'hypothèse des 35 heures. Elles convergent sur deux résultats importants :

– c'est le seul type de mesure à résultat significatif (plus d'un million et demi d'emplois supplémentaires pour une baisse de 10 % de la durée de travail) ;

– ce résultat est fortement sensible au niveau de la compensation salariale.

On le comprend aisément : une baisse des revenus proportionnelle à la baisse des horaires créerait un choc récessionniste. Avant même que soient créés les nouveaux emplois, la consommation des salariés déjà en place « plongerait ». Au contraire, un maintien intégral des revenus mensuels « mordrait » à ce point sur les profits que les employeurs seraient bien en peine de financer la création des postes de travail correspondant à la création d'emplois théoriquement induite. À moins de faire travailler plus de monde sur le même poste : c'est la « réorganisation du travail ». En outre, la compétitivité des firmes de l'Hexagone serait sérieusement affaiblie, et l'emploi en souffrirait. Les Verts l'admettaient et avaient proposé « la

2. Guy Aznar, *Travailler moins pour travailler tous et vivre autrement*, Syros, Paris, 1993.

garantie du maintien du salaire mensuel pour la majorité des salariés», ce que l'on pouvait entendre «jusqu'à la médiane» (qui était alors à 1,8 SMIC), en laissant le salaire des cadres à la négociation de branche et d'entreprise. Ils admettaient aussi une réorganisation du travail, respectueuse toutefois du droit au repos et à la vie de famille[3]!

La magistrale étude de l'OFCE[4] démontre la supériorité absolue de la proposition des écologistes. Elle évalue «en variance» (par différence avec ce qui se passerait «tendanciellement», c'est-à-dire à législation et politique constante), l'effet de diverses mesures proposées à droite, à gauche, et par les écologistes.

Stratégie de droite: *abaisser le coût du travail* pour augmenter les exportations. Cette stratégie est résumée par l'OFCE à une baisse de 1,6 % du pouvoir d'achat du salaire mensuel. Elle créerait effectivement des emplois; les gains en commerce extérieur feraient un petit peu plus que compenser la contraction du marché intérieur. Mais le gain en emplois, au bout de cinq ans, ne se chiffrerait qu'à 50 000 postes «sauvés» (par rapport, répétons-le, à ce qui se passerait «tendanciellement»: une perte de 65 000 emplois de 1994 à 1998).

Se tournant alors vers l'idée du PS, un retour à la croissance par une *relance concertée au niveau européen,* l'étude montre qu'une accélération de 2 % de la croissance ne ferait baisser le chômage que de 0,2 point. Nous n'allons pas développer ce scénario ici, car l'OFCE proposa l'année suivante un scénario encore plus ambitieux, mais à peine plus spectaculaire en termes de création d'emplois: nous y reviendrons dans le dernier chapitre.

---

3. Leur programme, *Les Verts et l'économie,* présenté à la presse le 24 février 1992, avait suscité des commentaires plutôt élogieux jusque dans la presse économique (voir l'article de Delphine Girard dans *La Tribune de l'expansion,* 25 février 1992). La critique la plus intéressante était venue de Paul Fabra (*Le Monde* du 17 mars 1992). Il soulignait que c'est justement la recherche du temps libéré par des gains de productivité qui avait entraîné l'humanité dans un progrès technique sacrifiant la nature. (Paul Fabra avançait en revanche une critique indigne: en préconisant la «mobilisation négociée de la ressource humaine» et la «planification» de la reconversion des industries en déclin, les Verts prôneraient le «cauchemar néo-archéo-marxiste» du travail forcé.)

4. Publiée dans *La lettre de l'OFCE,* n° 112, 3 mars 1993. Un peu tard dans la campagne électorale!

Se tournant enfin vers les propositions des écologistes, et les approuvant de proposer le passage direct aux 35 heures en sautant l'étape des 37 heures, afin de provoquer une véritable réorganisation du travail par les entreprises, jouant par ailleurs sur les paramètres cruciaux (réorganisation du travail et baisse du salaire mensuel), l'OFCE étudie divers scénarios. Sans réorganisation, avec compensation intégrale des salaires jusqu'à 1,8 SMIC, on sauve 1,5 million d'emplois. Avec réorganisation, compensation jusqu'à 1,5 SMIC et baisse des cotisations sociales employeurs (donc avec une certaine « fiscalisation des charges sociales », que proposaient à l'époque les seuls Verts), on crée un million d'emplois supplémentaires !

Préfaçant cette étude *Utopies pour l'emploi,* le président de l'OFCE, Jean-Paul Fitoussi, commente : « Les conditions d'efficacité [du partage du travail] sont si nombreuses, et si peu probables, qu'on doute qu'elles puissent être effectivement réunies. Elles supposent notamment que la société française redevienne soudain plus solidaire[5]. » Les écologistes, ravis de l'aubaine, refusent prudemment d'appuyer le scénario extrémiste qui annonçait pourtant un gain de 2 560 000 emplois. Le maintien des salaires mensuels jusqu'à 1,5 fois le SMIC seulement leur paraît en effet, à eux aussi, insupportable pour les moyens-bas salaires, donc politiquement inacceptable, et leurs débats, dans les entreprises et sur les marchés, lors de la campagne électorale, le leur prouvent jour après jour.

Les écologistes, toutes dissidences confondues, obtiennent finalement environ 11 % des voix. Résultat qui leur aurait assuré, selon la procédure électorale allemande, 50 députés, mais qui se solde, scrutin majoritaire oblige, par zéro député. La porte-parole la plus sociale, Dominique Voynet, manque de peu son élection à Dôle.

Il ne suffit pas d'avoir de bonnes idées, encore faut-il disposer d'une stratégie sociale et politique pour commencer de les

5. Incidemment, dans la même préface, Jean-Paul Fitoussi considère comme également utopique la « coordination monétaire et budgétaire » pour une relance internationale. Il avait pourtant pris parti pour le Traité de Maastricht. Contrainte institutionnelle ? Volonté naïve de « ligoter l'Allemagne » par un traité qui en fait livrait la politique économique française au diktat de la Bundesbank ? Plus tard (trop tard...), Jean-Paul Fitoussi livrera le fond de sa pensée « anti-maastrichienne » et en faveur de la relance (selon des recettes incompatibles avec le Traité, art. 107 par exemple) dans *Le Débat interdit,* Arléa, Paris, 1996.

appliquer. Affaiblis par cet échec subjectif, les écologistes vont s'entre-déchirer jusqu'à une quasi-disparition institutionnelle les années suivantes. Et pourtant...

Le débordement de la semaine de 35 heures

À suivre le débat politique et médiatique sur la question du chômage, il semblerait que les écologistes aient gagné les élections législatives de mars 1993. En tout cas, ils les ont gagnées idéologiquement. De la droite à la gauche, il n'est question, du printemps à l'hiver 1993, que de « partage du travail » et de semaine de 32 heures. Comme l'écrit un sympathique journaliste du magazine *Enjeux* (mars 1995) : « Au cours de la campagne électorale de 1993, le débat est passé des zozos (les écologistes) aux gens sérieux. » Le PS, qui affirmait encore dix-huit mois auparavant que « seule la croissance créerait des emplois[6] », discute doctement du choix entre « les 35 heures tout de suite, sans perte de salaire » ou « les 32 heures avec un petit effort ». Pour une partie de la droite, du RPR Jean-Yves Chamard au libéral Gilles de Robien, la seconde solution est encore la meilleure (alors que, pendant la campagne, Jacques Chirac n'avait pas de mot trop injurieux pour la réduction de la durée de travail).

La généreuse campagne médiatique en faveur de la « semaine de quatre jours », lancée par Pierre Larrouturou à la rentrée 1993, n'a pas peu contribué à ce succès. Les vieux écologistes blanchis sous le harnais de la réduction du temps de travail, tels qu'André Gorz, Guy Aznar ou moi-même, qui dans les années soixante-dix identifiaient bien « réduction du temps de travail » à « temps libéré » (Guy Aznar et le Collectif Adret parlaient alors de *travailler deux heures par jour !*) s'étaient, il est vrai, laissés un peu enfermer, face à la crise, dans la seule logique du partage du travail pour créer des emplois. Radicalisant à nouveau leur démarche, Pierre Larrouturou, fort de sa double casquette professionnelle (ingénieur d'un célèbre

6. Voir mon débat, rétrospectivement comique, avec Pierre Moscovici dans *Le Nouvel Observateur*, 27 février 1992.

cabinet de consultants en organisation du travail) et associative (lobbyiste au service d'ATD-Quart Monde), propulse sur la scène médiatique une idée qui redonne des couleurs au débat : la semaine de 32 heures en quatre jours. Double radicalisation. On pousse encore plus loin l'effet de création d'emplois (quitte à accepter une baisse des salaires même pour les smicards). Et surtout on offre à la revendication un nouvel imaginaire social : trois jours de temps libre par semaine !

Rappelons la proposition très modeste et réaliste de l'Entente des Écologistes (Verts et Génération Écologie). Premier volet : les 35 heures, tout de suite, avec maintien intégral du pouvoir d'achat, garanti pour la majorité des salariés. Second volet : une aide publique importante, « second chèque », aux volontaires du temps partiel. Le fait est là : les écologistes, et en particulier les Verts, comme d'ailleurs leurs alliés économistes et syndicalistes, qui, depuis des années, se battent pour cette solution, se retrouvent alors en queue de peloton dans cet accès de « romantisme social » que constitue la brusque flambée en faveur des « 32 heures tout de suite ». Voyons donc les arguments de ces étranges « gauchistes », brillamment exposés cette année-là par une série d'articles de Guy Aznar dans la revue *Partage*[7].

« Il y a de l'argent à ne savoir qu'en faire »

Pour justifier les 35 heures, ou même, « 32 heures tout de suite sans réduction des revenus » (donc, implicitement : après « second chèque » et impôts), certains nous expliquent d'abord que nous sommes déjà en société d'abondance, que les machines produisent toutes seules, sans travail, qu'en somme il n'y a qu'une crise de la demande. Pour renforcer leur argumentation, les mêmes surestiment souvent (de près du double)[8] les fonds que la société alloue déjà à l'indemnisation

7. Après un an d'utiles polémiques, Guy Aznar et moi avons accordé nos violons dans le numéro 88 de *Partages* (mars-avril 1994).

8. On parle de 400 milliards de francs, alors que le total ASSEDIC +FNE était en 1993 de l'ordre de 210 milliards. Le « manque à gagner » sur les cotisations des chômeurs n'est en aucune manière une somme *disponible* (voir *infra*, l'annexe « Financer les 35 heures par la fiscalité ? »).

du chômage, et qui seraient donc disponibles pour financer le « second chèque[9]. »

Je dois à l'honnêteté de rappeler que les gains de productivité, de l'ordre de 2 ou 3 % par an pour l'ensemble des activités, sont plutôt moins rapides aujourd'hui que pendant les Trente Glorieuses. De plus ces gains de productivité exigent des investissements chaque fois plus coûteux. Enfin, dans nos économies ouvertes, le coût salarial par unité de marchandise produite (en gros : le salaire horaire divisé par la productivité) détermine largement la compétitivité. Bref, les contraintes n'ont pas disparu, hélas !

Oublions ici l'objection de la compétitivité (qui pose en fait toute la question des règles écologiques et sociales sur le libre-échange) : nous y reviendrons dans le dernier chapitre. Concentrons-nous sur la seule question de la capacité d'investir.

Comment peut-on espérer profiter de la réduction de la durée du travail pour créer quelque 2 millions d'emplois, si on ne crée pas les 2 millions de postes correspondants ? C'est là que se focalise la question bizarrement dite du « financement de la réduction de la durée du travail ». Il ne suffit pas que le coût salarial reste inchangé pour l'employeur. Il lui faut investir davantage, tout en payant plus de salariés !

Certes, il y a des installations inemployées. Un moyen d'économiser les investissements, c'est aussi de travailler à plusieurs sur les mêmes postes, par équipes successives. Ce procédé n'est cependant pas indéfiniment extensible. Généraliser les équipes de nuit se heurte, du côté des salariés, à des exigences de santé, de vie familiale. Mais il y a aussi des contraintes du côté de la demande. La plupart des services ne peuvent être délivrés que dans une plage horaire limitée : il est inutile d'ouvrir les supermarchés la nuit. Et une usine qui passe en deux équipes n'est pas assurée d'écouler deux fois plus de marchandises.

On ne peut donc espérer accroître massivement l'emploi... tout en diminuant la capacité des employeurs d'investir. Du moins... celle qu'ils utilisent ! Depuis des années, les firmes

9. Comme le précise Guy Aznar, ce second chèque peut n'être que virtuel, et prendre la forme d'un abattement sur les cotisations sociales.

« autofinancent » très largement leurs investissements, sans recours à l'emprunt, grâce à ce qui reste de leurs profits après versement des intérêts (aux banques), des impôts (à l'État), des dividendes (à leurs actionnaires). Cette « capacité de financement » excède même aujourd'hui leurs investissements : de 17 % en 1993, de 11 % en 1994, de 9 % en 1995 ! Mais si ces mêmes firmes devaient embaucher en masse, il en irait sans doute autrement.

Faut-il pour autant diminuer les salaires en proportion du temps de travail ? Certainement pas. Il existe un quasi-consensus, chez les macroéconomistes spécialistes de la question, selon lequel une compensation salariale reste possible sans compromettre la capacité d'investir des employeurs. Cette expression *(compensation salariale)* doit être précisée. Elle est assez mal choisie : elle implique que le salarié subit un dommage en vendant moins de son temps à son employeur. Mais elle correspond à une réalité. Pour l'employeur, ce qui compte, c'est seulement le salaire horaire : ce qu'il doit payer pour disposer d'une heure du temps de son salarié. Pour le salarié, ce qui compte, c'est le pouvoir d'achat, et donc (inflation mise à part) son salaire mensuel. S'il travaille moins, il « gagne » du temps libre, mais peut-être ne dispose-t-il plus d'assez d'argent pour assurer un pouvoir d'achat qui est déjà trop limité lorsqu'il est payé 39 heures. La *compensation* est donc une hausse du salaire *horaire* qui vient « compenser » la baisse du nombre d'heures travaillées par semaine (39 heures) ou par mois (169 heures). La compensation *intégrale* signifie que, si le temps de travail est par exemple diminué de 10 %, le salaire horaire sera augmenté de 10 % de façon à maintenir le salaire mensuel.

Toute compensation salariale, même très partielle, augmente donc la part du produit du travail qui va aux salariés, dans la « lutte des classes » qui les oppose aux employeurs[10]. Et pourtant, ce que gagne le salarié n'est pas nécessairement perdu par l'employeur.

---

10. Je mets des guillemets à « lutte des classes », car l'employeur peut être une municipalité de gauche, un syndicat, etc. Mais dans le cas d'un employeur capitaliste, il s'agit bel et bien d'une baisse du « taux d'exploitation ».

Comment est-ce possible ? Parce que la réduction de la durée du travail *s'autofinance* largement. D'une part, quand on travaille moins, on peut travailler mieux : la productivité augmente (ce qui d'ailleurs diminue l'effet créateur d'emplois). D'autre part, chaque centaine de milliers de chômeurs en moins, c'est autant de bénéficiaires des ASSEDIC ou du FNE en moins, et autant de cotisants en plus sur *l'ensemble* des caisses de Sécurité sociale. On peut donc diminuer les taux de cotisations sociales, et ainsi augmenter les salaires horaires nets versés aux salariés sans augmenter d'autant le coût salarial. Bref : le « second chèque », cher à Guy Aznar, les employeurs en seront les premiers bénéficiaires, et il est juste qu'ils le répercutent en hausse du salaire horaire net[11] !

Peut-on évaluer cet « autofinancement » de la réduction du temps de travail ? C'est assez compliqué. L'OFCE estime que, suite à la baisse du chômage provoquée par une réduction du temps de travail de 10 %, les seules économies sur les allocations de chômage se chiffrent à 2,5 %. L'extension de la base des cotisations provoquée par l'accroissement de la masse salariale dépend elle-même du niveau de la compensation salariale (nous renvoyons à l'Annexe de cette seconde partie pour un traitement de ce problème). Enfin, combien gagne-t-on par la croissance de la productivité due à la seule baisse de la durée du travail ? Problème encore plus compliqué. Dans le cas d'une baisse très faible de la durée du travail (2 %), on estimait, dans les années quatre-vingt, que la baisse du travail fourni serait moitié moindre (1 %), le reste (1 %) se transformant en hausse de la productivité. Mais aujourd'hui, l'intensité du travail a terriblement augmenté : il n'y a plus guère de pauses à comprimer, et la plupart des travailleurs doivent « sortir en retard » sans que leur soit payé ce temps supplémentaire. C'est encore plus vrai si la réduction du temps de travail est très forte (10 %) : il ne faut sans doute pas en attendre plus de

---

11. L'autre solution, proposée par Guy AZNAR, est que les employeurs maintiennent le salaire horaire, paient les mêmes cotisations, et que la Sécurité sociale et l'UNEDIC reversent ensuite un « second chèque » aux salariés. Un « problème de robinetterie », dit-il. Ce n'est pas exact. Si le salaire horaire n'augmente pas, et si les heures travaillées totales sont réparties sur un plus grand nombre de salariés, alors le total des salaires bruts n'augmente pas, et donc les organismes de Sécurité sociale n'y gagnent rien. *Les économies sur la Sécurité sociale ne s'actualisent que si les salaires horaires, et donc la masse salariale, augmentent vraiment.*

2 à 4 % de gains de productivité. Sauf, bien sûr, si la réorganisation du travail permet de gros gains d'efficacité !

Que l'on mesure bien l'enjeu. Plus les gains de productivité provoqués par la réduction et l'aménagement du temps de travail seront forts (je parle de ces gains-là, et non des gains de productivité dus à l'introduction permanente du progrès technique, qui aurait eu lieu de toute façon, réduction ou pas de la durée du travail !), plus la compensation salariale sera facile, mais plus faible sera l'effet sur l'emploi. Dans plusieurs études (notamment de l'INSEE) qui tablent sur des gains de productivité assez forts, le total de l'autofinancement de la réduction du temps de travail (économies sur les cotisations, plus gains de productivité) sont évalués à 7 % pour une réduction de la durée du travail de 10 %. Ce chiffre est admis par ceux des Verts qui concèdent que, pour une baisse de la durée du travail de 10 % (passage aux 35 heures), la baisse du salaire mensuel pourrait être en moyenne de 3 %. Il est admis par le chantre de la semaine de quatre jours, Pierre Larrouturou, lorsqu'il propose, pour une baisse de la durée du travail de 18 % (passage aux 32 heures), une baisse moyenne du salaire mensuel de 5 %.

En revanche, l'étude de l'OFCE est plus prudente sur les gains de productivité possibles. Elle est donc plus « rigoriste » sur la compensation salariale, et symétriquement plus optimiste sur les emplois créés. Cela, bien sûr, en admettant qu'il ne faut pas « rogner » la capacité d'investir des entreprises.

Pour ma part, je considère aujourd'hui que, les entreprises n'utilisant pas cette capacité pour investir (voir plus haut), il est légitime de leur demander de « contribuer » à la compensation salariale. Je m'en tiens donc à l'idée que, pour une baisse de 10 % de la durée du travail, le salaire horaire devrait augmenter en moyenne de 7 % (et même de 10 % pour les bas et moyens salaires). C'est-à-dire que le salaire mensuel serait maintenu pour les bas et moyens salaires, de telle sorte qu'il ne baisse en moyenne que de 3 %.

« Et c'est quoi, les moyens salaires ? » Eh bien, on en discutera plus loin.

« Le mot partage, c'est misérabiliste »

Guy Aznar, dans ses écrits, a mille fois raison de souligner les avantages hédonistes de la réduction de la durée du travail : du temps pour vivre autrement ! Nos contemporains étant ce qu'ils sont, il est en effet prudent d'en appeler à leur intérêt bien compris. Et nous avons dit, en introduction de ce chapitre, que la réduction « par bloc » de la durée du travail signifie avant tout : du temps libre pour une meilleure qualité de vie. Le mot « partage » réduirait cette idée à une simple solidarité à l'égard des plus mal lotis.

Et pourtant, je demeure persuadé que l'on ne peut s'en tenir à une argumentation exclusivement individualiste. On doit défendre la réduction de la durée du travail au nom de deux autres raisons au moins : au nom de la responsabilité écologiste à l'égard de la nature et des générations futures, et au nom de la *solidarité,* donc du *partage.* Les écologistes, entre autres, tout comme Dominique Méda, sont pour le partage des emplois et des richesses (et donc de l'insertion sociale !), comme ils sont pour le partage du pouvoir. Rien là de misérabiliste, mais une haute conception de notre commune humanité. Je suis pour le partage, c'est-à-dire contre l'exclusion, non parce que ce que j'ai (emploi et argent) est rare, mais parce que rien n'est pour moi jouissance dont je saurais que l'autre se trouve durablement exclu.

Cette dernière valeur (la solidarité, le partage) n'est sans doute pas propre aux socialistes utopistes du XIXe siècle ni aux écologistes d'aujourd'hui. Elle est, depuis bien avant Spartacus et Jésus-Christ, au cœur de l'espérance humaine de transformation sociale. Or, je crains fort que, sans une remontée des valeurs de solidarité dans l'opinion publique, la seule prise en compte du droit de chacun à la paresse ne suffise pas à convaincre tout le monde de la nécessité de prendre des mesures d'urgence pour éradiquer l'exclusion. Mais je souhaite un plein succès à l'argumentation de Guy Aznar !

Quel est donc l'obstacle au triomphe du droit à la paresse ? Évidemment, l'impossibilité de financer le partage du travail et la création d'emplois sans faire participer un peu certains salariés : la « perte d'horaire » non compensée (c'est-à-dire, si on suit ma proposition : 3 % de baisse du revenu en moyenne pour une baisse de la durée du travail de 10 %). Et c'est là que l'Entente des Écologistes proposait une mesure « misérabiliste » (selon Guy Aznar) : *le maintien intégral du revenu mensuel* pour la moitié des salariés qui gagnent le moins, puis une réduction d'abord imperceptible et progressivement de plus en plus forte vers les hauts salaires (ce qui, incidemment, ne provoque rigoureusement aucun effet de seuil). Trois ans après, je serais plus « optimiste » : l'actuelle rentabilité des entreprises permet à mon avis le maintien intégral du revenu jusqu'au double du SMIC au moins.

En tout cas, dans ce livre, il y a une raison tout simplement théorique pour parler de « partage » et non simplement de « réduction ». C'est que, je l'ai dit, une réduction *insuffisante* de la durée du travail ne réduit pas le chômage, elle ne fait que ralentir sa progression. Ainsi donc, quand je parlerai de *partage,* je voudrai toujours dire : réduction du temps de travail suffisamment rapide et massive pour qu'elle enclenche un « partage » du total des heures travaillées sur *un plus grand nombre* de travailleurs.

« Toutes les entreprises n'ont pas les mêmes moyens »

Il est exact que toutes les entreprises ne sont pas logées à la même enseigne face au partage du travail. Il y a un problème pour les employeurs qui n'ont que des bas salaires, dont la réduction de la durée du travail serait donc intégralement compensée. Ces employeurs devraient donc supporter une hausse importante de leur coût salarial. Or, ils constituent la grande masse des petites et moyennes entreprises de province. L'équilibre proposé par l'Entente des Écologistes était purement macroéconomique.

Sur ce point, la réponse ancienne des Verts a été depuis largement reprise à droite comme à gauche : une réforme du financement de la protection sociale visant à diminuer les cotisations sociales sur les bas salaires[12]. Nous examinerons dans la troisième partie la proposition de transférer une grande

12. Cette réforme n'avait pu être intégrée au programme de l'Entente des Écologistes, par suite de l'opposition de l'ex-ministre giscardien Lionel Stoléru, devenu cette année-là gourou économique de Génération Écologie, et qui s'opposait à toute augmentation des impôts.

partie de ces cotisations à la fiscalité générale (TVA et impôt sur le revenu), afin de faire contribuer également tous les revenus, y compris ceux de la propriété du capital (dividendes, intérêts des SICAV, loyers, marges commerciales, etc.), dont les exemptions fiscales devraient être annulées. La nouvelle baisse des taux de cotisation sociale qui en résulterait (encore un « second chèque » !) profiterait essentiellement aux entreprises de main-d'œuvre, et leur permettrait d'absorber la hausse de 10 % des salaires horaires nets. Bref, il s'agit de financer la hausse des bas salaires horaires par un prélèvement sur les revenus rentiers et sur les profits des entreprises très capitalistiques ou « de matière grise ».

« Les 35 heures : ringard »

Ici, la critique touche juste. Une des raisons du succès médiatique de « la semaine de quatre jours » de Pierre Larrouturou, c'est qu'elle mobilise astucieusement un nouvel imaginaire social, alors que « les 35 heures » s'en tiennent à un vieil imaginaire syndical. Je ne suis pas sûr que la semaine de quatre jours soit toujours le meilleur imaginaire possible (par rapport à « un mois de vacances supplémentaires » par exemple). Mais il doit en tout cas être bien clair que, lorsque l'on en parle dans ce livre, comme dans les revendications des syndicats ou des mouvements de chômeurs, comme d'ailleurs dans les calculs des économètres, « le passage aux 35 heures » n'est qu'une concrétisation possible de la « réduction de 10 % du temps de travail ». Et cette baisse de 10 % du temps de travail devrait pouvoir se concrétiser sous les modalités les plus diverses (y compris : « Une année sabbatique tous les dix ans »), à négocier entreprise par entreprise, voire poste par poste.

Il est probable que la réduction par bloc d'au moins une journée sera la solution majoritairement demandée (elle est évidemment possible avec quatre jours de huit heures trois quarts). Mais elle ne règle pas le problème des cadres, qui doivent vraiment prendre du champ, partir en vacances, pour que leurs supérieurs hiérarchiques, ou leur propre obsession d'être irremplaçables, les « lâchent » un peu. Elle ne réglera pas le problème des enseignants et des chercheurs, qui doivent plutôt envisager une année sabbatique. L'essentiel est que le temps libéré constitue de véritables « blocs » de temps libre, sans que soit outrageusement accrue la durée du travail certaines semaines (ce qui risque d'être le cas avec la revendication patronale d'annualisation).

A droite et à gauche : le sabotage d'une grande idée

Laissons les écologistes ajuster leur argumentation, et tournons-nous à présent vers ce phénomène totalement imprévu qu'a constitué, à l'automne 1993, l'offensive parlementaire d'une partie de la nouvelle majorité de droite (Jean-Yves Chamard, Gilles de Robien) en faveur des 32 heures. Comment expliquer cette générosité et que conclure de ce qui est finalement sorti des débats parlementaires ?

L'idée d'une réduction massive, rapide, et générale de la durée du travail est devenue majoritaire dans l'opinion publique au début de 1993. C'est le résultat de trois facteurs : la poussée des écologistes, qui en avaient fait un cheval de bataille auquel s'était rallié un PS en désarroi, la montée du chômage « alors qu'on avait tout essayé », et enfin la validation par un faisceau d'expertises macroéconomiques (rapport INSEE-Brunhes pour le XIe Plan, évaluation de l'OFCE). Cerise sur le gâteau : l'intervention de Pierre Larrouturou. D'où le ralliement d'une partie de la droite à l'idée d'un passage aux 32 heures librement choisi, au niveau de l'entreprise (et non pas individuellement, comme le « temps partiel choisi »). Cette option expérimentale serait incitée par l'État, grâce à un abattement sur les cotisations sociales.

On retrouve là comme l'écho de « l'autofinancement » de la réduction d'horaire présenté dans les pages qui précédent. Problème : la cohérence macroéconomique du projet que nous venons de présenter ne se matérialise que si la réduction de la durée du travail est effectivement *générale*. La large compensation salariale (c'est-à-dire le fait que la baisse des salaires soit beaucoup plus faible que la baisse du temps de travail), condition *indispensable* de l'acceptation de la mesure par les salariés, est en effet financée par les gains de productivité engendrés par la réduction elle-même *et* par les économies de cotisations sociales, fortes et *durables*, dues à la création massive d'emplois. En outre, la création d'emplois n'a aucune raison d'avoir lieu dans les firmes mêmes qui réduisent leurs horaires : certaines embaucheront plus, d'autres licencieront moins, d'autres se créeront (voir l'encadré ci-contre). Tous ces effets macroéconomiques disparaissent si la réduction de la durée du travail s'effectue en ordre dispersé, entreprise par entreprise. L'idée de ces expérimentateurs de la droite est en quelque sorte « d'internaliser » cet effet, c'est-à-dire de mettre

FAUT-IL OBLIGER LES FIRMES QUI RÉDUISENT LE TEMPS DE TRAVAIL A EMBAUCHER ?

L'idée qu'il faut contraindre les entreprises qui réduisent le temps de travail à embaucher, surtout si elles bénéficient pour cela d'une compensation (sous forme d'abattement sur les cotisations sociales ou d'un « second chèque »), n'est pas le monopole de l'amendement Larcher. On la retrouve aussi chez les partisans les plus durs de la réduction du temps de travail, dans la gauche syndicale ou le mouvement *Agir ensemble contre le Chômage ! (AC !)*. Dans sa variante extrême (le mouvement *Un travail pour chacun* de Jacques Nikonoff), elle conduit à prôner l'embauche obligatoire, d'office, d'un salarié nouveau pour dix salariés, les entreprises recherchant ensuite ce qu'elles peuvent faire de ces employés supplémentaires : par exemple... réduire le temps de travail.

Chez les syndicalistes, cette revendication traduit souvent l'écœurement de voir les entreprises supprimer des emplois malgré des avantages fiscaux sans cesse croissants depuis vingt ans. Il s'agit surtout d'une expérience concrète et amère : une fois le temps de travail réduit, on oblige les salariés à faire la même chose en moins de temps, à « intensifier le travail ». La lutte pour la désintensification du travail, aux dires de certains économistes et ergonomes, serait d'ailleurs à la fois une mesure de santé publique... et de partage du travail, qui créerait des centaines de milliers d'emploi. Mais il s'agit d'un objectif de lutte capillaire, entreprise par entreprise : aucune loi cadre ne pourra « désintensifier le travail ». C'est même la réduction préalable du chômage (par réduction du temps de travail) qui, en améliorant le rapport de forces des salariés, leur permettra ultérieurement d'imposer la réduction de l'intensité du travail.

Mais il y a un autre argument. Il faut chasser de notre tête l'idée qu'une réduction de la durée du travail, même uniforme (le passage national aux 35 heures) aboutirait à une création uniforme artificiellement, par un abattement des charges sociales, l'entreprise qui choisit la réduction du temps de travail dans la situation qui serait celle où toutes les autres entreprises en feraient autant.

Prenant le relais de l'initiative Chamard à l'Assemblée nationale, l'amendement de Gérard Larcher proposé au vote du Sénat, en se limitant à une expérimentation microéconomique des 32 heures, esquisse cette logique... mais la casse immédiatement. Il prévoit explicitement, et *pour les seules entreprises qui embaucheraient,* une réduction *limitée dans le temps* des

---

d'emplois dans toutes les entreprises. Tout dépend en fait de ce qu'est la dynamique propre de chaque entreprise. Certaines embaucheront un peu plus qu'elles ne l'auraient fait, certaines ne licencieront pas alors qu'elles l'auraient fait, certaines licencieront... moins. Et surtout d'autres entreprises se créeront.

Il faut ici rappeler la réalité trop méconnue de la « démographie des emplois ». Chaque année, en moyenne de 1984 à 1992, l'ensemble des entreprises qui ont continué à exister d'une année sur l'autre ont supprimé 6,3 % de l'emploi total, et en ont recréé par ailleurs 6,7 %. Mais ce n'est qu'une partie minoritaire du mouvement incessant de création-destruction d'emplois. Parallèlement, les entreprises qui disparaissaient entraînaient dans leur chute 7 % de l'emploi et celles qui se créaient en engendraient 7,2 % ! (*Emploi : le défi français,* Mc Kinsey & Cie, mars 1995).

Cette remarque répond d'ailleurs à une objection courante : « Mais la réduction de 10 % de la durée du travail ne peut pas créer un emploi dans une entreprise de moins de dix personnes ! » Non. Mais elle laisse de la place pour une dixième entreprise. Chacun peut l'observer autour de soi. Dans un quartier, il y a par exemple dix salons de coiffure, de 4 ou 5 coiffeurs/coiffeuses. Chaque année, un salon ferme, et il est presque aussitôt repris. Ce qui signifie qu'il y a place pour un peu moins de dix salons. Si le temps de travail diminue de 10 % sur l'ensemble de ces salons, peut-être quelques « temps partiels » seront-ils embauchés dans quelques salons, mais il est plus probable que le nombre des salons se stabilisera autour de onze.

D'ailleurs, dans les années soixante-dix, à l'époque de la grande baisse du temps de travail effectif (de 52 heures en 1968 pour les ouvriers à 40 heures en 1978), la Direction de la prévision avait fait une enquête sur les toutes petites entreprises de travaux public qui assurent l'entretien des routes départementales. On a constaté que la plupart avaient réagi en prenant en charge un kilométrage plus réduit, laissant de nouvelles entreprises s'installer sur le marché.

cotisations sociales, et *sans* fixer d'obligation de restituer le montant de cette réduction aux salariés. Or, très peu d'entreprises pourront se lancer dans une vaste opération de réaménagement des horaires pour une expérience limitée dans le temps, très peu de salariés accepteront une forte baisse du salaire mensuel... sauf pour éviter les licenciements, ce qui est exclu par l'obligation d'embauche.

Mais l'amendement Larcher, c'est encore trop. Les productivistes de droite et de gauche se déchaînent alors contre cette ébauche de « passage à l'acte ». Le même Jean-Paul Fitoussi de l'OFCE qui, six mois auparavant, reconnaissait l'efficacité économique mais condamnait l'utopisme social du partage du travail, découvrant avec stupeur que le partage du travail n'a plus rien de socialement utopique, s'empresse d'en contester l'efficacité économique. Les lobbys patronaux s'activent. Finalement, c'est un amendement Fourcade-Larcher encore édulcoré qui est adopté par les deux chambres sous la forme de l'article 39 de la Loi quinquennale pour l'emploi (loi Giraud). Aux conditions déjà très restrictives de Larcher, il en ajoute une autre : compter la réduction de la durée de travail sur l'ensemble de l'année. Or, l'annualisation du temps de travail accroît très fortement la productivité, puisqu'il revient à supprimer les heures de travail en basse saison où l'intensité du travail est la plus faible, pour faire travailler davantage le personnel permanent en haute saison... sans embauche de personnel supplémentaire. En sorte qu'il sera rarissime qu'une firme qui diminue le temps de travail de 18 %, mais en l'annualisant simultanément, ait besoin d'embaucher 10 % de personnel supplémentaire.

Bref, trois ans après, la droite pourra tirer le bilan de l'expérience : quasi nul. C'est un « vaccin anti-partage » qui a été voté. Dommage pour les chômeurs. Dommage pour la société. Pierre Larrouturou lui-même refusa de reconnaître un tel avorton, le PCF et le PS votèrent contre l'amendement. Nous verrons cependant plus loin comment les deux idées débattues en 1993 (internalisation de l'autofinancement, et annualisation) seront retravaillées en 1995-1996. En mai 1996, l'article 39 sera amendé par des conditions un peu moins rédhibitoires (prolongeant notamment la durée des avantages en matière de cotisations sociales).

Pendant ce temps, le PS est traversé par un débat fort instructif. Alors que Michel Rocard et Laurent Fabius esquissent une prise de position en faveur d'une forte réduction de la durée du travail (32 heures), non compensée intégralement pour les hauts salaires, ils se heurtent à une vive opposition des partisans d'une réduction de la durée de travail plus limitée, sans baisse de revenus pour personne. Si Henri Emmanuelli et Marie-Noëlle Lienemann parlent encore de 35 heures, mais sans réduction de salaire pour personne, l'économiste spécialiste de la question le plus influent auprès du PS, Dominique Taddei, avoue crûment que, la compensation intégrale pour tout le monde étant politiquement obligatoire, on ne peut aller au-delà des 37 heures, ce qui sauverait « seulement » 600 à 800 000 emplois. Au moins, Dominique Taddei est-il un vrai partisan de la réduction de la durée du travail, mais par sa prise de position il ouvre une porte de sortie aux adversaires cachés de cette réduction. Elle sera poussée par Lionel Jospin, deux ans plus tard.

Le Parti socialiste entame ainsi un débat entre une position maximaliste n'engageant pas à grand chose deux ex-Premiers ministres qui, en leur temps, n'avaient rien fait de la sorte, et une position classique de défense des salariés ayant un emploi, et tous niveaux de salaires confondus, mais nettement moins ambitieuse quant à la lutte contre le chômage !

La réduction du temps de travail à l'échelle de l'entreprise

L'année 1993 est aussi marquée par une poussée d'expériences de réduction collective (c'est-à-dire entreprise par entreprise) de la durée du travail. Ce mouvement s'inscrit dans une tendance plus générale de la société à accepter le partage du travail comme arme anti-chômage : il rejoint la « boîte à outils » standard de la gestion du personnel. En fait, il prend deux formes très différentes.

La réduction « défensive » de la durée du travail. Le cas de l'entreprise Potain est typique de cette démarche. Face à la récession dans sa branche (Potain fabrique des grues pour construire les immeubles de grande hauteur), la réduction du temps de travail pour tous devient l'alternative logique au licenciement de quelques-uns. Pas question de compensation salariale généreuse : la situation de la firme, par définition en crise, ne le permet pas. Et, comme la mesure n'est pas générale, pas question de récupérer sous forme de baisse des charges sociales les « économies sur le chômage » qui ne se produisent pas dans le reste de l'économie. Pas question de bénéficier de l'article 39 de la loi quinquennale, puisque l'entreprise ne peut pas embaucher[13]. Bref, les salariés acceptent en fait, sinon un « partage du chômage », du moins un « partage du licenciement ». Ce qui prouve leur sens de la solidarité et leur sagesse stratégique.

Mais cette sagesse leur coûte cher tactiquement. Ils acceptent une baisse de leur salaire. Si, la crise s'aggravant, les licenciements deviennent nécessaires, ils toucheront des indemnités chômage diminuées. Or, pour une entreprise comme Potain, entraînée dans le cycle de la crise immobilière, l'approfondissement des difficultés est inévitable : il faudra au fil des années accepter quelques dizaines de licenciements. Ce qui prouve encore une fois l'erreur de ceux qui exigent une embauche réelle en contrepartie du partage du travail : pour les entreprises et les branches entraînées dans un mouvement long de réduction du volume d'heures travaillées, cette exigence est intenable et absurde. Dans le « cas Potain », il aurait été légitime d'accorder une aide inconditionnelle financée par les économies réalisées par les ASSEDIC grâce aux licenciements évités.

La réduction offensive de la durée du travail. Le cas d'école de 1993 est cette fois Hewlett-Packard à Grenoble (mais aussi Schneider, Bouhyer, etc.), et celui de 1996 est l'usine Philips au Mans. Un établissement de haute technologie, inséré dans un groupe multinational, négocie une réduction considérable de la durée hebdomadaire du travail (passage à 32 heures, et même à 24 heures pour les équipes « V.S.D. ») avec réduction négligeable du salaire mensuel en échange d'une utilisation totale de ses équipements (sept jours sur sept, 24 heures sur 24). Et il se retrouve plus compétitif que l'établissement concurrent en Asie ! Mais ce conte de fée est soumis à d'étroites conditions :

13. Les accords Potain et Hewlett-Packard ont d'ailleurs précédé le vote de la loi.

– l'amortissement des machines doit être l'élément déterminant du prix de revient. Dans le cas de Philips au Mans, le temps d'utilisation des machines passe de 1 600 heures à 2 570 heures, soit 62 % de réduction du coût en machine par unité produite ;

– la question des débouchés ne se pose pas. Il s'agit d'un « petit » atelier (500 personnes dans les deux cas) desservant un groupe mondial.

Si ces deux conditions sont réunies, l'effet est spectaculaire. Philips embauche au moins 400 personnes, dont 50 pour compenser le partage du travail et 350 pour occuper les postes créés. L'entreprise peut donc bénéficier du très exigeant article 39, encore amélioré par la loi Robien de 1996 : un pur et simple « effet d'aubaine » dont ni Hewlett-Packard ni Philips n'avaient réellement besoin. Quant aux salariées, elles vivent plutôt bien le travail de nuit à temps très partiel : « On n'a plus l'impression de travailler », nous confiera une syndicaliste de Hewlett-Packard.

Bilan de 1993... une hausse de la durée du travail !

Tout compte fait, l'année 1993 se solde par de très importantes avancées idéologiques des partisans du partage du travail :

– il y a un large consensus chez les experts et dans l'opinion en faveur du principe même de la réduction de la durée du travail comme outil principal de lutte contre le chômage (non exclusif d'autres voies) ;

– il y a une majorité de l'opinion (mais pas encore assez nette) pour aller jusqu'à accepter une certaine baisse du revenu si cette mesure permet de diminuer significativement le chômage (ou, au niveau d'une entreprise isolée : quand elle évite les licenciements).

Le débat se cristallise donc sur la compensation salariale. Étant donné que tout le monde (sauf les intéressés !) est d'accord pour rogner les revenus improductifs de la propriété, étant donné que les travaux macroéconomiques soulignent l'importance de ne pas rogner les profits du capital productif pour lui laisser compétitivité et capacité d'investir, il faut bien poser la question d'une certaine baisse de pouvoir d'achat pour les salariés les mieux payés.

À côté de ce débat, non dénué, on va le voir, de « contenu de classe », il faut tout de même rappeler la sombre réalité de l'année 1993 : une année de rallongement de la durée du travail. Par la prolifération des heures supplémentaires d'abord : heures souvent non déclarées, non compensées, voire non-payées. Mais surtout par l'inversion de la tendance historique à la réduction de la durée du travail sur l'ensemble de la vie active, du côté de l'âge de départ en retraite.

Cette inversion avait été préparée dès le gouvernement de Michel Rocard par le *Livre blanc sur les retraites*. Il proposait l'allongement progressif à 42 ans de la durée de cotisation[14]. Mais seul Édouard Balladur osera mettre en œuvre cette stratégie désastreuse, en plein été 1993, en se limitant à un objectif de 40 ans de cotisations et pour les seuls travailleurs du secteur privé.

Au rythme d'un trimestre par an, c'est un quart de promotion qui retarde chaque année sa sortie du travail, retardant du même coup l'entrée des demandeurs d'emploi. Soit environ 200 000 chômeurs de plus par an, en comptant l'effet récessif induit. Car ces chômeurs sont souvent des jeunes non indemnisés, qui se substituent à des retraités indemnisés...

L'alternative à cette politique de Gribouille est évidemment d'assumer pleinement la réalité arithmétique : si l'on travaille moins et si la durée de vie augmente, la part des revenus d'activité qui sert à financer la vie inactive doit naturellement augmenter, et indéfiniment. On peut retourner le problème dans tous les sens, appeler « capitalisation » une hausse des retenues sur salaire, remplacer des retraités financièrement autonomes par des jeunes chômeurs à la charge de leurs parents, le résultat est le même. Alors mieux vaut embaucher des jeunes... et leur faire payer des cotisations retraites plus élevées, le principe de répartition étant de loin le plus solidaire et le plus sûr. Nous y reviendrons dans la troisième partie.

---

14. *Demain, les retraites. Un contrat entre les générations*, préface de Michel Rocard, Gallimard, coll. « Folio-Actuel », Paris, 1991.

5

Quatre-vingt-quatorze : les enjeux se précisent

La reprise mondiale, gonflée par la baisse drastique des taux d'intérêt aux États-Unis et l'expansion de l'Asie, avait flamboyé en 1993, sans toucher les rivages de l'Europe corsetée par les « critères de convergence » de Maastricht. En 1994, elle semble enfin mollement toucher la France. Et dès lors on s'inquiète. Ne va-t-on pas retomber dans l'erreur historique, confessée par Michel Rocard, des « Trois petites glorieuses » de la fin des années quatre-vingt : compter sur cette reprise cyclique pour assurer le retour à l'emploi, oublier la réduction du temps de travail ? À l'époque, 800 000 emplois créés n'avaient fait baisser le chômage que d'un point, avant le retour de la récession.

Eh bien, pas vraiment. La reprise, qui comme d'habitude relance la combativité des salariés, se traduit pour la première fois par une vague de grèves autant orientées vers l'emploi que vers le salaire. Enfin, un seuil semble avoir été franchi : le chômage, parce qu'il touche maintenant toutes les familles, toutes les classes sociales, s'est durablement établi comme le problème économique, social, culturel, éthique et écologique de notre temps.

Certes, la reprise, si elle est convenablement orientée pour rester « soutenable », du point de vue du commerce extérieur comme du point de vue de l'environnement, serait un auxiliaire puissant de la lutte contre le chômage. Par ses effets directs de création d'emplois d'abord (comme en 1989-1991).

Ensuite parce que, réduisant la crise fiscale de l'État et gonflant les profits déjà confortables de firmes, elle permettrait de financer les deux autres « grands chantiers » possibles : le développement d'un tiers secteur d'utilité sociale, et surtout la réduction du temps du travail.

Quatre projets d'alliance sociale

En fait, sur ce front le débat s'est plutôt cristallisé depuis l'hiver 1993. Chez les tenants du productivisme, le refus persiste à droite mais aussi à gauche. Le mouvement de Jean-Pierre Chevènement fustige la « semaine des quatre jeudis »[1], une partie du PCF fulmine contre ceux qui persistent à « partager le travail » alors qu'il faut en créer en « relançant la croissance ». Et chez les partisans, verbaux ou sincères, de la réduction de la durée du travail quatre positions s'affrontent.

1. La position traditionnelle des syndicats et de la « vieille gauche » : *les 35 heures, sans aucune diminution du salaire.* Il s'agit plutôt d'un vestige de position, trace de l'heureuse époque de la « société en montgolfière », du fordisme, où les avantages sociaux s'élevaient progressivement avec le temps. Elle exprime la résistance des forces syndicales exaspérées par quinze ans de sermons appelant les « nantis » (d'un emploi) aux « sacrifices » en faveur des exclus. Mais en fait elle n'est jamais mise en avant spontanément ni par la CGT, ni par FO, ni par le PCF, qui font toujours campagne pour des hausses de salaires. Cette position est l'une des positions possibles pour le « segment 2 » de la société en sablier, celui qui est encore « au-dessus du col du sablier », protégé provisoirement de l'exclusion mais déjà menacé par la précarité. Elle est évidemment inacceptable par le patronat, car elle représente une très forte hausse du coût salarial.

2. La position la plus généreuse pour les exclus : *les 32 heures tout de suite, avec baisse réaliste des salaires, même les bas salaires.* Elle aurait certainement l'impact le plus fort sur le chômage. Elle est très logiquement défendue par ceux qui

1. *La lettre de la République moderne*, n° 72, octobre 1993. L'éditorial est en fait signé de Didier Motchane.

militent pour les exclus et les précaires, le bas de la société en sablier, comme ATD Quart-Monde, et tout un secteur chrétien de gauche. Position très estimable, mais sociologiquement peu réaliste. Elle ne peut recueillir de soutien dans les syndicats de salariés, et ne peut espérer que des miettes expérimentales de la part de la droite, comme on l'a vu en 1993.

3. La position réaliste « procadres » : subordination de la réduction de la durée du travail à la croissance ultérieure de la productivité, soit : *les 37 heures tout de suite, les 35 heures plus tard.* Cette position de simple « réduction » de la durée du travail sans véritable partage vise à ne pas diviser un *bloc salarial, de l'OS à l'ingénieur,* c'est-à-dire de la classe ouvrière à la nouvelle petite bourgeoisie, tout en s'abstenant de diminuer les revenus du capital. Elle se résigne à un effet modeste sur le chômage et l'exclusion, donc se préoccupe modérément des exclus. Elle représente l'alliance entre le milieu et le haut de la société en sablier.

4. La position réaliste « proexclus » des écologistes : *les 35 heures tout de suite, avec maintien du revenu mensuel garanti aux bas et moyens salaires.* Elle apparaît comme un compromis économiquement tenable et sociologiquement (donc politiquement) jouable. Elle ne réduit que très légèrement les profits du capital « productif » (les entreprises), mais nettement plus (par le biais de la réforme fiscale) les revenus « improductifs » du capital financier ou rentier. Elle ne présente que des avantages pour les chômeurs, les précaires et pour la moitié, essentiellement féminine, des salariés la plus exploitée, *bloc des victimes directes* de la « société en sablier », au-delà duquel elle cherche à rallier les couches moyennes en leur proposant la conquête du temps libre et... des cités avec moins de chômage et d'exclusion.

Comme on le voit, les différentes solutions représentent des projets sociaux différents. Pour utiliser de gros mots « archaïques », il s'agit même de projets de « compromis de classes » différents : entre les quatre segments du salariat dans la société en sablier (les classes moyennes salariées, les travailleurs stables, les précaires, les exclus), entre ceux-ci et les divers aspects du capitalisme (entrepreneurial et financier). Et encore plus précisément, ces projets se différencient à la fois par les intérêts «objectifs» qu'ils avantagent, ménagent ou rognent plus ou moins (revenus, stabilité de l'emploi, temps libre), mais aussi par l'image qu'ils essaient de promouvoir de ce que serait une «bonne» vie en société, de ce qui compte le plus. Bref, et pour employer un encore plus gros mot, il s'agit d'une lutte pour conquérir la majorité culturelle, une lutte pour «l'hégémonie», c'est-à-dire pour réunir un regroupement de catégories sociales disparates autour de buts justifiant des compromis.

L'analyse de la société en sablier permet d'identifier qui aurait un intérêt «objectif» à telle ou telle proposition. Cela ne veut pas dire que chacun comprenne ce qu'il aurait vraiment à en gagner, et nous examinerons plus loin les difficultés de l'adhésion à un compromis, même chez ceux pour qui il serait favorable. En tout cas, le tableau des intérêts que je viens de dresser devient de plus en plus clair tout au long de l'année 1994 pour les différentes forces politiques.

Le jeu des forces politiques

L'année 1994 enregistre en effet trois grandes évolutions.

1. La disparition presque totale de la «position 2» (32 heures avec baisse des salaires pour tous). Généreuse et économiquement réaliste (à ce dernier titre, elle avait trouvé un soutien dans la droite «humaniste»), elle était politiquement irréaliste, puisqu'elle se privait de tout soutien chez les bas salaires. Cette disparition provisoire s'accompagne d'une victoire écrasante de la forme «semaine de quatre jours» (de 8 heures trois quarts éventuellement... si l'on s'en tient aux 35 heures). 75 % des sondés de l'enquête citée de l'IFEAS sur la métallurgie parisienne la plébiscitent, contre 59 % pour les jours de congés supplémentaires, 46 % pour une retraite anticipée et... 37 % pour des journées plus courtes. Ce qui confirme encore une fois qu'à travers la réduction de la durée de travail, on ne recherche pas seulement «moins de fatigue» (comme autrefois) mais surtout «du temps vraiment libre».

2. Le retour du PS, sous l'égide d'Emmanuelli parvenu au secrétariat général, à une vieille tradition «molletiste» : discours très radical anticapitaliste, positionnement électoral centriste,

soit : « Delors président et les 35 heures, sans baisse du salaire. » Contradiction dans les termes ? Non : il suffit de penser « Delors tout de suite, les 35 heures un jour ! »

3. Et surtout, au sein des collectifs *Agir ensemble contre le chômage !*, et dans la fraternité de la marche des chômeurs vers Paris, des quatre coins de la France, au printemps 1994 : la confrontation entre les positions 1 et 4.

La position 4 (35 heures avec maintien des bas et moyens salaires) fut essentiellement défendue par les collectifs de chômeurs (comme le Mouvement national des chômeurs et précaires), les écologistes, une partie de la gauche syndicale. La position 1 (35 heures tout de suite sans aucune diminution du salaire) fut défendue avec talent par la LCR et une autre partie de la gauche syndicale. Sans trop caricaturer, l'argumentation de ces derniers est en gros : « Les patrons peuvent payer. Ou, s'ils ne peuvent pas payer, on peut les y aider en taxant davantage les rentiers. Et même si un jour nous devons reconnaître qu'ils ne peuvent pas tous, et pas tout payer, ce n'est pas la peine de nous diviser en anticipant les compromis que nous aurons à faire avec eux. »

Le problème de ce dernier argument, c'est qu'il se rapproche dangereusement de la position Emmanuelli. Car, de fait, ou bien il pose d'emblée un droit au double discours (« Pour le moment nous refusons toute baisse du revenu des classes moyennes, mais si un jour la question devient d'actualité.... »), ou bien il subordonne la lutte contre l'exclusion à la défense du revenu des classes moyennes et renvoie donc les 35 heures aux calendes grecques. Telle était en effet la position de fond d'Henri Emmanuelli et d'une majorité des cadres du PS. Lors d'un débat dans le cadre de l'*Humanité Dimanche* entre Henri Emmanuelli, André Lajoinie et moi, je me risquai à citer le chiffre de 30 000 francs au-delà duquel, croyais-je, aucun de mes interlocuteurs ne songerait à garantir le maintien intégral du salaire. André Lajoinie acquiesça, mais Henri Emmanuelli chipota : « Oh ! Mais le cadre à 30 000 francs qui vit à Paris, s'il possède son appartement et si sa femme est médecin, il s'en tire. Mais sinon... » En réalité, derrière les poussées verbales en faveur des « 35 heures sans réduction de salaire », se cachait déjà le ralliement futur de Lionel Jospin à la position «prudente» de Dominique Taddei: «On ne touche pas aux salaires, aucun. Quelle est alors la réduction du temps de travail supportable pour les entreprises? 37 heures. Cela ne crée que 800 000 emplois? Tant pis.»

On n'en est que plus surpris de retrouver cette position de défense de la hiérarchie des salaires chez une extrême gauche que l'on s'était habitué à voir défendre les augmentations de salaire non hiérarchisées (« 1 500 francs pour tous»). Or, qu'est-ce qu'une compensation salariale, sinon une augmentation de salaire horaire? Une position du type «compensation salariale uniforme»[2] aurait permis à la gauche syndicale de s'unifier sans peine avec les écologistes. Cette priorité aux classes moyennes est d'autant plus choquante que ces mêmes militants n'hésitent pas (à juste titre) à prôner la stricte limitation des heures supplémentaires. Mais alors, on amputererait sans remords de plus de 10 % les revenus d'un smicard travaillant 43 heures par semaine (donc 4 heures supplémentaires sur 39), et il faudrait se battre pour le maintien intégral des 60 000 francs du commandant de bord d'un Boeing 747 dont on réduirait le temps de vol de 10 %[3]!

Mais le problème est plus profond. Pour l'extrême gauche, tout gain salarial au sein de «l'affrontement capital-travail» est bon à prendre. Or, les exclus ne font pas partie (hélas pour eux) du rapport capital-travail, et la «nouvelle petite bourgeoisie» reçoit ses revenus sous forme de salaire. Dès lors, un accord «capital-salariés» pour les 35 heures sans diminution de salaire pourrait très bien se faire... à condition de fermer les établissements les moins productifs, de diminuer les frais de protection sociale et les réglementations de défense de l'environnement. Ce fut en gros la politique du *boom* thatchérien, tiré par les hauts salaires.

En face, les écologistes, et en particulier les Verts, qui pour la première fois s'engagent collectivement sur le terrain social, se présentent d'abord en vaillants petits soldats du partage du travail et des revenus. Étant bien d'accord qu'il faut commen-

2. Par exemple: maintien du salaire *horaire* antérieur malgré la baisse de 10 % du temps de travail uniforme, plus prime mensuelle de 1 200 francs pour tous, ce qui *augmenterait* les salaires *mensuels* jusqu'à 12 000 francs et les réduirait ensuite très progressivement.

3. Rappelons que les heures supplémentaires sont surpayées (en théorie).

cer par « faire payer » les revenus de la propriété pour financer la réduction du temps de travail, ils se séparent de l'extrême gauche en ne garantissant le maintien des salaires mensuels que « pour la moitié des salariés les moins payés ». Or, cette moitié gagne 8 545 francs net en 1995 (1,7 SMIC). Ce qui peut être relativement confortable en province est très insuffisant en Ile-de-France : la différence des salaires Paris-province, de l'ordre de 40 %, est beaucoup plus importante que la différence hommes-femmes, de l'ordre de 25 %[4]. Le sondage sur la métallurgie francilienne montre qu'une certaine perte de salaire mensuel lors du passage aux 35 heures n'est acceptée majoritairement qu'à partir de 12 000 francs par mois, ce qui est juste le niveau moyen de revenu des ménages d'ouvriers qualifiés dans cette région.

Surtout, alors que les Verts se proposent d'augmenter le SMIC horaire pour garantir les bas et moyens salaires, tout en laissant les hauts salaires à la négociation, ils apparaissent comme se battant d'abord pour la baisse des hauts (et pourquoi pas des moyens) salaires. Or, quel que soit leur souci de la Nature et du tiers-monde, ils ne font certes pas de la baisse des hauts salaires un objectif en soi ! Simplement, conscients qu'une hausse générale du salaire horaire pourrait ruiner bon nombre d'entreprises, ils cherchent à « limiter la casse » en garantissant les seuls bas salaires. Encore faut-il diminuer le coût de ces salaires pour les industries de main-d'œuvre, en fiscalisant les cotisations sociales.

Tout le monde à *AC!* étant donc déjà d'accord pour une réforme fiscale faisant payer notamment les charges de la protection sociale à l'ensemble des revenus, il faut bien trouver un compromis sur la question des hauts salaires. C'est la formule : « Les 35 heures, avec maintien du niveau de vie pour tous les travailleurs. » Comme tous les compromis diplomatiques, cette formule permet de travailler ensemble sur l'essentiel, en

4. Cette différence est largement due à la prépondérance des cadres en Ile-de-France, mais cette présence pèse sur le coût de la vie, même pour les ouvriers. Sur l'ensemble des ménages, le revenu annuel moyen est de 193 000 francs en Ile-de-France, 137 000 francs dans les autres régions. En fait, un ménage dont le « chef » est ouvrier qualifié gagne 145 000 francs par an en Ile-de-France,125 000 dans les autres régions. On voit tout de suite le problème, même si on place la « barre » à 12 000 francs par mois. Remarquons par ailleurs que le salaire médian se rapproche du SMIC depuis le début des années 90.

différant par un artifice de vocabulaire le règlement des questions qui divisent. Chacun peut en effet rester sur sa position en mettant des choses différentes derrière les mots.

– Derrière le mot «travailleurs», on peut bien sûr entendre «tous les salariés», de la caissière de supermarché à mi-temps au directeur général d'Alcatel. On peut aussi entendre «travailleur» au sens ancien, plus sociologique : les ouvriers et les employés, par opposition aux «cadres», même «moyens». Cette distinction fut inscrite, et à la demande des syndicats, lors de la refondation du système de Sécurité sociale, dans la notion de «plafond de la Sécurité sociale». Ceux qui gagnent plus relèvent d'un régime complémentaire, l'AGIRC. Le plafond de la Sécurité sociale est actuellement à 13 600 francs brut (un peu plus de 10 000 francs net) : une zone-limite dont nous verrons qu'elle joue un rôle sociologique et psychologique très net.

– Derrière les mots «maintien du niveau de vie», on peut entendre tout simplement «maintien des salaires». Mais on peut tout aussi bien entendre le niveau de vie réel, tel que les statisticiens par exemple l'entendent quand ils l'assimilent au «revenu disponible par unité de consommation des ménages». «Revenu disponible» signifie en effet : après impôts et allocations diverses de la Sécurité sociale, ce qui ouvrait la voie à tous les mécanismes de «second chèque» imaginables. Et la référence aux «unités de consommation» vise le fait que dans chaque ménage il peut y avoir plusieurs revenus... et plusieurs consommateurs. Or c'est le rapport entre le nombre d'unités de consommation[5] et le revenu disponible total du ménage qui détermine bien le «niveau de vie du ménage». De nos jours, la plupart des ménages abritent des «grands enfants» qui, jusqu'à 25 ans, ne trouvant pas d'emploi stable, ne peuvent pas quitter le nid parental. Une réduction massive de la durée du travail, qui diviserait par deux le nombre des chômeurs, diminuerait d'autant la probabilité d'avoir un chômeur dans chaque ménage. Qu'importe alors si le salaire individuel de chaque actif du ménage est légèrement diminué ? En moyenne, le niveau de vie du ménage augmente parce qu'il y a un chômeur de moins à charge.

5. Voir l'encadré du chapitre 2, p. 82, sur les unités de consommation.

Bref, le « compromis diplomatique » (qui sera repris tel quel dans la campagne présidentielle de Dominique Voynet) permet aux positions 1 et 4 de coexister, dans un contexte où l'essentiel est de faire prévaloir le principe même d'une forte réduction de la durée du travail. Mais la référence implicite au revenu disponible (après impôts et second chèque) permet même d'envisager un nouveau pas en avant : se rallier au mot d'ordre « 35 heures sans réduction des salaires pour tous »... tout en se réservant la possibilité de récupérer par l'impôt, pour les « rendre » aux entreprises qui auraient des difficultés, les largesses que celles-ci auraient concédées à leurs cadres (selon une application inversée de la logique du second chèque).

Cette proposition sera repoussée par les Verts, sur recommandation de leur commission économique, mais l'exercice vaut d'être tenté. Il est reproduit en annexe de la seconde partie, afin de permettre au lecteur de ce livre de mesurer les contraintes de la « tuyauterie sociale », selon le joli mot de Guy Aznar. Il apparaît en effet techniquement possible de « financer la réduction du temps de travail par l'impôt », c'est-à-dire de passer aux 35 heures sans réduction de salaire et sans nuire à la compétitivité ni à la capacité de financement des entreprises, grâce à une réforme fiscale. Il suffit pour cela de transférer quelque 150 milliards de francs de cotisations sociales employeurs vers l'impôt. Mais, même si on prélève 15 % supplémentaires sur les revenus du capital financier, même si on ponctionne 50 milliards sur les consommations d'énergie *via* une écotaxe anti-CO_2 qui serait répercutée sur les prix, il faut encore augmenter l'impôt sur le revenu de 33 %, et de 50 % si l'introduction de l'écotaxe se fait à prix constants (c'est-à-dire à la charge des entreprises) !

Bref, une force politique n'a rien à gagner à renvoyer sur l'État, *via* l'impôt, la redistribution des coûts salariaux : c'est elle qui prendrait tous les coups en assumant le transfert de la poche des classes moyennes salariées vers celles des employeurs. Mieux vaut s'en tenir aux règles d'une société pluraliste. Il est normal que les syndicats exigent les plus hauts salaires possibles, normal que les employeurs résistent. Le rôle d'une force politique luttant pour la solidarité est de protéger les exclus et les bas salaires... en laissant les autres négocier entre eux !

Encore faut-il avoir privilégié l'alliance des exclus et des exploités. Le problème des « classes moyennes salariées », qui constituent le gros de l'électorat écologiste et socialiste, n'en reste pas moins brûlant. Nous allons y revenir.

Échec à la brésilianisation : le retrait du « SMIC-jeunes »

Mais l'année 1994, c'est avant tout l'échec d'une tentative incroyablement brutale de « réduction du coût du travail » : le projet de contrat d'insertion professionnelle, dit « SMIC-jeunes ». Comme plus tard le plan Juppé, ce projet provoque un soulèvement quasi unanime de la jeunesse, soutenu par les parents.

La victoire magnifique de la jeunesse face au projet du CIP ne peut évidemment cacher, surtout aux yeux des jeunes, que le problème du chômage reste entier. Ce qui a scandalisé les jeunes est hautement significatif d'une certaine attitude des élites françaises (patronat et gouvernements) face au problème de l'emploi. D'abord, le *déclassement généralisé du capital humain* : après avoir anéanti, chez des centaines de milliers d'ouvriers « restructurés » des années quatre-vingt, un savoir-faire industriel irremplaçable, on a tenté de convaincre les jeunes que « rien » ou « bac professionnel + 2 », cela valait aussi peu. Incroyable maladresse qui a soudé dans la rue les « déjà exclus » et les « futurs déclassés ». Mais maladresse redoublée par l'évaluation de cette valeur : 80 % du SMIC. Soit explicitement *au-dessous de ce qui est officiellement reconnu comme « salaire minimum »* pour vivre normalement en France. Or les jeunes bacheliers sont généralement majeurs, et attendent la fin de leurs études pour « se mettre en ménage ». On leur déclare : « Maintenant, c'est fini, vous resterez chez vos parents, ou vivrez nettement en dessous de la norme de consommation européenne minimale. »

Pour justifier ce double scandale, le gouvernement répète : « Il faut bien trouver un emploi pour 750 000 jeunes. » Mais ou bien il veut dire : « Cette mesure permet seulement *d'insérer* 750 000 jeunes », et alors il faut licencier (à volume d'emplois égal) 750 000 « anciens » ; ou bien il veut dire « Cette mesure créera 750 000 emplois *supplémentaires* », et dans ce cas on peut se demander pourquoi privilégier les jeunes par rapport aux trois millions et demi de chômeurs, dont un million et demi de longue durée, les stagiaires et RMIstes, les femmes découragées de s'inscrire à l'ANPE... toutes gens qui, de plus, ont souvent charge de famille !

Les deux faces du CIP

Envisageons d'abord la seconde hypothèse : une baisse massive du prix du travail, même qualifié, se répercutant nécessairement (par concurrence sur le marché du travail) à une large fraction du salariat, peut-elle créer des emplois ? C'est implicitement évoquer le diagnostic patronal : « Coût salarial excessif. » Ce diagnostic ne peut plus guère se justifier par des questions de rentabilité : depuis 1991, la rentabilité est revenue au niveau de 1972, avant la crise, et le problème est plutôt du côté de la demande. On ne peut guère plus invoquer la « contrainte extérieure » : la balance commerciale française est maintenant régulièrement excédentaire de plus de 50 milliards de francs par an. Bref, derrière ce faux diagnostic se cache un projet démentiel : aller concurrencer les nouveaux pays industrialisés sur leur propre terrain. Et le CIP en serait la première concrétisation ; d'où l'amertume du gouvernement qui, malgré les dénégations du patronat, maintient que c'était une de ses revendications.

Et en effet : 80 % du SMIC, soit 4 000 francs par mois, représente un peu moins de 4 dollars de l'heure, c'est-à-dire à peu près le salaire de l'ouvrier coréen et du technicien de l'aéronautique brésilienne. L'affaire devient sérieuse ! En 1993, l'OFCE calculait qu'une baisse de 2,8 % du coût salarial au niveau du SMIC rapporterait 50 000 emplois au bout de cinq ans. Le CIP frappait sept fois plus fort. Mais pouvait-on en espérer 350 000 emplois (sept fois plus) ? Même pas ! La formidable déstabilisation de la norme de consommation française, la « brésilianisation » de la France qui en résulteraient, provoqueraient d'abord, outre un chaos social, un nouvel affaissement du marché intérieur, que ne compenseraient pas les parts de marché grappillées à l'extérieur. La France, comme le monde entier, souffre aujourd'hui d'une crise de la demande, et Édouard Balladur le sait bien, lui qui... paie les consommateurs à acheter des automobiles. Cette pratique devrait bien se généraliser, si les patrons parvenaient à payer les jeunes techniciens supérieurs comme des Brésiliens !

Voyons maintenant la première hypothèse, celle-là bien explicite : « l'insertion ». Offrir sur le marché du travail des jeunes jusqu'au niveau Bac+2, à un salaire surcompétitif pendant deux ans, signifie probablement que presque tous ces jeunes trouveront un emploi. Mais comme aucune mesure pour l'accroissement de l'emploi total n'est prônée par ailleurs, le CIP s'inscrit dans la longue lignée de ces primes à l'embauche d'une catégorie particulière de chômeurs, après les SIVP, « Exo-jeunes », contrats de retour à l'emploi, etc. Or, les quelque 900 000 « stages d'insertion à la vie professionnelle » accordés n'avaient contribué finalement à créer que 30 000 emplois : les autres avaient remplacé... des travailleurs normalement payés ! Un tract d'*Écolo-J* (les jeunes écologistes, devenus aujourd'hui le mouvement *Chiche !*) brocarde avec humour cette intelligente politique : *Papa ! j'ai trouvé un emploi : le tien...* Michel Rocard reprendra plus tard l'argument : ce genre de mesure ne fait que « changer l'ordre dans la file d'attente ».

Que les deux faces du projet du CIP aient pu être confondues dans le même slogan « abaisser le coût du travail » nous conduit à explorer de plus près cet argument, qui constitue l'essentiel de la politique de l'emploi du libéralisme.

Abaisser le coût du travail ?

Nous avons déjà critiqué la médiocrité des résultats que l'on peut attendre de cette politique, sous l'angle macroéconomique : la société en sablier souffre essentiellement d'un déficit du pouvoir d'achat pour la majorité des travailleurs et des exclus. Cependant les arguments microéconomiques en faveur de la réduction du coût du travail méritent d'être pris en considération. Ils ne sont pas tous négligeables.

La France est aujourd'hui ce qu'elle est : une nation économiquement très développée, mais qui a choisi la voie néotaylorienne. Elle subit de plein fouet la concurrence des pays où le travail est globalement plus qualifié, et celle des pays déjà industrialisés selon des principes tayloriens, mais où le coût du travail est bien moins élevé. D'où l'urgence de la « révolution anti-taylorienne » invoquée au chapitre 3. Mais cela prendra du temps pendant lequel la question du coût du travail peu qualifié restera entière. Même pour les activités tournées vers le marché intérieur, il y a un problème de coût : certains services (de proximité, par exemple) ne peuvent être offerts parce qu'ils reviendraient trop cher à l'usager.

Il est donc légitime, dans ces deux types de postes, de chercher à diminuer le coût du travail, sans épouser pour autant les arguments des « Diafoirus du coût salarial »[6]. Il n'est pas question de diminuer le pouvoir d'achat des travailleurs, mais le coût, pour l'employeur, des postes qu'ils occupent. La solution est évidente : les subventionner ou, ce qui revient au même, diminuer les charges sociales attachées à ces postes. Cette solution est *légitime*, elle répond même à un défaut particulier de notre système de financement de la protection sociale. Celle-ci, depuis la Libération, repose en effet sur des cotisations versées par l'employeur, proportionnelles au salaire net. Et même : jusqu'au début des années quatre-vingt, ces cotisations étaient plafonnées. Les bas salaires cotisaient donc relativement plus que les hauts salaires !

Dans les années quatre-vingt, on a progressivement supprimé ce plafonnement. Puis, à partir de 1993, on a commencé à diminuer les cotisations au voisinage du SMIC. Ce basculement a été étudié au chapitre 2 : il va dans le bon sens, en introduisant une certaine progressivité dans les cotisations sociales. Je proposerai, dans la troisième partie, d'aller encore plus loin, en reportant certaines cotisations sociales vers l'impôt (progressif) sur le revenu.

Ce que l'on peut reprocher actuellement aux diminutions de charges sociales pour les bas salaires, c'est qu'elles introduisent des effets de seuil : le taux des cotisations patronales augmente

---

6. Je vise ceux qui, tel Fabrice HATEM (*Libération*, 9 novembre 1995), traitent les partisans de la réduction de la durée du travail de « docteurs en rationnement » et rêvent de concurrencer la Chine, où le coût salarial est trente fois moins élevé. Le problème de la concurrence du tiers-monde est un vrai problème sur lequel nous reviendrons. Mais, pour Fabrice HATEM, il s'agit essentiellement de mettre en cause le coût de la protection sociale, ce qui d'ailleurs ne nous permettrait de parcourir qu'un quinzième du chemin qui nous sépare de la Chine. Outre l'horreur du résultat social d'une telle mesure (suppression des retraites, de l'assurance maladie, etc.), la modestie relative de la « baisse du coût salarial » proposée vaut aveu de ce qu'il existe, Dieu merci, d'autres protections contre l'invasion des produits chinois.

d'un coup aux limites de 1,2 ou 1,5 fois le SMIC. Il s'agit d'un défaut technique, qui peut être aisément réparé. Le Rapport Bruhnes et l'étude OFCE cités au début du chapitre 4 proposent une solution simple, élégante, sans effet de seuil : une franchise de cotisation patronale sur les premiers 1 000 francs de tous les salaires mensuels, compensée évidemment par une hausse des taux. Ainsi l'employeur d'un salarié au niveau du SMIC paierait quelque 20 % de charges sociales en moins, et cette diminution s'estomperait progressivement jusqu'aux très hauts salaires. Aucun salaire net ne changerait. Selon les études citées, cette simple réforme technique (une ligne de plus dans les ordinateurs) sauverait des dizaines de milliers d'emplois.

Tout autre est la politique qui consiste à diminuer, non le coût d'un poste, mais celui d'une catégorie particulière de salariés, qui viendra se substituer à d'autres salariés « non détaxés ». Changer l'ordre dans la file d'attente du chômage peut à la rigueur se justifier si l'on pense qu'il est dangereux de rester trop longtemps au chômage. Mais c'est une bien piètre politique : on tire sur le radeau le chômeur qui se noie, pour lui permettre de reprendre son souffle, on en rejette un autre à l'eau pour faire de la place, et on attend la prochaine rotation...

C'est malheureusement l'absurde politique qui tend à se généraliser sous le gouvernement Juppé. D'abord le contrat d'initiative emploi, extrêmement avantageux pour les employeurs, ruineux pour les finances publiques, et, comme toujours, sans grand effet au total sur l'emploi[7]. Mais l'escalade continue avec les « franchises géographiques » : des quartiers, toute la Corse se voient promus aux premières places sur la file d'attente !

Selon un rapport de la Délégation interministérielle à la ville[8], la politique des zones franches dans les quartiers coûterait 1,2 milliard de francs par an pour 2 000 emplois créés : près de 600 000 francs par poste, alors que le coût d'un chômeur est de 50 000 francs par an (effectivement versés, en moyenne

---

7. Le CIE offre un abattement de 40 % de charges sociales pendant deux ans. Les entreprises se ruent sur l'aubaine : 8 000 par semaine !

8. *Le Monde*, 9 mai 1996.

par les ASSEDIC). Certes, il s'agit de revitaliser des zones en déshérence. Mais ne confond-on pas alors deux problèmes : la création d'un nouveau secteur de services subventionnés (le tiers secteur, dont nous parlerons dans la troisième partie) et l'aide aux entreprises « normales » ?

Cette question, en 1996, finira par inquiéter même la droite. Cette année-là, les exonérations de charges patronales auront coûté 36,6 milliards de francs, les CRE, les CIE et autres quelque 12 milliards de francs[9]... Il y a là, sinon un trésor caché, du moins une cagnotte qui serait certes mieux utilisée à financer la réduction générale de la durée du travail.

---

9. *Le Monde*, 19 mai 1996.

6

De l'élection présidentielle au mouvement de décembre

L'année 1995 ressemblera beaucoup à l'année 1993 : une défaite politique sérieuse des partisans du partage du travail, une nouvelle victoire écrasante de la droite, puis, les problèmes restant entiers, un retour en force de la question du temps de travail. Mais cette fois le retour en force prendra une ampleur magnifique : le grand mouvement social de novembre-décembre. On retrouvera donc en fin d'année et au début de 1996 le débat sur les formes institutionnelles expérimentales du partage du travail, que l'amendement Fourcade-Larcher semblait avoir « planté » en 1993.

Le désastre de la présidentielle

Fin 1994, deux hommes étaient assurés de courir la finale de l'élection présidentielle : Édouard Balladur et Jacques Delors. Tous deux avaient exercé de hautes responsabilités, tous deux s'étaient opposés à la réduction de la durée du travail. Édouard Balladur, en 1993, avait téléguidé le sabotage de l'initiative des « gauchistes de la droite » lors de l'affaire de l'amendement Chamard-Larcher-Fourcade, et avait discrètement rallongé la durée du travail sur la durée de cycle de vie des travailleurs du privé. Quant à l'espoir de la gauche, Jacques Delors, il avait, treize ans plus tôt, profité de la « parenthèse de la rigueur » pour tordre le cou à la semaine des 35 heures. Et voici qu'à la fin de 1994 il renonce à assurer la bataille contre la droite, tout en livrant un passionnant livre-testament[1].

À côté de très sages recommandations d'inspiration sociale-chrétienne que partagent nombre d'écologistes, le livre est d'une insigne faiblesse au chapitre du chômage. Alors qu'il s'étend complaisamment sur les miracles futurs des « autoroutes de l'information », trois ou quatre pages évoquent un « changement du rapport au travail », une multiplicité de types de réaménagement du travail sur l'ensemble de la vie, et même (une fois) le « partage du travail et des revenus » (et il est vrai que Jacques Delors s'étend longuement et avec raison sur la politique des revenus). Pas une seule indication chiffrée n'est proposée sur la *réduction* du nombre d'heures travaillées. On frémit à l'idée de ce qu'aurait été une campagne Delors...

En fait, l'affrontement tourne vite à un duel Chirac-Jospin. Et c'est la surprise Chirac : la reprise par le candidat de droite, pendant la durée d'une campagne, de l'hymne à la relance économique par la hausse des salaires, comme au bon vieux temps du fordisme, de la société en montgolfière ! Le populisme de droite à la latino-américaine s'affirme pour la première fois en France, et il gagne son élection... pour trahir aussitôt tous ses engagements, à la colère générale.

Dans le camp progressiste, la voie est libre en principe pour la reprise de l'initiative sur le partage du travail dont la société est grosse. Eh bien, pas du tout. Les candidats communistes, orthodoxe et trotskiste, Robert Hue et Arlette Laguiller, entonnent le couplet traditionnel de la relance par une forte hausse de salaire. Arlette Laguiller va jusqu'à critiquer, dans sa profession de foi, ceux qui « dispersent les revendications » en parlant d'autre chose que « 1 500 francs de plus pour tous » (« pour tous »... enfin, pour ceux qui ont un emploi !). Elle vise évidemment Dominique Voynet. La candidate écologiste a rassemblé derrière elle une coalition des Verts, des débris de Génération Écologie que le ralliement de Brice Lalonde à la droite a fait éclater, de dissidents du PCF et même du Mouvement des

1. Jacques Delors, *L'Unité d'un homme. Entretiens avec Dominique Wolton*, Odile Jacob, Paris, 1994.

citoyens, de militants de la solidarité et de la gauche syndicale, bref, tout l'arc de force qui milite dans Agir ensemble contre le chômage ! Elle reconduit donc logiquement dans sa campagne le compromis déjà établi au cours de l'année précédente (« les 35 heures avec maintien du niveau de vie de tous les travailleurs »). Il n'y a plus qu'à attendre la position de Lionel Jospin, ce qui traîne un peu.

Le couperet tombe : le candidat socialiste renonce aux « 35 heures ». L'espérance des forces de gauche et des écologistes depuis vingt ans est abandonnée au profit d'un précautionneux « 37 heures » financé par « les gains de productivité *à venir* », c'est-à-dire sans réduire le chômage existant ! Cinq millions de chômeurs déclarés, ou dépérissant dans les stages-parking, ou n'osant même plus s'inscrire au chômage, peuvent désespérer d'un Parti socialiste qui sera passé des 35 heures en 1977 aux 37 heures... en 1997.

Pourquoi ce choix de Lionel Jospin ? Bien sûr : une forte réduction de la durée du travail pose la question du partage du revenu national. Toute compensation salariale (toute hausse du salaire horaire) implique un repartage en faveur des salariés. Mais il ne faut pas toucher à la capacité d'investir des entreprises, pour créer ces fameux emplois ! Qui peut alors payer ? Ceux qui ont profité des septennats Mitterrand, c'est-à-dire les revenus financiers et les cadres supérieurs.

Faire cotiser les « gagnants » des années 1983-1995 à la solidarité suppose une large fiscalisation des cotisations sociales (après réforme de l'impôt sur le revenu, abolissant les privilèges des revenus financiers) et une dégressivité de la hausse du salaire horaire. Le choix timide de 37 heures « financées par les gains de productivité ultérieurs » s'explique exclusivement par là : contourner la question de la contribution des hauts revenus au financement du partage du travail, ne pas toucher au revenu des classes moyennes supérieures, base électorale jugée essentielle pour le PS. La déchirure de la société en sablier révélée par le référendum sur Maastricht, l'abandon des exclus et des bas salaires, sont ainsi ratifiés. Les écologistes et les partisans de la transformation sociale font le choix inverse : ravauder le tissu social. Cela passe par un nouveau compromis avec les classes moyennes : le choix du temps libéré et de la paix sociale, contre une certaine érosion de leur revenu après impôts.

Le score du premier tour est désastreux. Lionel Jospin se retrouve tout juste en tête devant deux gros candidats et demi de la droite : Chirac, Balladur et Le Pen. La candidate du partage du travail fait sept fois moins que lui, presque deux fois moins qu'Arlette Laguiller, presque trois fois moins que Robert Hue. Le score, comme la campagne, a totalement marginalisé l'intérêt des chômeurs et exclus : ils s'en sont aperçus, et ils ont donné la plus grosse part de leurs voix à Le Pen, quand ils ne se sont pas abstenus.

Cet échec doit être relativisé. Il s'agit d'abord d'une défaite politique de l'écologie, et non d'une condamnation de la réduction de la durée du travail (en votant pour Jospin, l'électeur « empochait » au moins les 37 heures). La défaite de Dominique Voynet n'est elle-même que relative : dans une élection infiniment plus défavorable que l'élection européenne de 1994, elle obtient plus de voix que n'en ont obtenues Marianne Isler-Béguin ou Brice Lalonde, marquant ainsi une ébauche de reconstruction après l'effondrement de l'écologie politique sous le coup de ses propres divisions les deux années précédentes. D'ailleurs, jusqu'aux derniers jours, les médias nationaux n'ont abordé la candidature Voynet que sous l'angle des dissidences Waechter et Lalonde, qui n'étaient plus défendues par personne : jamais le contenu de ses propositions ne fut débattu.

Mais il faut aller au fond des choses. La poussée de la « priorité au salaire » derrière Chirac, Hue et Laguiller correspondait bien à l'infinie lassitude du secteur médian de la société en sablier, après quinze ans de sacrifices inutiles. « Puisque les patrons ne veulent rien entendre, alors allons-y ! 1 500 francs pour tous, on ne les aura jamais, mais on n'a pas eu non plus les 35 heures ! » Un vote de rage, pas un projet pour sortir de la société en sablier. Par ailleurs, le vote ultrapolarisé de la présidentielle implique de ne froisser personne : or tout partage du travail implique le partage des revenus (entre capitalistes et salariés, entre capitalistes, entre salariés, entre les inclus et les exclus). Les grands candidats, comme d'habitude, avaient choisi de ne rien demander à personne. Ils n'offraient donc rien à la société. Le mouvement de novembre-décembre, « troisième tour social » mille fois évoqué, était inévitable.

Le tremblement de terre de novembre-décembre

Les grands mouvements sociaux sont semblables aux tremblements de terre : ils expriment des tensions trop longtemps contenues, ils indiquent des lignes de faille. Et les mouvements de la surface sont parfois plus spectaculaires là où le terrain est plus favorable, même loin de l'épicentre. Et là, ils se remarquent davantage par le basculement des superstructures que par les déplacements de terrain. Porté ou soutenu par des millions d'hommes et de femmes qui refusaient l'allongement de leur vie de travail, le mouvement de décembre 1995 fut représenté par des chefs syndicaux qui défendaient leur contrôle sur la Caisse nationale d'assurance maladie.

Mais les mouvements sociaux présentent aussi de très grandes différences avec la géologie. Ce sont des mouvements de femmes et d'hommes de plus en plus conscients de ce qu'ils veulent. Ce devrait être alors la responsabilité des forces politiques que d'aider le mouvement à exprimer ce qu'il porte en lui, à ne pas se perdre dans les sables. À s'unifier sur des contenus profonds.

Le mouvement de décembre 1995 n'est probablement qu'une première secousse traduisant les exaspérations accumulées depuis les années quatre-vingt. Essentiellement : la déchirure sociale née de la précarisation, du chômage et de l'exclusion, ainsi que le rejet d'élites trop technocratiques qui, sous des prétextes divers, ont conduit la société dans l'impasse.

Mais ce n'est pas sur la ligne de faille, entre banlieues marginalisées et cités en proie à la désindustrialisation, qu'elle s'est exprimée. La secousse est venue du secteur (encore) le mieux garanti du salariat, celui qui avait encore les moyens de lutter et déjà le sentiment d'un statut en sursis. Le prétexte en fut le « plan Juppé », mais, dans le « refus du plan Juppé », il n'y avait pas tant les trois pages détaillées de la réforme de l'Assurance maladie que les trois lignes promettant d'allonger la durée de cotisations pour la retraite. C'est-à-dire : le renouvellement, dans le secteur public, de la manœuvre réussie par Édouard Balladur contre le secteur privé, en août 1993. Et même les quelques lignes positives de ces trois pages (le timide élargissement de l'assiette des cotisations sociales) furent lues dans le contexte d'infâmes projets de réformes de la fiscalité au profit des plus riches : la suppression des 20 % d'abattement sur le revenu déclaré des salariés[2]. Et il y avait encore dans le même sac les nouvelles menaces sur les services publics : statut des Télécom, contrat SNCF...

En fait, ce fut la revanche du débat frustré de la présidentielle. Au hasard des interviews, on découvrait que nombre des animateurs du mouvement, des cheminots de la Gare du Nord aux signataires de « l'appel Bourdieu », avaient voté Voynet. Rappelons-nous, quand Robert Hue et Arlette Laguiller proposaient *leur* mot d'ordre unificateur : la hausse des salaires ! De salaires, il ne fut pas dit un mot dans ce mouvement. On reparla beaucoup de service public, et surtout on reparla du temps de travail. Mais en termes renouvelés.

D'abord, la réduction du temps de travail sur *l'ensemble du cycle de vie* est revenue au premier plan. Non que la durée hebdomadaire soit oubliée : la semaine de quatre jours est au contraire au pinacle ! Mais le lien entre temps libre pour les uns et emploi pour les autres est infiniment plus concret dans le débat sur la retraite : « Pourquoi me faire travailler plus longtemps quand mes enfants sont au chômage ? » Infiniment plus concret en tout cas que dans le débat sur la réduction hebdomadaire (ou annuelle, ou même par congés sabbatiques) de la durée du travail.

J'ai évoqué cet argument « familial » à propos du « maintien du niveau de vie » : s'il y a deux fois moins de chômeurs, il y en a deux fois moins dans chaque ménage *en moyenne*, et cela compense l'éventuelle et légère diminution du salaire mensuel. Oui, mais ce raisonnement n'est que statistique : certaines familles risquent de perdre un peu de revenu, sans rien y gagner d'autre que du temps libre (quand même !). Un jour, le maire écologiste d'une commune de Provence me raconta qu'un de ses agents lui avait demandé de retarder son départ

2. Nous discuterons cette proposition au chapitre 11.

à la retraite : il devait subvenir aux besoins de son fils au chômage. « Mais prends ta retraite et j'embauche ton fils ! », lui dit le maire. Un tel « court-circuit » du partage du travail est rarement possible. Chez les travailleurs du secteur public toutefois, il devient très probable : près de la moitié des enseignants, des cheminots ou des agents de la RATP ont eux-mêmes des parents dans la même profession, chez le même employeur ! Dans ce cas « d'endogamie », le départ à la retraite des parents conditionne presque directement le rythme d'embauche des enfants.

Mais le grand mérite du mouvement de décembre, celui qui entraîna le soutien de la grande majorité de la population, ce fut le tournant dans la psychologie sociale. Pour la première fois, une régression sociale déjà ratifiée, intériorisée par les forces de la gauche traditionnelle (en particulier le PS), le passage aux 40 ans de cotisations, est remise en question (et elle l'a été à Renault-Flins dès la fin novembre). Le pire n'est plus une fatalité.

C'est peut-être justement pour cela que ce point de convergence, d'unification (la bataille du temps libre, pour souder exclus et salariés, public et privé), qui se devinait au début de la troisième semaine, a été rejeté par les « grandes forces organisées » qui ont préféré le mot d'ordre *Retrait du plan Juppé.* Or, si le *Non au plan Juppé* avait au début valeur de mythe unificateur, sa transformation en objectif formel, la troisième semaine, après la victoire du secteur public sur les retraites, prenait une signification plus précise : remplacement de Juppé et refus de la réforme de l'assurance maladie. Ni l'un ni l'autre n'avaient un sens clairement progressiste, ni l'un ni l'autre ne donnaient un but positif susceptible d'attirer le secteur privé dans la lutte. Il n'y entra pas, et cette « première secousse tellurique » se perdit dans les sables.

Le retour du bricolage institutionnel

La secousse a pourtant été rude, et, comme en 1993, à l'époque de l'amendement Chamard-Larcher-Fourcade, le débat « enterré » par la campagne électorale reprend sur le terrain social et même institutionnel. Les réductions, offensives ou défensives, du temps du travail se multiplient sur les entreprises[3].

En fait, dès l'été 1995, se manifeste la tension interne à la CFDT, qui va pousser à l'extrême l'opposition entre la direction confédérale, conduite par Nicole Notat (elle approuvera le plan Juppé), et une partie de sa base (celle qui, à la faveur du mouvement de décembre, se constituera en tendance CFDT en lutte ou fondera des syndicats SUD). Au congrès de Montpellier, un amendement majoritaire impose la ligne des « 32 heures garanties par une loi-cadre » à la direction confédérale qui, depuis deux décennies, ne jurait que par la négociation de branche, voire entreprise par entreprise, de la réduction du temps de travail. Automatiquement, le mouvement *AC !* se rallie au mot d'ordre des 32 heures, rejoint en cela par les Verts dans l'enthousiasme du mouvement de décembre.

Ajustement sans grande portée puisque la question des rythmes n'est plus précisée. Depuis longtemps, les écologistes par exemple disaient « les 35 heures tout de suite, les 30 à la fin du siècle ». La fin du siècle approchant dangereusement, et les syndicats allemands ayant provisoirement renoncé à descendre au-dessous des 35 heures, l'affichage des 32 heures sans délais précis ne correspond pas à une avancée réelle du débat et peut même traduire une certaine prudence (35 heures tout de suite, 32 heures en 2001 !). En fait, ce n'est qu'une façon de réaffirmer l'urgence d'un partage *massif* du travail et l'intérêt de la semaine de quatre jours.

Mais c'est du côté institutionnel que les choses sérieuses se passent à la fin de 1995. En fait, c'est la reprise du débat autour de l'amendement Chamard-Larcher-Fourcade. Si celui-ci, comme prévu, n'a donné aucun résultat (aucune entreprise ne pouvant rentrer dans le cadre de conditions aussi restrictives), les deux idées qu'il combine reviennent au centre du débat. Rappelons-les.

– *L'idée d'une « internalisation de l'autofinancement »*. Il s'agit d'inciter les entreprises, par des subventions ou des abattements de cotisations, à intégrer, dans les conditions de la négociation

3. *Le Monde* du 26 mars 1996 et le dossier *Le Monde-Initiatives* du 16 avril, titré : « 1996, l'année du temps de travail ».

avec leurs salariés, « l'autofinancement » partiel de la réduction du temps de travail que provoquerait, *si cette réduction était générale*, les économies réalisées par l'UNEDIC et les caisses de la Sécurité sociale grâce à la baisse de chômage. Cette idée constitue une sorte de moyen terme, et donc un certain progrès, entre la revendication, pour l'instant repoussée, de *réduction générale* (par la loi) de la durée du travail, et ce qui se pratique depuis les mesures Bérégovoy : les subventions au « temps choisi individuel » (le passage individuel au temps partiel). Ici, on s'adresse à un *collectif* (l'entreprise, éventuellement cadrée par un accord de branche) et l'on peut espérer que l'incitation soit suffisamment forte pour que, progressivement, un grand nombre d'entreprises optent « librement » pour le partage du travail.

– *L'idée d'une annualisation du décompte des heures travaillées.* Il s'agit d'une autre forme de « compensation patronale » qui pourrait mettre de l'huile dans les rouages de la négociation, en améliorant l'utilisation de la force de travail en fonction de l'activité saisonnière.

Fin 1995 et début 1996, ces deux idées, mal mariées dans l'article 39 de la loi Giraud, « divorcent » et vont connaître des destins divergents. D'un côté : les initiatives Rocard et Millon. De l'autre : l'accord interprofessionnel sur l'annualisation.

La proposition Godino-Rocard

Imprécise, même dans sa version originale de Roger Godino[4], la proposition dont Michel Rocard se fait, à partir de l'hiver 1995-1996, l'infatigable lobbyiste (comme Pierre Larrouturou trois ans auparavant), a le grand mérite d'exprimer de façon chimiquement pure la logique de « l'internalisation de l'autofinancement ». C'est un véritable système de bonus-malus proposé aux entreprises pour les inciter à négocier la réduction du temps de travail.

Roger Godino et Michel Rocard partent du constat que la charge en cotisations sociales par heure travaillée est de

4. La présentation originale de cette idée, due à Roger Godino, est un rapport publié par la Fondation Saint-Simon, dont on trouvera des extraits dans *Partage*, n° 105, juin-juillet 1996, et le texte principal dans *Esprit*, n° 6, juin 1996.

26 francs en moyenne[5]. Bonus proposé : toutes les heures travaillées en dessous de 32 heures verraient les cotisations patronales diminuées de 7 francs (elles passent à 19 francs). Malus : toutes les heures au-dessus de 32 heures verraient leurs cotisations passer à 48 francs. Résultat : *statu quo* pour les entreprises qui restent à 39 heures, mais fortes économies pour celles qui négocient le partage du travail. Qui paie ? Les caisses de l'État-providence (UNEDIC et Sécurité sociale). Qui gagne ? Les entreprises. Mais qui, dans les entreprises ? Ce n'est pas précisé par le projet : les salaires, les profits, ou un peu chacun. C'est « du grain à moudre ».

Ce projet a tous les avantages et les défauts d'une mesure incitative. Si ça ne marche pas, ce n'est pas grave : la plupart des entreprises restent au *statu quo*, et on essaie autre chose (peut-être une loi-cadre ?). Si ça marche, on se rapproche du résultat désiré, en laissant à la négociation décentralisée le soin de « moudre le grain ». Le défaut : personne ne peut dire quel effet aura l'incitation. Peut-être que cela n'intéressera aucune entreprise, et alors cela n'aura rien coûté. Peut-être toutes les entreprises du pays se précipiteront-elles sur l'aubaine, et alors il est facile de calculer que le « trou » supplémentaire dans les caisses de la Sécurité sociale risque d'être énorme, si l'effet de création d'emplois se révèle insuffisant, par suite d'une accélération des gains de productivité par exemple. Or, rappelons-le, l'idée d'une « internalisation de l'autofinancement » se justifie précisément par le fait que, si toutes les entreprises réagissent à l'incitation comme si c'était une loi, alors les économies finales réalisées par l'UNEDIC et la Sécurité sociale grâce à la réduction de chômage doivent être précisément égales au montant total des subventions.

On peut s'essayer au calcul, en faisant diverses suppositions sur le nombre des entreprises « saisissant l'occasion », sur la productivité, sur le niveau de compensation salariale. Les simulations[6] livrent un résultat intéressant : le « trou » ajouté à celui de la Sécurité sociale est, en cas de succès significatif, du

---

5. Il s'agit apparemment des charges patronales pour les régimes obligatoires, hors retraites complémentaires, mais cotisations ASSEDIC comprises.

6. Calculs réalisés par Philippe Delvalée, qui les a communiqués à la Commission Économique des Verts.

même ordre de grandeur (50 milliards) que le montant des aides multiples et inefficaces à l'embauche, du genre « Contrat initiative emploi ». Si donc la proposition Rocard-Godino venait à être adoptée et si par bonheur elle donnait des résultats spectaculaires, il n'y aurait guère de difficulté à la financer... en supprimant un montant équivalent de ces aides inutiles.

L'autre grand problème de la proposition Rocard reste qu'elle laisse dans le vague la question de la compensation salariale. Or la difficulté, nous l'avons pointée plus haut : l'autofinancement de la réduction du temps de travail permis par les économies sur les cotisations sociales (UNEDIC comprises) est très inférieur à ce qui serait nécessaire pour assurer la compensation salariale intégrale[7]. Il faut que soit les salariés, soit les employeurs, acceptent un « sacrifice financier » ou se le partagent. Et Michel Rocard n'indique même pas qui doit profiter en priorité des 7 francs de bonus par heure travaillée[8].

L'initiative Millon

C'est précisément la question à laquelle répond la résolution adoptée en décembre 1995 par le conseil régional de Rhône-Alpes, sur initiative de son président Charles Millon, amendée par les conseillers régionaux écologistes. Présentée au début de la session du conseil régional consacrée au budget 1996, sans aucune négociation exploratoire, la proposition de Charles Millon stupéfie (aux dires du *Canard enchaîné*) tous ses

7. Le salaire horaire moyen est de 60 francs net, la durée mensuelle est de 169 heures. Si les 7 francs vont dans la poche du salarié qui passe à 32 heures, sa perte mensuelle est de 32/39 x 67/60, soit 8,5 % pour un gain de temps libre de 18 %. Mais cette hausse du salaire horaire de 10 % environ provoque un supplément de recettes de cotisations sociales, lesquelles, à leur tour, etc. (voir p. 158, note 11).

8. En revanche, l'étude de Roger Godino insiste jusqu'à la nausée sur l'idée que l'essentiel du « bonus » devra aller aux profits et qu'une éventuelle compensation salariale devra être payée par de nouvelles concessions des travailleurs : « Un industriel digne de ce nom ne devrait pas laisser passer cette occasion tant l'incitation est forte (plus de 11 000 francs par salarié), et la négociation facilitée. La compensation intégrale des pertes de salaire du fait de la réduction de la durée du travail peut apparaître dangereuse à proposer ; elle ne saurait être pour les syndicats qu'un objectif de négociation même s'il y a de grandes chances de l'obtenir pour les bas salaires. Par contre, l'annualisation du temps de travail devrait permettre de dégager des marges qui peuvent servir à compléter les rémunérations et à compenser les pertes de salaires dues à la réduction du temps de travail. »

Cette prudence, par où l'on cherche à convaincre le patronat d'accepter une baisse des cotisations sociales tout en lui laissant entendre qu'il n'aura même pas l'obligation d'augmenter le salaire net horaire (à moins que, ô trouvaille, il n'annualise !), dit, plus que bien des statistiques, « l'état où nous en sommes ».

collègues de droite. Les conseillers Verts consultent fébrilement leur instances nationales, qui leur conseillent non moins fébrilement de l'approuver avec quelques amendements : il s'agit de « miser pour voir ». Voici le texte de son premier article (les passages en italiques sont les amendements verts) : « La Région proposera, *dans le cadre d'un accord-cadre interprofessionnel établi avec les partenaires sociaux, les ASSEDIC et l'État,* un soutien au passage volontaire, c'est-à-dire entreprise par entreprise, à un horaire de travail de 32 heures par semaine. Dans le cas d'un tel accord d'entreprise et par convention, les salariés seraient payés sur la base de 35 heures *au moins* par semaine, et le différentiel de trois heures serait financé, pendant une période définie conventionnellement, et compte tenu des embauches réalisées en contrepartie, par l'ASSEDIC et la Région. »

Ici, au moins, les choses sont claires : le « bonus » versé par la Région sert explicitement à compenser trois heures sur sept, ce qui n'empêche pas les salariés de l'entreprise de négocier davantage[9]. Par ailleurs, l'affaire est encadrée par des négociations professionnelles. Enfin, la masse du bonus disponible est limitée à 110 millions de francs par un autre article.

Cette prudence s'explique. D'abord, le bonus est assez généreux : trois heures sur sept, alors que, selon l'étude de l'OFCE, « l'autofinancement » par les économies réalisées sur la cotisation chômage ne dépasse pas 3/10. Surtout, la Région se comporte ici comme un assureur qui verse le bonus... alors qu'elle n'est nullement bénéficiaire des économies sur les accidents. Car le budget d'une Région est financé par les taxes foncières, la taxe professionnelle et la taxe d'habitation, plus des broutilles comme les cartes grises. Le rendement de ces impôts n'est nullement indexé sur le niveau du chômage : la Région n'a budgétairement rien à gagner au succès de sa proposition, qui serait en définitive financée par les entreprises (taxe professionnelle) et les ménages (taxe d'habitation). D'où la clause de négociation avec l'UNEDIC et l'État pour « récupérer » les économies sur le chômage...

9. Les travaux ultérieurs de la Région insisteront de plus en plus sur la nécessité d'une compensation intégrale pour les bas salaires.

L'important est donc surtout la brèche idéologique ouverte dans l'institution. Les Verts, qui rêvent d'utiliser comme un gouvernement miniature la Région, seule institution où le scrutin proportionnel leur permet d'exister et de conditionner certaines majorités [10], ont marqué un essai. Ils essayent de le transformer en proposant au Conseil Régional d'Ile-de-France, présidé par Michel Giraud, une version de la proposition Millon, cette fois-ci mûrement amendée selon leurs goûts. Le bonus versé par la Région serait, selon leur vœu, uniforme, et fixé à l'équivalent de deux fois sept heures payées au SMIC (ce qui assurerait le maintien du revenu mensuel jusqu'à deux fois le SMIC). Michel Giraud repousse la proposition, arguant que la décision Rhône-Alpes était... illégale.

Comme il fallait s'y attendre, l'ambition de la Région Rhône-Alpes sera finalement réduite à peu de chose, le 31 mai 1996, faute d'un accord avec l'UNEDIC sur la récupération des économies sur les prestations-chômage [11]. Les élus Verts voteront contre ce recul.

Les aventures de l'annualisation

L'accord signé mardi 31 octobre 1995 entre les organisations patronales, la CFDT, FO et la CGC (mais pas la CGT) stipule que « la réduction de la durée du travail constitue un élément de lutte contre le chômage. » Hommage du vice à la vertu ? Le CNPF reconnaît ce qu'il a toujours nié. Mais rien n'est dit sur l'ampleur de la réduction, la décision étant laissée à des négociations par branche d'activité. Surtout, la réduction du temps de travail n'ayant été acceptée par le patronat qu'en contrepartie de son annualisation, l'effet positif pour l'emploi risque d'être effacé par les gains de productivité annuelle. Prenons

10. Les Verts « gouvernent » la région Nord-Pas-de-Calais avec le soutien du PS, mais là ils ont choisi de privilégier le financement du « tiers secteur », dont nous parlons au chapitre 10. Cette stratégie est évidemment mieux adaptée aux pouvoirs de l'institution régionale.

11. Cette résistance irrationnelle de l'UNEDIC à subventionner une politique qui lui évite des dépenses futures est assez surprenante et traduit un refus idéologique, chez ses gestionnaires, de la réduction du temps de travail. Il existe pourtant des outils, employés ici ou là. D'abord, depuis 1994, les « conventions de coopération » (qui permettent à l'UNEDIC de subventionner une entreprise pour lui éviter de licencier) ; ensuite, depuis 1995, le Fonds paritaire pour l'emploi, lui aussi destiné à « internaliser » les fonds de l'UNEDIC dans le financement d'une politique *active* de l'emploi. Enfin, l'UNEDIC participe au financement de l'accord du 6 septembre 1995 autorisant les travailleurs ayant acquitté 160 trimestres de cotisation à partir à la retraite avant l'âge de 60 ans, à condition qu'ils soient remplacés dans leur poste par l'employeur.

une entreprise qui souffre six mois par an de 10 % de sureffectifs, et le reste de l'année de sous-effectifs équivalents, compensés par des contrats temporaires. Une annualisation totale lui permet de gagner 10 % de productivité en période creuse, soit 5 % sur l'année. Si la réduction du temps de travail est inférieure à 5 %, l'entreprise aura besoin de moins de main-d'œuvre pour une production identique, et l'effet sur l'emploi sera négatif ! Ce qui n'a pas échappé au représentant de la CFDT, qui regrettait que « le CNPF n'a pas admis que les gains de productivité obtenus par la modulation du temps de travail soient affectés à sa réduction ». Si la réduction d'heures au total est inférieure au gain en heures « utiles » pour les entreprises, il est tout à fait envisageable que celles-ci suppriment non seulement l'embauche de travailleurs saisonniers, mais même diminuent leur personnel permanent. Et en plus, pour un même effort total, les salariés qui restent gagnent moins sur l'ensemble de l'année (ils perdent les « heures sup »).

« Bon, disaient les partisans de l'accord, mais si vous voulez la réduction du temps de travail, il faut bien concéder quelque chose aux patrons. Et il est légitime de négocier au niveau des branches, au plus près du terrain, car toutes les branches ne sont pas également saisonnières. »

Les premiers résultats sont en tout cas plus que décevants. L'accord « Métallurgie » tombe en mai 1996, signé seulement par FO et la CGC. Les entreprises pourront imposer par exemple 35 semaines de 44 à 46 heures à la file... contre cinq jours de congés supplémentaires par an. Une sixième semaine de congé contre la « semaine de six jours », neuf mois durant ! On estime que l'économie réalisée alors par l'entreprise est d'une vingtaine de jours payés. Même le président du groupe UDF, Gilles de Robien, s'en indigne. Et surtout Nicole Notat, qui avait tant fait pour le plan Juppé, dénonce « un accord cynique, un marché de dupes ». Elle avait usé de son autorité de fer pour engager le prestige de la CFDT, « syndicat imaginatif et combatif de l'Après-68 », contre la reconnaissance patronale et gouvernementale du « seul interlocuteur réaliste [12]. Encore fallait-il

12. Avec en gage la direction de la Caisse nationale d'assurance maladie (voir Alain Beuve-Méry, *Le Monde*, 14 juin 1996).

que des résultats justifient ce recentrage. La réalité lui revient comme une gifle : le patronat pousse cyniquement le coin aussi loin que possible... et se contente de l'accord de FO et de la CGC, ses supplétifs attitrés des années soixante-dix.

Le 24 juin 1996, Nicole Notat décide donc d'écrire aux dirigeants des groupes politiques (y compris Dominique Voynet), alors que sa stratégie visait aussi à écarter les « politiques » des négociations propres à la société civile. Comme si les salariés n'étaient pas aussi des citoyens, comme si la loi n'était pas, en France, la forme coutumière de généralisation des accords professionnels. Elle y plaide la tactique CFDT (antérieure au congrès de Montpellier) de négociations « sur mesure », entreprise par entreprise, de la réduction du temps de travail, mais doit avouer : « L'urgence et l'efficacité se rejoignent pour plaider en faveur de la généralisation maîtrisée d'une réduction importante du temps de travail. Et ce d'autant plus qu'aucune entreprise ne pourra en assumer seule le coût. [Or] actuellement, des sommes importantes sont affectées à des aides à l'emploi... Il faut apporter un financement mutualisé aux initiatives de réduction de la durée du travail. » Mais, Madame Notat, c'est ce que les partisans d'une loi-cadre se tuaient à vous dire depuis des années !

Mais l'accord interprofessionnel du 31 octobre 1995, à côté de mesures intéressantes, comme « l'épargne-temps » qui permet au salarié de choisir la forme de son temps libéré [13], contenait des aspects plus graves, sur le temps partiel. Ici nous entrons dans l'enfer du salariat en sablier : le cercle (presque) réservé aux femmes.

---

13. Un accord de ce type existe au groupe Bayard.

7

Partage du travail, société en sablier et rapports de sexes

Nous n'avons abordé jusqu'ici le partage du travail que sous l'angle du rapport actifs/inactifs. Et il est sûr qu'il constitue de très loin la voie principale pour réduire le chômage. Toutefois, il a évidemment de très puissants effets sur la répartition de la valeur ajoutée dans l'activité marchande ou salariée, le produit intérieur net. La manière de le réaliser, et en particulier l'aspect « partage des revenus » qui lui est nécessairement lié (dans tous les cas de figure), réactive donc de vives oppositions entre les « classes sociales », entre les groupes sociaux définis par leur situation économique. Raison pour laquelle il ne suscite pas l'unanimité à laquelle on pourrait s'attendre, on l'a vu !

Mais les rapports entre classes économiques sont eux-mêmes « surdéterminés », entrecroisés avec des rapports sociaux entre les sexes. Le rapport des sexes (ou des genres), hommes et femmes, a de multiples dimensions. Dans les analyses des féministes radicales (le « patriarcat », le « mode de production domestique » à la Christine Delphy[1], le « sexage » à la Colette Guillaumin[2]), il est présenté comme un rapport d'appropriation sans limite de l'ensemble des femmes par l'ensemble des hommes. Même si l'on n'admet pas une acception aussi rigoureuse, il est clair que les rapports sociaux entre les sexes

1. Christine DELPHY, « Travail ménager ou travail domestique ? », *in* Andrée Michel (dir.), *Les Femmes dans la société marchande*, PUF, Paris, 1978.

2. Colette GUILLAUMIN, *Sexe, race et pratique du pouvoir*, Côté-femmes, Paris, 1992. Il s'agit d'un texte paru dans *Questions féministes* en 1978.

différencient fortement les rapports économiques de type salariaux ou marchands, et réciproquement. Les femmes n'occuperont pas les mêmes postes que les hommes dans le travail salarié ou la petite production indépendante (commerce, agriculture), et inversement leur degré de subordination dans les rapports domestiques est influencé par la possibilité ou non de s'assurer une «indépendance économique», par l'accès direct au travail social rémunéré. La création d'emplois salariés a donc des effets significatifs sur les rapports de sexes.

Dans ce chapitre, on s'intéressera exclusivement à l'aspect objectif, voire économiciste des choses. Il est bien clair cependant, pour celles et ceux qui militent en faveur du partage du travail, que la perception subjective des intérêts diffère sensiblement des résultats objectifs de telle ou telle forme de partage du travail. Il en est ainsi parce que toute proposition est perçue à travers le filtre des expériences antérieures, et de la méfiance qui en résulte, mais aussi le filtre des habitudes, des systèmes de valeurs en vigueur: nous y reviendrons au chapitre suivant.

Nous examinerons d'abord brièvement l'effet du partage du travail rémunéré (marchand ou salarié) sur les rapports domestiques. Puis nous examinerons plus systématiquement les différentes politiques de réduction forte de la durée du travail, par rapport à un salariat lui-même segmenté. Cette segmentation étant elle-même fortement surdéterminée par la différence des genres, nous pourrons relever systématiquement l'effet sexué des différentes politiques du partage du travail. Car, dans ses applications présentes (essentiellement la réduction individuelle du temps de travail, ou au mieux par entreprise), «les conséquences [de ce qu'on appelle au niveau gouvernemental «partage du travail»] sont si différentes selon les sexes qu'elles peuvent induire des définitions totalement opposées du partage du travail[3]».

---

3. Helena Hirata, dans son introduction au recueil coordonné avec Danièle Senotier, *Femmes et partage du travail*, Syros, Paris, 1996. Ce recueil reprend les exposés présentés à un colloque du Groupe d'étude sur la division sociale et sexuelle du travail, où une ébauche de ce chapitre a été une première fois portée à la discussion. Toutes les contributions de ce livre de base mériteraient d'être citées.

Partage du travail et rapports de sexes hors travail

Pour la génération de mes parents, il était admis que, si le «chef de famille» avait un salaire suffisant, son épouse n'avait pas besoin de travailler «au dehors»; elle avait cependant, comme «femme au foyer», une *place sociale* reconnue. Nous avons vu, dans la première partie de ce livre, que les choses ont bien changé[4]. S'appuyant sur cette évolution, l'accélérant, le féminisme des années soixante et soixante-dix a brisé le piège dangereux du «foyer», mais cette évocation du passé doit nous rappeler que la question de l'effet du «partage du travail salarié» sur les rapports patriarcaux ne se réduit nullement à une question de temps, en particulier de temps passé au travail domestique. Avec le «droit au travail» (à l'extérieur), les femmes recherchent d'abord une indépendance économique et une reconnaissance sociale autonome, qui leur permettent de vivre effectivement sans «dépendre d'un homme». Autrement dit, la possibilité de se définir socialement en dehors des rapports de sexes, et c'est cela l'essentiel.

On avance toutefois, dans les milieux syndicaux de bonne volonté: «Avec une durée du travail (salarié!) plus courte, les femmes auront plus de temps libre pour s'occuper de leurs enfants», ou encore (là, il s'agit de syndicalistes de très bonne volonté!): «Avec la réduction de la durée du travail, les hommes pourront s'occuper un peu du travail domestique.»

Le premier de ces arguments fait bondir les féministes, le second les fait sourire. Si le temps des femmes libéré du salariat ne sert qu'à renforcer le temps dû au patriarcat, à quoi bon en effet? Quant à l'effet direct de la baisse du temps salarié sur le partage du travail domestique, on peut en douter[5]. Les budgets temps des femmes montrent que «celles qui restent à la maison» s'y activent quand même moins le week-end, alors que «celles qui travaillent» travaillent encore plus, à la maison, le week-end qu'en semaine. Quant aux hommes,

4. Rappelons que «le mariage est en déclin, la vie en couple aussi», selon le titre de l'étude de Christophe Lefranc, *INSEE Première*, n° 392, juillet 1995, et que les femmes de 40 ans se retrouvant seules reforment moins souvent un «couple» que les hommes.

5. Voir Francine Comte, «Familles: le temps des remue-ménages», *Panoramiques*, n° 10, 1993.

leur participation au travail domestique augmente bien... d'une minute hebdomadaire par an ! Cela fait quand même 14 minutes depuis 1982, mieux que la réduction du temps de travail salarié...

Trêve de sarcasme. Le partage du travail domestique ne sera que le résultat de la lutte capillaire des femmes sur ce terrain-là. Mais enfin, on peut admettre que, de même que les résultats de la lutte des classes dans un pays sont conditionnés (entre autres) par son insertion internationale, de même la possibilité d'obtenir des hommes un partage du travail domestique est elle-même influencée par le temps global qu'ils auront pu libérer du salariat.

En tout cas, le point essentiel pour la libération des femmes reste la possibilité d'une indépendance financière, c'est-à-dire, dans la plupart des cas, la possibilité d'être salariée, et formellement, pas de façon précaire. Ce qui nous ramène à la question de l'effet du partage du travail sur l'emploi *salarié* des femmes.

La réduction « volontaire » du temps de travail

Faute d'avoir osé la réduction généralisée de la durée du travail, la plupart des forces politiques ont mis l'accent de 1982 à 1993 sur le partage du travail dit volontaire, c'est-à-dire sur la possibilité de « passer au temps partiel », et surtout sur l'offre d'emploi à temps partiel (c'est-à-dire nettement inférieure à la durée légale du travail) de la part des employeurs.

Comme tous les écologistes et sans doute la plupart des hommes de bonne volonté, je suis pour le temps choisi. Guy Aznar a merveilleusement décrit ce que pourrait être une société où chacun, à tout moment, aurait la possibilité d'ajuster le temps qu'il veut consacrer au travail contre argent et le temps qu'il veut consacrer à une activité libre : apprendre le violoncelle, faire de l'aide scolaire aux enfants ou... rêver. Mais Guy, comme moi, et comme les écologistes, et comme les syndicalistes, y mettons des conditions : le temps partiel doit être vraiment choisi et non imposé, il ne doit pas aboutir à une baisse des revenus tels que le (la) salarié(e) n'ait plus les moyens de vivre; en particulier les économies que réalisent l'UNEDIC et l'État quand les «volontaires du temps partiel» cèdent la place à des demandeurs d'emploi doivent leur être attribuées à titre de compensation. À eux, pas à leurs employeurs !

Or c'est le contraire qui s'est passé. Ainsi, les mesures Bérégovoy (Martine Aubry étant ministre du Travail) ont incité les entreprises, par une baisse de leurs charges sociales, à créer des mi-temps. Ces mesures ont essentiellement bénéficié aux secteurs de la grande distribution et de la restauration, embarrassés par des pleins temps qu'ils rentabilisaient mal. Des emplois payés au SMIC ont ainsi été partagés en deux, transformant des emplois mal payés en emplois insuffisants pour vivre. On peut alors parler à juste titre de partage du chômage, par opposition au «temps *vraiment* choisi», qui implique le droit inconditionnel au retour au temps plein.

Il faut préciser ici ce qu'on entend par «partage du chômage». Un chômeur n'est pas quelqu'un qui ne gagne pas autant qu'il le voudrait (qui n'est dans ce cas ?), mais quelqu'un qui ne peut pas vendre assez de sa force de travail pour accéder au niveau de vie considéré comme décent dans la société. Pour une femme seule avec enfant(s), le temps partiel non choisi s'assimile en effet à une situation de partage du chômage. Cinq femmes au salaire de 12 000 francs «créent» effectivement un sixième emploi quand elles «prennent» un jour libre par semaine. Un emploi de caissière de grand magasin payée au SMIC qui est cassé en deux mi-temps de 2 500 francs, cela ne crée aucun emploi !

Dans tous ces exemples, j'ai parlé au féminin des «volontaires» du partage du travail. C'est une réalité statistique. C'est surtout une profonde réalité sociologique: la trace des rapports de sexes sur le salariat. Que les femmes soient les premières à choisir ou à se voir imposer le temps partiel répond pourtant à des réalités différentes.

Les femmes de la petite bourgeoisie salariée sont, dans leur immense majorité, des enseignantes ou des cadres intermédiaires. Malgré leur irrésistible montée dans l'université (elles y sont maintenant en moyenne plus diplômées que les hommes), elles se heurtent à une sorte de «plafond de verre» de la hiérarchie. La raison ? Sans doute que la « lutte des places » au sommet demande de s'y consacrer à plein temps, d'en faire un enjeu sportif mobilisant l'essentiel de l'élan vital d'un mâle. Le machisme institutionnalisé élimine une part de la concurrence. Les femmes, dans la grande majorité, se rient de ce jeu. Elles ont d'ailleurs, *aussi*, autre chose à faire. Des enfants, du piano... Elles peuvent pourtant monter très haut, et plus sur la base de leurs compétences que par l'acharnement déployé pour occuper des places, elles peuvent accéder même au rang de premier ministre... ce qui, en France n'arrive que par le bon vouloir d'un « prince » de rang supérieur[6]. Résultat : en 1995, 90 % des femmes gagnent moins de 13 408 francs net par mois dans le secteur privé et semi-public, alors que 20 % des hommes gagnent plus de 13 906 francs. Elles sont largement exclues des classes moyennes, à titre individuel.

Un cran au-dessous, dans la masse des « professions intermédiaires » et dans le secteur public (enseignantes, infirmières), qui constitue le gros du salariat féminin, à statut stable, au milieu du col du sablier, l'écart de salaire se vérifie toujours. Résultat : en moyenne, les femmes gagnent 25 % de moins que les hommes. Cet état de fait vient alors conforter « l'idéologie de salaire d'appoint » : l'idée que les femmes travaillent pour apporter un complément au revenu du ménage. Un luxe en quelque sorte. Et que donc c'est à elles de faire de la place aux chômeurs. Ce qui est « rationnellement » justifié par le fait qu'à réduction du temps de travail égal, elles perdront moins que leur mari (puisqu'elles gagnent moins à temps complet). Et surtout par le fait qu'elles auront plus de temps pour faire ce qu'elles savent faire (et pas lui) : les tâches domestiques. Cette idéologie ancestrale, ce piège dont elles étaient sorties dans les années soixante-dix grâce au plein emploi et au féminisme, de nombreuses forces veulent les y repousser : le Front national et une partie de la droite, bien sûr, mais aussi certains évêques pleins de bonne volonté, et pas mal de syndicalistes masculins.

L'idéologie du salaire d'appoint est d'autant plus séduisante que, de fait, le travail salarié n'a rien d'emballant. Une socio-

6. Rappelons tout de même qu'Édith Cresson et tant d'autres ont dû batailler ferme pour conquérir des sièges dans des élections si difficiles qu'aucun homme ne s'accordait de chance.

logue m'expliquait que la réponse des salariées à la question « Souhaitez-vous « rentrer à la maison ? » dépendait du jour où on la posait. Le vendredi, après une semaine de « double journée de travail » (salarié et domestique), on obtient beaucoup plus de réponses favorables que le lundi, après un week-end d'enfermement à rattraper le retard pris sur le ménage et le repassage. Bref, les salariées françaises résistent instinctivement au « piège ».

Or ce piège est maintenant beaucoup plus dangereux : ni les couples, ni les emplois ne sont plus stables. En acceptant, individuellement ou collectivement, le statut de revenu d'appoint, les femmes risquent de perdre leur statut de femmes indépendantes, mais aussi leur statut professionnel. C'est-à-dire de tomber ou de rester dans le bas du sablier : dans le segment précaire ou dans l'exclusion. C'est là que le temps partiel tourne au cauchemar.

En somme, c'est la régression aux années cinquante : mais le débouché n'est plus le retour à la ferme ou à la boutique du mari. Une filière féminine des emplois précaires est en train de se former, grâce aux mesures Bérégovoy. Une filière où les femmes, seules ou en ménage lui-même précaire, oscillent entre chômage et petits boulots. 20 % d'entre elles gagnent moins de 5 809 francs net par mois, et 10 % carrément moins que le SMIC : celles qui subissent le temps partiel « imposé »[7].

Dans un excellent article du *Monde*, titré : « Le temps partiel subi se développe et accroît la précarité » (18 mai 1996), Frédéric Lemaître souligne avec raison qu'il s'agit bien d'un *montage* institutionnel et non plus d'un libre choix, idéologie du salaire d'appoint ou pas. Il cite la directive d'octobre 1995 d'une chaîne de grands magasins : « La nouvelle mesure d'allégement des charges aboutit à réduire encore le coût de l'heure de travail à temps partiel par rapport au coût du travail à

7. Pierre Bérégovoy et Martine Aubry n'avaient pas l'excuse de l'ignorance. Un rapport de Margaret MARUANI et Chantal NICOLE-DRANCOURT, *La flexibilité à temps partiel*, La Documentation française, Paris, 1989, avait étudié les effets du temps partiel féminin dans le commerce. Dans sa préface, Michèle ANDRÉ, secrétaire d'État chargée des droits des femmes (il y en avait encore une...), résumait : « Nous ne sommes plus là, ni dans les désirs ni dans les aspirations trop généralement prêtés aux femmes, mais dans un mode de gestion des ressources humaines. »

Depuis, Margaret Maruani a élargi sa critique au fameux *Livre blanc pour l'emploi* de la Commission européenne, qui lui aussi prône l'extension des temps partiels féminins (voir son rapport à la *Task Force* de suivi du Livre blanc : *Egalité des chances entre les femmes et les hommes*, Commission européenne, DG V, octobre 1994).

temps complet (...). Cette mesure s'ajoute aux précédentes et aboutit à rendre le coût du temps partiel de 5,05 % à 15,56 % moins cher que le temps plein, selon le niveau de rémunération (...). En fait, l'économie est d'autant plus importante qu'elle permet d'avoir un salaire mensuel (tous éléments de paie compris) non supérieur au SMIC. Il convient donc de recourir au maximum au temps partiel, les seules limites étant les difficultés éventuelles de partage de responsabilité ou de marché du travail. »

Et l'article multiplie les exemples. Telle caissière de Monoprix, dans le XIXe arrondissement de Paris, travaille cinq heures par jour, six jours par semaine, pour 3 300 francs net par mois et vit dans un hangar. La situation des travailleuses à temps partiel devient pire, même avec un contrat à durée indéterminée, que celle des travailleuses précaires à temps plein. Aux Galeries Lafayette, chez Accor, à l'Aéroport de Paris, chez Vestra, on cite des grèves qui éclatent contre le passage à temps partiel même avec titularisation, ou des salariées qui préfèrent partir parce que « avec des enfants ou le mari au chômage, on ne s'y retrouve plus ».

Résultats : alors que la part des « temps partiels » a crû de 9,3 % des salariés en 1983 à 15 % en 1995 (mais 4,6 % des hommes et 28 % des femmes !), c'est de moins en moins une situation appréciée, et la révolte monte. En 1991, 27 % des « temps partiels » souhaitaient travailler davantage, ils – et surtout elles – sont 38,2 % cinq ans plus tard : 332 000 hommes et 1 027 000 femmes en mars 1996[8].

Rien n'illustre mieux la fonction du temps partiel imposé que l'étrange phénomène qui s'est produit à partir de février 1996 : la divergence des deux courbes officielles du chômage. Selon l'« ancien calcul », est chômeur quiconque recherche un emploi à plein temps et n'en trouve pas. Le « nouveau calcul » exclut du compte des chômeurs celles (et ceux) qui travaillent déjà plus de 78 heures par mois, même si elles recherchent un temps plein. Rappelons que la durée normale du mois est de 169 heures : n'est plus chômeur qui travaille à 46 % du temps

8. Claude GISSOT et Monique MÉRON, « Chômage et emploi en mars 1996 », *INSEE Première*, n° 467, juin 1996.

plein ! En mars 1996, les deux courbes commencent à diverger, en avril le chômage augmente de 0,3 % selon l'ancien calcul et baisse de 0,7 % selon le nouveau calcul. En clair, il y a de plus en plus de chômeurs qui cherchent un emploi suffisant pour vivre et n'en trouvent pas, mais celles et ceux qui avaient un petit job insuffisant ont travaillé un peu plus, et certain(e)s ont pu franchir le cap des 78 heures. En mai 1996, la situation se normalise, si l'on ose dire : le chômage « nouveau calcul » remonte de 1 %, tandis que selon l'ancien calcul il augmente de 0,8 % : l'élimination des « moins de 78 heures » du décompte des chômeurs a épuisé ses effets.

Cet usage du temps partiel est encore aggravé par l'accord du 31 octobre 1995 sur l'annualisation, puisqu'il permet aussi l'annualisation du temps partiel (et donc, en cas de « coup de feu » conjoncturel, l'usage d'un temps partiel à temps presque plein !). Comme le remarque Patrick Bondy, du Syndicat du commerce de Paris[9], ce temps partiel « subi dans 90 % des cas » (dans cette branche) frappe essentiellement les femmes et les oblige à travailler précisément les heures (en nocturne) et les jours (le samedi) où elles ne disposent pas de possibilité de garde des enfants.

Le temps partiel, essentiellement féminin, apparaît ainsi comme la nouvelle figure du « volant de main-d'œuvre » : une armée de réserve qui n'est jamais vraiment au chômage et n'a jamais vraiment un emploi qui lui permette de vivre. C'est la forme incarnée du « partage du chômage », y compris dans sa dynamique. Tout autres seraient évidemment les conséquences d'une politique de réduction massive et générale du temps de travail.

Les femmes et la réduction générale du temps de travail

Nous avons longuement analysé les conséquences pour les différentes couches de la société en sablier des positions qui s'affrontent depuis 1993 autour de la réduction générale du

9. *Le Monde* du 15 mai 1996. Il cite les chiffres d'un emploi sur trois dans le commerce en 1994, 40 % à la FNAC, 70 % chez Monoprix.

temps de travail. Comme la répartition des femmes dans le sablier est profondément différente de celle des hommes, il faut maintenant réévaluer ces politiques en fonction de leurs conséquences pour les femmes.

– La position : *35 heures pour tout le monde, sans baisse de revenu pour personne.* Cette position de partage massif des revenus au détriment du capital est évidemment refusée par toutes les fractions du patronat, même si elle ne pousse véritablement à la faillite que les petites et moyennes entreprises de main-d'œuvre. Si elle était appliquée, elle impliquerait une élimination des entreprises fragiles avec leurs emplois stables et une spécialisation de la France sur les segments 1 (les emplois de cadres, en particulier financiers) et 3 (les emplois de service, notamment aux entreprises et aux ménages de cadres). C'est un modèle très favorable aux hommes du segment 1 (la petite et moyenne bourgeoisie salariée) et de ce qui resterait du segment 2 (les salariés « fordistes »). Il serait défavorable en revanche aux femmes qui sont principalement dans les segments 3 et 4 (précaires et exclues) et qui verraient disparaître une masse d'emplois stables à bas salaire. En revanche se multiplieraient, comme en Grande-Bretagne, les petits emplois à temps partiel[10]. Ce modèle est peu crédible en tout cas du fait de l'opposition de la majorité du patronat.

– La position : 37 *heures, ou 35 heures plus tard, sans baisse de revenu pour personne.* Cette position de simple « réduction » sans véritable *partage,* cherche, on l'a dit, à ne pas diviser un *bloc salarial, de la caissière à l'ingénieur.* Elle profiterait aux femmes (rares) du segment 1 et à celles de plus en plus nombreuses du segment 2. Mais, dans la mesure où elle laisse s'accroître le chômage et l'exclusion, elle finit par affaiblir davantage la position des femmes du segment 3, les précaires.

– À l'autre extrême, la position *32 heures, avec une réduction moins que proportionnelle de tous les salaires, même les plus bas,* aurait certainement l'impact le plus fort sur le chômage. Mais elle ne peut recueillir de soutien dans les syndicats

10. En Grande-Bretagne, la part des « temps partiels » est passée de 16 % en 1973 à 24 % en 1994. Aux Pays-Bas, pays qui remet en cause une sociale-démocratie particulièrement favorable aux pauvres, elle est passée de 21 % en 1985 à 35 % en 1994.

de salariés (masculins). Elle profiterait aux segments 4 et 3 et elle serait donc la plus favorable pour les femmes, mais dans des conditions contestées par les hommes des segments 2 et 3. Peu crédible donc, du fait de l'opposition syndicale.

– La position *35 heures tout de suite, avec le maintien du pouvoir d'achat garanti seulement aux bas et moyens salaires,* ne présente que des avantages pour les chômeurs et pour la moitié inférieure, essentiellement féminine, de la société en sablier. Au-delà, elle cherche à rallier l'ensemble des travailleurs, auxquels elle demande au pire une stabilité des revenus, et les couches moyennes en leur proposant plus de temps libre sans passer par le temps partiel. Elle est donc très favorable aux femmes des segments 3 et 4, et même 2 (les professions intermédiaires ayant un emploi stable).

Rappelons-le en effet : 80 % des femmes gagnent moins de 11 200 francs net par mois dans le privé, proportion encore plus élevée dans le secteur public. Si la limite à la « compensation salariale intégrale » est fixée vers 12 000 francs net par mois, 85 % des femmes conserveraient leur salaire mensuel. En réalité, la grande majorité des femmes acceptent déjà une réduction de la durée légale du travail, même avec baisse des salaires, et même si elles sont concernées. Mais ici nous abordons une autre dimension du débat : ce qu'en pensent les gens !

8

La dimension subjective du débat

Jusqu'ici, nous n'avons parlé que des « intérêts objectifs » défendus à travers les différentes stratégies de partage de travail ou de simple réduction du temps de travail. Mais il ne suffit pas d'avoir « intérêt » à une mesure pour se battre pour elle. Il faut d'abord y croire. Et quand cette mesure impose un arbitrage (plus de sécurité, plus de temps libre, contre un peu moins d'argent), il faut que, tous comptes faits, les conséquences de cette mesure apparaissent désirables !

Malheureusement, les désirs et les choix ne s'expriment concrètement que dans les luttes et dans les votes. Or, dans les votes comme dans la plupart des luttes, on « répond » à une certaine « offre » de politique qui se présente comme un paquet : un bouquet de propositions, tendu par une main plus ou moins crédible. Que la seule candidate du partage du travail, Dominique Voynet, n'ait pas obtenu 3,5 % des voix ne signifie pas que 96,5 % des électeurs soit contre : simplement ils ne voyaient pas (assez) l'intérêt de voter pour elle dans une « grande élection ». Inversement, des millions de grévistes ont défilé sous des pancartes « 37 ans et demi pour tous, public et privé » derrière des leaders qui ne leur proposaient que : « Non au plan Juppé, non à la régionalisation des Hôpitaux, etc. »

L'art du sondage

En temps ordinaire, pour savoir ce que les gens pensent, et avec toutes les précautions auxquelles nous appelle Pierre

Bourdieu, on est bien obligé d'avoir recours au sondage. Encore faut-il qu'il soit bien fait. Depuis des décennies, le CREDOC par exemple pose la même question : « Accepteriez vous de travailler moins, quitte à gagner un peu moins ? » Ce qui permet de mesurer des grandes fluctuations autour de 50 % de « Oui » : un certain engouement dans les années soixante-dix, trace de Mai 68 puis de la montée du chômage ; un recul dans les années quatre-vingt, réaction à l'austérité imposée sans contrepartie ; une remontée dans les années quatre-vingt dix, ralliement à « la seule politique qui n'a pas encore été essayée contre le chômage ».

À partir de 1992 (montée du chômage et des écologistes oblige), les sondages sur la question se multiplient. Au fil de mes très hasardeuses archives :

– *Avril 1993 (Enjeux-Les Échos-Louis Harris).* Une curiosité : un sondage auprès du patronat ! 64 % des patrons sont favorables au partage du travail, 57 % demandent une politique gouvernementale. Auprès de l'ensemble des Français : 46 % se déclarent pour une diminution du travail « assortie d'une diminution proportionnelle du salaire ». Bigre ! Mais 49 % sont contre. Moi aussi.

– *Septembre 1993 (Le Nouvel Observateur-Louis Harris).* La question posée est la suivante : « Pour permettre la création d'emplois dans votre entreprise, seriez-vous prêt à accepter une réduction de votre temps de travail accompagnée d'une baisse de salaire ? » Les sondés sont donc cette fois des salariés. 54 % des interviewés sont favorables, dont 63 % des cadres, 71 % des professions intermédiaires, 51 % des employés, 42 % des ouvriers (54 % sont contre). À la question : « Pour 32 heures en quatre jours, de quel montant seriez-vous prêts à accepter une baisse de votre salaire ? », 7 % répondent : « moins de 5 % », 38 % répondent « 5 % », 38 % répondent « 10 % », et 11 % répondent « 15 % et au-delà ». Cela fait 87 % prêts à accepter une baisse supérieure à 5 % de leur salaire ! Nous sommes en pleine « poussée gauchiste » de 1993. Pourtant, à la même date :

– *Septembre 1993 (La Croix-L'Événement-CSA).* Dans ce sondage sur l'ensemble des Français, à la question (attention !) « Pour lutter contre le chômage, certains disent qu'il faut partager le travail, en réduisant le temps de travail de ceux qui ont un emploi, avec une réduction *correspondante* du salaire. Cela vous semble-t-il... », ils sont 59 % des salariés (contre 37 %) à juger que c'est une mauvaise ou très mauvaise idée ! Personne d'ailleurs ne la propose (pas même Pierre Larrouturou). Seuls les chômeurs, les inactifs et les travailleurs à leur compte estiment majoritairement que c'est une bonne idée. On voit ici l'importance de l'échantillon (être ou ne pas être concerné par la baisse des salaires) et surtout de la tournure de la question. Dans le sondage précédent, on précisait « pour créer des emplois dans votre propre entreprise », et il n'était nullement question d'une baisse *correspondante* du salaire : pour 18 % de baisse du temps de travail, ils n'étaient que 11 % à accepter une baisse de salaire de 15 % ou plus. Pierre Bourdieu n'a pas tort de nous apprendre à nous méfier des sondages !

– *Février 1995 (La Tribune Desfossés-CSA).* Sondage sur l'ensemble des électeurs, en pleine vague présidentielle en faveur des salaires ! À la question : « Faut-il ne pas être trop exigeant sur les salaires » ou « Les salaires doivent être augmentés », on trouve un résultat curieux[1]. Si les électeurs gagnant de 5 000 à 20 000 francs par mois veulent en finir avec la rigueur, à 56 % environ, cette opinion devient minoritaire au-dessus de 20 000 francs, ce qui se comprend. Mais, pour ceux qui gagnent moins de 5 000 francs, l'option en faveur des hausses de salaire n'obtient que 52 %. Au bas de la société en sablier, il est plus important de trouver un emploi que de se préoccuper du salaire.

Tous ces sondages ont un gros défaut. Ils mélangent souvent, dans un échantillon assez petit (de l'ordre de 1 000 personnes), toutes les catégories sociales. Or, dans la population, une partie n'est pas ou plus concernée directement par le débat : les inactifs (retraités, étudiants, femmes au foyer). Ensuite, justement à cause de la faible taille de l'échantillon, il est hors de question de chercher à préciser quelle est l'attitude de chacun en fonction de sa propre situation par rapport à telle ou telle proposition. Enfin, la question posée correspond rarement aux propositions effectivement en débat. Bref : il ne s'adresse pas à celles et ceux qui seraient *en situation* de vivre

1. Mais déjà indiqué dans le sondage *Libération-IFOP* du 10 décembre 1993.

pour eux-mêmes les conséquences de la proposition qui fait l'objet du sondage.

Par exemple, les écologistes proposent en 1993 de ne garantir le maintien des salaires mensuels que « pour la majorité des salariés les moins payés ». Or, la moitié des salariés gagnent moins de 9 000 francs net par mois. Il est évident qu'un tel chiffre (9 000 francs) ne peut recueillir l'assentiment d'une majorité suffisante des *salariés ayant un emploi.* Or c'est de ceux-là seuls que dépend le développement d'un mouvement social pour le partage du travail (à travers la grève par exemple), et même probablement d'une majorité culturelle s'exprimant à travers le vote. Car même des étudiants ou des retraités s'en remettent aux adultes actifs pour décider, à l'heure décisive, si une telle idée mérite bien d'être soutenue.

Tout va donc dépendre de l'opinion des « concernés », et plus particulièrement de celles et ceux qui seraient éventuellement « victimes » d'une non-compensation intégrale à partir d'un seuil qu'il faut justement déterminer. Et pour la connaître, il faut des études beaucoup plus lourdes, même si l'on se dit que, dans la « fusion » (comme l'appelait Jean-Paul Sartre) d'un mouvement collectif, les humains peuvent se montrer beaucoup plus généreux et solidaires qu'une série d'individus interviewés à froid (ce que nous a encore rappelé le mouvement de décembre 1995).

L'enquête de la métallurgie parisienne

C'est l'immense avantage des enquêtes réalisées par la CFDT, branche par branche, depuis 1993 : elles sondent, en masse, les « concernés », et à propos d'une proposition réellement sur la table. Opposition et majorité confondues, la CFDT est en effet, en principe, favorable à la réduction de la durée de travail, y compris sans compensation intégrale pour certains. L'enjeu est donc pour elle tout à fait concret, les militants constituent un régiment de sondeurs posant les « bonnes questions ». Et les sondés savent, en répondant à des syndicalistes, que leur opinion n'est pas « en l'air », ne tombe pas dans l'oreille d'un sourd : ils savent que leur réponse, si elle ne vaut pas encore engagement d'entrer en lutte, n'est déjà plus tout à fait une simple opinion. Ils sont déjà « en situation ».

La première enquête, déjà citée, fut organisée par l'Union parisienne des syndicats de la métallurgie (qui couvre toute la branche, de l'automobile à l'électronique) à travers son appareil de formation (l'IFEAS), avec l'aide d'un laboratoire de l'Université Paris-Dauphine (l'IRIS) et de l'excellente revue *Alternatives économiques.* Une enquête exemplaire (le questionnaire, conçu par une équipe « oppositionnelle », sera repris par la direction confédérale pour les enquêtes ultérieures), portant sur 7 000 sondés, en Ile-de-France. De ce fait, l'échantillon est considérablement décalé vers les hauts salaires (40 % de plus que la moyenne nationale !), car c'est en Ile-de-France que se concentrent techniciens, ingénieurs, sièges sociaux (de Dassault, Alcatel, IBM, etc.). Ce biais constitue un énorme avantage : ce sont les plus concernés des concernés, ceux qui sont le plus « menacés » par la non-compensation intégrale, qui sont interviewés.

J'ai déjà cité les résultats majeurs : la réduction de la durée du travail est avant tout considérée en soi comme une conquête de temps libre et de qualité de vie, ce n'est nullement un « sacrifice », surtout si elle est prise par « bloc » (semaine de quatre jours). Je vais donc me concentrer sur l'épineuse question de la compensation salariale.

Premier résultat : la non-compensation intégrale devient majoritaire lorsque le seuil est fixé à 12 000 francs net par mois. Ce résultat est capital, et on y reviendra. Comment est-il obtenu ? L'IFEAS relève que 30 % des sondés sont pour le maintien du pouvoir d'achat pour tous, 18 % pour une diminution du pouvoir d'achat de tous, et 44 % pour le maintien jusqu'à un certain niveau. On propose à ces derniers une succession de niveaux possibles. La somme des 18 % qui répondent « oui à tous les niveaux » et de la part des 44 % qui répondent « oui » à partir de tel niveau devient majoritaire au niveau proposé de 12 000 francs. Mais évidemment, cela ne répond pas à la question : « Qu'en pensent les plus concernés ? » Heureusement, on a pris soin de noter le salaire *actuel* du sondé, donc on sait s'il répond pour lui ou pour les autres.

Second résultat essentiel : les sondés sont d'autant plus favorables à une certaine perte de salaire qu'ils sont eux-mêmes concernés. Ce résultat recoupe les grossiers sondages antérieurs, qui montraient que les catégories les mieux payées étaient les plus favorables à un certain partage des revenus. Mais l'étude de l'IFEAS est plus précise. En fait, chez ceux qui gagnent *effectivement* plus de 12 000 francs, la « non-compensation intégrale » est acceptée majoritairement au seuil de 9 000 francs. Et chez les « non concernés », qui gagnent moins de 12 000 francs, le seuil serait plutôt à 15 000 francs.

On voit là le résultat de quinze ans d'appel aux sacrifices sans contrepartie de la part des gouvernements et du patronat. Ceux qui acceptent de « cotiser » à la réduction du temps de travail souhaitent ne pas être les seuls. Et ceux qui ne seraient pas sollicités préfèrent que la barre soit la plus loin possible au-dessus de leur propre revenu. Un peu comme les petits paysans qui se méfient du « partage des terres appliqué aux grosses exploitations », un peu comme les petits contribuables qui se méfient d'une augmentation des impôts réservée aux « gros revenus » : « Ils disent ça, mais après ça sera notre tour. »

À cette logique de la méfiance, seule une politique honnête, annonçant la couleur, proposant des compromis sans en masquer la répartition des coûts, peut répondre. La barre de 12 000 francs est majoritaire, non seulement en bloc, mais dans le détail : concernés et non concernés seront d'accord avec les conséquences pour eux-mêmes. Tout est problème de confiance. Elle sera difficile à reconstruire. Il faudra donc convaincre même ceux qui ont tout à gagner, et surtout renforcer le camp de ceux qui ont un petit quelque chose à perdre et sont quand même d'accord.

Ceux-là sont surtout « celles-là ». Les femmes, dans l'enquête IFEAS, sont à 85 % d'accord pour le temps partiel, qui n'est pas compensé du tout pour le salarié (mais pourrait légitimement l'être). Cette disponibilité supérieure des femmes au partage du travail et des revenus est certes une trace de l'idéologie du « salaire d'appoint ». Mais elle est aussi « rationnelle ». En fait, dans les projets les mieux admis de partage du travail, avec compensation pour les bas salaires jusqu'à 12 000 francs, la grande majorité des femmes ne verrait pas baisser son salaire mensuel.

Mais il y a plus. La différence de salaires hommes/femmes, on le sait, est essentiellement structurelle : elle est le reflet de leur surreprésentation dans le segment précaire de la société en sablier, et dans le bas du segment stable le col du sablier où se situe la majorité des sondées. « L'espérance de salaire », qui est le produit de la probabilité de trouver un emploi multiplié par le niveau de salaire correspondant, est donc pour les femmes essentiellement déterminée par le premier facteur : pour elles, l'essentiel est d'avoir un salaire, son niveau à quelques pour cent près importe beaucoup moins. Elles sont directement sensibles à l'argument : « Qu'importe que je perde 3 % ou même 5 % de salaire pour une journée de temps libre en plus, si mon compagnon ou mes enfants trouvent un emploi. »

L'enquête chimie

Je serai plus bref sur cette enquête qui, avec une plus grande représentativité encore, donne à peu près les mêmes résultats. Elle couvre 11 000 sondés à travers toute la France. J'insisterai surtout sur les différences intéressantes, et un petit problème de vocabulaire.

L'enquête chimie reproduit les grands résultats de la métallurgie sur le *principe* du partage du travail (qualité de la vie, semaine de quatre jours....). Elle confirme la grande disponibilité des femmes pour un temps pas trop partiel (80 % de l'horaire normal, avec de solides garanties). Elle analyse plus précisément la disponibilité de tous pour l'aménagement du temps de travail[2]. Mais attention ! Si 50 % acceptent les horaires décalés, 53 % des hommes et 63 % des femmes refusent les équipes de nuit, et plus de 60 %, hommes et femmes, refusent le travail du week-end.

Il y a ici un vrai problème. Certes, on trouve encore 18 % d'hommes (9 % de femmes) pour accepter le samedi, 13 % d'hommes (5 % de femmes) pour accepter le dimanche. Les

2. L'enquête métallurgie aussi, mais j'ai préféré m'appuyer pour ce point sur l'enquête chimie, plus large.

employeurs auront de quoi composer des équipes « V.S.D. » (vendredi, samedi, dimanche) en cas de passage à la semaine de quatre jours. Mais l'avertissement est clair : aménager le temps de travail, ce n'est pas accepter la destruction de la vie *collective* hors travail. Les communautés (famille, amis, quartier et tout simplement les « gens ») ont non seulement un besoin vital de temps libre, mais de temps libre *ensemble*. Pour faire la fête. Pour bavarder. Pour s'aimer.

Il y a quelques années, un conflit avait éclaté chez IKEA à propos de l'ouverture du magasin le dimanche. Un responsable de la puissante Confédération des travailleurs allemands (DGB), invité à la télévision française, avait calmement exposé : « En Allemagne, on ne travaille ni le samedi, ni le dimanche. Pas le samedi : c'est un compromis entre les travailleurs et le patronat. Pas le dimanche : c'est un compromis entre la société et Dieu. » Et toc.

En ce qui concerne le travail posté, on n'est pas surpris d'apprendre que sont d'accord ceux qui travaillent déjà en horaire atypique : principalement les ouvriers. Quand on travaille déjà en 3 x 8, on a tout intérêt à travailler en 4 x 6. Les autres ? Ils peuvent à la rigueur accepter de travailler en deux équipes de jour...

Mais venons-en à la compensation salariale. Là encore, les cadres (67 %) et les femmes (50 %) sont prêts à accepter une certaine perte de revenu. Mais, comme le notent Jean-Yves Boulin et Gilbert Cette[3], un décalage apparaît avec l'enquête « métallurgie parisienne ». Ce décalage est lié aux conditions de l'enquête.

– L'enquête métallurgie a eu lieu au printemps 1994, alors que la sortie de la récession 1992-1994 était à peine perceptible. L'enquête chimie a lieu un an plus tard, pendant la petite reprise 1994-1995... et la campagne Chirac-Hue-Laguiller pour les salaires.

– Comme les salariés de la chimie-ensemble de la France gagnent moins que ceux de la métallurgie-région parisienne, ils sont *en moyenne* moins favorables à la baisse de leur revenu. Plus précisément, alors que 34 % des « métallurgistes

3. Dans le numéro de *Futuribles* de janvier 1996.

parisiens» gagnent plus que les fameux 12 000 francs par mois, ils ne sont que 18 % chez les «chimistes-toute-la France».

Jean-Yves Boulin et Gilbert Cette proposent une typologie. Ils appellent :

– «solidaires durs» : pour une baisse de tous les revenus ;

– «solidaires» : pour une baisse des revenus à partir d'un salaire inférieur au leur ;

– «intermédiaires» : pour une baisse à partir d'un niveau dans leur tranche de salaire (les tranches sont de 2 000 en 2 000 francs) ;

– «non solidaires» : pour une baisse à partir d'un niveau supérieur au leur ;

– «non solidaires durs» : aucune baisse de revenu.

Je tique sur le choix des termes. Un «solidaire», tel qu'ici défini, me paraît plus solidaire qu'un «solidaire dur» (qui peut être un envieux : «Que les autres cotisent comme moi»). Et un «non solidaire» peut être un solidaire qui estime légitimement que la solidarité ne s'applique pas dans son cas, car il (elle) gagne trop peu ! Certains journalistes se sont emparés de cette terminologie pour estimer que «les travailleurs sont non solidaires», qu'ils refusent majoritairement le partage des revenus. Eh bien non. Regardons les résultats : ceux à qui est demandé un sacrifice financier sont majoritairement pour, même dans la chimie.

De 12 000 à 15 000 francs de revenu, les «solidaires» (durs ou mous) sont 49 % dans la chimie (et rallient quelques «intermédiaires»). De 15 000 à 20 000 francs, ils sont 63 %. Au delà, 65 %. Dans la métallurgie, ils étaient (en 1994) majoritaires dans la tranche 12 000-15 000 francs (56 %). De 15 000 à 20 000 francs : 72 %. Et les plus de 20 000 francs : 88 %. Et l'on vérifie que le nombre des «solidaires durs» augmente brutalement avec les hauts revenus. Chez les métallurgistes, ils sont 35 % de 15 000 à 20 000 francs, 45 % chez les plus de 20 000 francs. Chez les chimistes, le choc est moins net : 19 % de 15 000 à 20 000 francs, 29 % au-delà. Il y a donc bien quelques «envieux» chez les «solidaires durs» des fameuses classes moyennes.

Reste que le niveau de 12 000 francs, en Ile-de-France ou ailleurs, apparaît bien comme un seuil. Il n'est pas que psychologique. Tout un faisceau d'indicateurs convergent pour en faire un véritable seuil sociologique.

D'abord, on l'a vu, c'est le seuil au-delà duquel disparaissent pratiquement les femmes : 85 % des salariées du privé gagnent moins, et ne parlons pas des régiments d'infirmières, institutrices, secrétaires, travailleuses sociales et autres de la fonction publique.

Ensuite, institutionnellement, ce niveau est juste entre le salaire net et le salaire brut du « plafond de la Sécurité sociale » (13 600 francs brut). C'est-à-dire le niveau où nos pères, syndicalistes et hauts fonctionnaires résistants (qu'évoque avec tendresse le héros de *La Fée Carabine*), fixèrent en 1945 la limite entre « les travailleurs » et « les cadres ». Aujourd'hui, cette limite s'est perdue dans les sables mouvants des métamorphoses du salariat (qualification, tertiarisation, intellectualisation...), mais elle semble bien marquer une frontière entre ceux, et surtout celles, qui se sentent déjà happés dans le col du sablier et celles, et surtout ceux, qui peuvent se croire à l'abri de la chute.

Et si l'on veut aller encore plus loin, chercher quel est le fondement économique à la hiérarchie des revenus dans le capitalisme, il faut se tourner vers l'antique différence théorique entre « travail simple » et « travail complexe ». Si l'on considère que le salaire moyen ouvrier représente la valeur de sa force de travail, en d'autres termes ce qu'il lui en coûte de se « reproduire », lui et ses enfants (c'est-à-dire de vivre et d'élever ses enfants jusqu'au niveau permettant de décrocher un emploi pas spécialement qualifié), combien en coûte-t-il à un salarié « qualifié », qui doit en plus se payer ou payer à ses enfants des études ? Le calcul avait été fait en 1974 dans un petit livre célèbre, *La Petite Bourgeoisie en France*[4]. Il calculait le surcoût de dix années de formation supplémentaires, et obtenait le double du salaire ouvrier. Tout salaire au-delà du double ne pouvait donc plus représenter un « coût de la force de travail qualifiée », mais déjà un partage de la plus-value sociale, non plus dans la lutte des classes, mais dans ce qu'on appellerait

4. Christian Baudelot, Roger Establet, Jacques Malemort, *La Petite Bourgeoisie en France*, *op. cit.* Cela ne nous rajeunit pas.

aujourd'hui la « lutte des places » au sein de la petite bourgeoisie moderne salariée. Admettons que le calcul soit encore valable aujourd'hui. Le double du salaire moyen ouvrier, c'est encore 12 000 francs !

« Mais qu'est-ce que c'est que cette horreur archéo-marxiste ! Moi, petit bourgeois ? à 13 000 francs par mois ! Et comment voulez-vous qu'on se loge, même dans le Val-de-Marne, avec un salaire pareil ! » Du calme. Ce n'est qu'un nouvel indice. On ne peut plus raisonner comme Baudelot, Establet et Malemort, d'accord. Et d'abord parce que le niveau des prix et des salaires n'est pas le même à Paris et en Province. 12 000 francs, en Ile-de-France, ce n'est pas beaucoup. Mais quand je lâche le chiffre devant des jeunes du Périgord, ils ouvrent des yeux ronds : « Mais qui gagne ça ? »

En fait, un chiffre unique pour la France entière, et portant simplement sur le salaire, ne veut rien dire. C'est pourquoi il faut parler de « niveau de vie des travailleurs », allocations diverses, coût de logement et niveau des services publics compris. Cela n'empêche pas qu'il faut bien parler des « classes moyennes » (qu'on les appelle ou non « petite bourgeoisie moderne »). Allons-y.

Les classes moyennes : argumentaire pour un sacrifice

Depuis 1993, la majorité des Français en est convaincue, les experts le confirment, la réduction massive et générale de la durée du travail est la principale forme de lutte contre le chômage. Cette majorité rejoint également les experts sur le point épineux de la non-compensation intégrale au niveau du salaire mensuel. Sur cette question décisive, les ingénieurs, cadres, techniciens, professions intermédiaires, bref les « nouvelles classes moyennes salariées » jouent un rôle doublement charnière.

– Le basculement en faveur de la réduction de la durée de travail est intervenu vers la fin de l'année 1992, pas seulement à cause de la montée des écologistes, mais surtout parce que, pour la première fois depuis vingt ans de crise, ces « nouvelles classes moyennes » (y compris donc les journalistes !) se sont senties globalement menacées par le chômage.

– Les mêmes classes moyennes, qui ont *toujours* répondu Oui en proportion plus grande que les autres catégories socioprofessionnelles à la question « Accepteriez-vous une certaine baisse de salaire pour une forte réduction de la durée du travail ? », ont majoritairement rallié cette esquisse de compromis.

Oui mais... *majoritairement* ne signifie pas, et de loin, *unanimement* ! Et c'est précisément cette question qui empoisonne aujourd'hui les débats sur le « partage du travail ». Je propose donc de revenir un instant sur la « nécessité » de ce compromis, puis d'examiner les arguments les plus susceptibles d'influencer la décision des classes moyennes.

Le choix d'une compensation salariale non intégrale, et prioritairement en faveur des bas salaires, est aussi un choix en faveur des chômeurs, un choix politique, qui est demandé principalement aux classes moyennes salariées, même si la fiscalisation de la Sécurité sociale (qui doit être accompagnée d'une suppression des privilèges des revenus du capital) touche aussi la bourgeoisie patrimoniale.

Ce choix politique est le contraire de celui effectué dans les années quatre-vingt, tacitement ou explicitement (et même claironné dans *Le Nouvel Observateur* à l'époque de Franz-Olivier Giesbert). Nous l'avons vu dans le chapitre 2 : de 1984 (première année pleine après le « tournant de la rigueur ») à 1995, la tranche des 10 % de salariés du secteur privé et semi-public les moins payés a vu son pouvoir d'achat augmenter (quand même !) de quelque 5,5 % pour les femmes, 5 % pour les hommes. Mais la tranche des 10 % de salariés qui gagnent le plus a vu son revenu augmenter de quelque 14,5 % pour les femmes, 8,5 % pour les hommes : le double en valeur relative. En valeur absolue (c'est-à-dire en francs), l'augmentation du pouvoir d'achat est sept fois plus grande. Ce résultat inattendu des « années socialistes », l'accroissement de la hiérarchie des salaires, est bien entendu aggravé dans la hiérarchie des *revenus totaux*, les cadres moyens et surtout supérieurs étant les premiers bénéficiaires de la défiscalisation des revenus de placements liquides à haut rendement (SICAV, FCP, etc.).

Ainsi, une réduction de 5 % du salaire mensuel à partir d'un niveau supérieur à quatre fois le SMIC ne ferait que rétablir la hiérarchie des salaires de 1983, qui était déjà une des plus inégalitaires d'Europe (avec la britannique).

Tous les sondages, on l'a dit, montrent que les cadres sont majoritairement prêts à répondre « oui » à une certaine compression de la hiérarchie des salaires parallèlement à la réduction du temps de travail, et encore plus particulièrement dans la tranche de deux à quatre fois le SMIC. Ils sont « solidaires » au sens de Jean-Yves Boulin et Gilbert Cette. Mais que dire aux autres ?

D'abord, en appeler à l'intérêt bien compris. Et même à l'intérêt financier : une création d'emplois équivalente à la moitié du stock de chômeurs diviserait par deux la probabilité d'avoir un chômeur dans sa famille. Les débats de 1994 autour du « contrat d'insertion professionnelle » qu'avait proposé Édouard Balladur jusqu'au niveau Bac + 2 ont montré l'importance du phénomène de « file d'attente » pour les jeunes, même diplômés. Un petit sacrifice sur le salaire individuel peut entraîner une amélioration considérable du revenu disponible par personne de nombreux ménages, y compris dans les classes moyennes.

Ensuite, rappeler que le « sacrifice financier » est la contrepartie d'un gain en temps libre plus que proportionnel. La vraie question est la suivante : « Quelle valeur donnez-vous à votre temps libre dans la mesure de votre bonheur de vivre ? Si l'on vous donnait un jour de plus à vivre par semaine, le vendriez-vous à votre employeur, ou le garderiez-vous pour vous, pour les vôtres ? » Je sais qu'une partie des cadres répondra : « Je le consacrerai à me rendre encore plus indispensable à mon employeur, afin d'éliminer mes rivaux. » À ceux-là, je n'ai rien à dire, si ce n'est de prendre soin de leur santé. Mais ont-ils acheté ce livre ?

Encore faut-il que le gain de temps libre soit tangible : sous forme d'un mois de vacances par an, d'une année sabbatique (payée) tous les dix ans. « Les 35 heures » ne représentent pas cet imaginaire pour les cadres, parce qu'ils ne « comptent pas leur temps ». Pour certains, cela signifie qu'ils n'ont pas d'horaires, mais une forme convenable de réduction du temps de travail, les mettant vraiment à l'abri de leurs « obligations professionnelles », pourra les séduire. Pour d'autres dont je viens de parler, cela signifie hélas qu'ils ne sauraient pas quoi faire de leur temps libre, car leur vie, c'est leur carrière. Ceux-là, on ne peut pas grand-chose pour eux, mais leur attitude jouera peu sur le volume de l'emploi !

Enfin, à tous, il faut poser la question politico-sociale : préférez-vous vivre dans une société déchirée par l'exclusion et les tensions raciales, ou dans une société de temps libre et d'emploi pour tous ? Voulez-vous vraiment vivre comme à Los Angeles ou à São Paulo, où les riches se barricadent dans des résidences entourées de grilles, avec guérites et miradors, où l'on dit aux amis de passage : « N'allez pas vous promenez dans tel quartier, c'est dangereux », où l'on tremble quand les enfants rentrent en retard de l'école (kidnappés ? agressés ?), où l'on doit payer des pauvres pour vous défendre contre les autres pauvres ? Oui, il y en a qui répondront « oui » (et ceux-là avaient pris le pouvoir, dans les médias et dans les têtes, au long des folles années quatre-vingt).

Mais d'autres diront : « Ça suffit. » D'accord pour revenir au temps des copains et des sorties joyeuses en montgolfière, au temps de Montand, de Romy et des premiers films de Sautet, quand on laissait les portes ouvertes et quand la rue était à tout le monde.

9

Le partage du travail n'est pas la panacée

Nous arrivons ainsi au bout du débat actuel sur le partage du travail. Que le lecteur épuisé veuille bien me donner acte au moins qu'il ne s'agit plus d'une «nouvelle idée à creuser». Jamais politique n'aura été si pesée, labourée, expérimentée, débattue. Songeons un instant à des décisions du même ordre de prix (le choix du tout-nucléaire en 1974 : 800 milliards de francs) et aussi redoutables dans leurs effets (l'indépendance de la Banque centrale): qui en avait discuté ? Quel examen public des querelles d'experts ? Le partage du travail pose de redoutables problèmes: certes. Il n'y en a pas un qui ne puisse trouver solution. Le partage du travail ne suffira pas à abolir le chômage: certes. Il faut donc des politiques complémentaires. Je me bornerai ici à quelques indications, essentiellement pour développer ma remarque liminaire: la réduction de la durée du travail n'est pas une panacée, *donc* il faut la faire, *et* faire aussi autre chose.

Dans les chapitres qui précèdent, je m'en suis tenu à la revendication centrale de ces dernières années: les 35 heures, et les quelque deux millions d'emplois que l'on peut en espérer. Peut-on faire mieux? On peut évidemment forcer la marche vers les 32 heures, grâce à une politique ambitieuse de soutien au «temps choisi volontaire», individuel ou collectif. Mais à cause des problèmes de non-compensation intégrale, il ne faut guère se faire d'illusion sur les rythmes. On pourrait envisager le scénario suivant.

– 1997 : une loi-cadre abaisse la durée légale du travail à 35 heures, ou plus exactement de moins 10 %, à moduler par la négociation de branches et d'entreprises (semaine de quatre jours, congés payés, années sabbatiques).

– La loi laisse aux entreprises deux ans pour parvenir aux 35 heures, grâce à un volant d'heures supplémentaires soumis à un fort « malus » progressant avec le temps et totalement dissuasif au bout de deux ans.

– Elle intègre aussi la restitution aux « volontaires du temps choisi » de l'intégralité des économies réalisées par l'UNEDIC grâce aux postes qu'ils libèrent.

– Elle propose immédiatement aux entreprises un bonus à la Godino-Rocard pour le passage direct aux 32 heures.

– Simultanément, d'autres lois augmentent le SMIC d'un peu plus de 10 %, pour garantir les bas salaires, et réforment le financement de la protection sociale, en diminuant en priorité les cotisations sociales « salariés ». Ce sont les deux seuls outils dont dispose l'État pour influer sur la hiérarchie des revenus.

– À partir de 1999 : baisse d'une heure par an de la durée légale du travail, jusqu'au 32 heures pour le 1er janvier 2002.

Mais cette dernière mesure n'est plus une politique de « partage du travail ». Ce n'est rien d'autre qu'une redistribution des *nouveaux gains de productivité* engendrés par le progrès technique tendanciel. Elle peut donc se faire à revenu constant, elle empêche la croissance du chômage, elle ne le diminue pas. Il faut donc se tourner vers d'autres stratégies, complémentaires.

Premier volet : la croissance soutenable

Laissons la politique, chère à la droite, de *baisse du coût salarial.* Certes, nous en avons, au chapitre 5, accepté une partie : à travers la fiscalisation des charges sociales. Mais certainement pas la politique de « brésilianisation » de la société française, les Bac + 2 à quatre dollars de l'heure que prévoyait le CIP de M. Balladur.

La différence est essentielle. La tiers-mondisation visée par les stratèges de la baisse du coût du travail prétend en fait créer des emplois par des gains de compétitivité futurs. Nous avons vu, à travers l'étude de l'OFCE, qu'ils n'ont pas absolument tort: aujourd'hui l'économie est si globalisée qu'il y a effectivement des emplois à créer en se rapprochant des conditions de compétitivité du tiers-monde. Stratégie socialement inacceptable pour un résultat dérisoire: 50 000 emplois pour une baisse de 1,6 % du pouvoir d'achat des salariés, dit l'OFCE, disons 100 000 emplois pour une baisse de 3 %, alors que nous discutons depuis plus de cinquante pages de la possibilité de faire accepter cette baisse de 3 % en échange de deux millions d'emplois[1] ! Notre problème était: comment éviter cette baisse de 3 % pour les bas salaires dans les entreprises de main-d'œuvre qui sont *aujourd'hui compétitives* et qui risqueraient de ne pas survivre demain à la formule «35 heures sans réduction de salaire»? La réponse est évidente: si on leur demande d'embaucher plus de salariés pour le même temps de travail total, alors oui il faut baisser le coût du travail *pour elles*, et comme on ne veut pas toucher aux salaires nets, alors il faut réformer le financement de la Sécurité sociale. Nous y reviendrons dans le chapitre 11.

Partage des revenus et relance budgétaire

Dans la pharmacopée traditionnelle, la «relance» de la demande tient une place de choix. Remarquons immédiatement que toute politique de réduction de la durée du travail, dès lors qu'elle est, *même partiellement*, compensée au niveau du salaire horaire (et nous avons envisagé ici une large compensation, intégrale même pour la majorité des salariés), est déjà une politique de relance de la consommation populaire. Tout simplement parce que, macroéconomiquement, elle s'analyse comme une hausse du coût salarial horaire, donc un déplacement du partage de la valeur ajoutée vers les salaires. Ou, si l'on veut: la majorité des salariés gardent le même revenu, et des centaines de milliers de chômeurs deviennent des salariés. Dans la formule proposée ici, le déplacement se fait même en faveur des plus bas salaires, des salariés ayant la plus haute

1. Prudente, l'étude de l'OFCE finançait une franchise de 1 000 francs sur les charges patronales par une hausse de la CSG, soit une baisse générale du pouvoir d'achat des salariés de 1,6 % et une baisse du coût salarial de 2,8 % au niveau du SMIC. On était loin des hardiesses du CIP.

« propension à consommer », c'est-à-dire qu'il ne sera pas besoin de subvention, balladurette ou jupette, pour les inciter à consommer tout ce qu'ils gagnent et les dissuader d'épargner !

Bref, la politique de partage du travail que nous venons de proposer est à la fois *orthodoxe* (elle respecte le besoin de financement des entreprises et pour cela veille à augmenter modérément le coût du travail), *keynésienne* (elle augmente le nombre d'heures travaillées en accroissant la demande effective intérieure par la hausse de la masse salariale), et *alternative* (elle partage cette masse d'heures de travail rentables et solvables sur un plus grand nombre de salariés). Mais attention ! *Tous* ces effets sont déjà incorporés dans les modèles économétriques comme celui de l'OFCE sur lequel je m'appuie. Or ceux-ci ne nous proposaient pas plus (si l'on ose dire) que 1,5 million d'emplois supplémentaires dans leur scénario le plus faible, et 2,5 millions dans le scénario le plus puissant mais le moins acceptable politiquement (revenu maintenu jusqu'à 1,5 fois le SMIC seulement). Admettons que la voie moyenne ici proposée (revenu maintenu jusqu'à 12 000 francs par mois, réaménagement raisonnable du travail, réforme du financement de la protection sociale) sauve deux millions d'emplois. Il nous en reste trois millions à créer.

L'autre volet des politiques de relance, c'est la dépense gouvernementale. Même les écologistes, contrairement à ce qu'on croit, n'ont rien contre la relance, du moment qu'elle est *soutenable*, c'est-à-dire qu'elle améliore la qualité de la vie, n'aggrave pas les pollutions et... économise des devises. Sont de ce type : la création d'emplois dans les services publics d'éducation ou de santé, les économies d'énergie, la construction et la rénovation de logements sociaux, le développement des transports en commun. Où trouver les fonds ? D'abord, dans un redéploiement des dépenses existantes : il est plus que temps d'engranger les « dividendes de la paix », de réduire les dépenses militaires.

Il est stupéfiant qu'il ait fallu attendre l'armistice de Dayton, six ans après la chute du Mur de Berlin, pour que nos gouvernements (droite et gauche confondues) songent sérieusement à réduire le budget militaire. Il est vrai que la situation devenait grotesque : les Français découvraient avec stupéfaction qu'après avoir englouti pendant un demi-siècle près du cinquième du budget de l'État en dépenses militaires, l'armée française n'avait pas les moyens techniques d'héliporter un régiment vers une station de sports d'hiver sur la route de Venise à Salonique pour y sauver quelques milliers de civils d'un massacre programmé.

Reste que la compression du budget de la défense nationale est d'abord perçue comme une nouvelle tragédie de l'emploi dans les villes de garnison ou d'arsenal (Lorient, Roanne et autres...). En Californie, des dizaines de millions de dollars ont été investis, dès la fin de la « guerre des étoiles », dans les recherches universitaires sur la reconversion des industries d'armement (vers les transports non polluants, etc.). Rien de tel en France, malheureusement.

En tout cas, il ne faut pas s'attendre à créer beaucoup d'emplois par le *redéploiement* des dépenses militaires. Ce redéploiement ne sert qu'à une chose : remplacer des dépenses inutiles par des dépenses en emplois utiles. C'est une politique du bien-être, ce n'est pas spécialement une politique de l'emploi.

Quant à accroître les dépenses *totales*, ce n'est pas si facile. Il ne faut guère compter augmenter l'impôt, hormis la part qui correspond au remplacement des cotisations sociales bien sûr. Et, même si l'on refuse les *rythmes* des critères de Maastricht, il est normal de chercher à revenir à l'équilibre budgétaire. Reste l'emprunt, qui est justifiable quand il s'agit de financer la transition au développement soutenable (sortie du nucléaire, économie de gaz à effet de serre, etc., par le développement du rail et les économies d'énergie). Encore faudrait-il baisser les taux d'intérêt, ou financer ces grands travaux à taux préférentiel... deux choses interdites par les termes actuels du Traité de Maastricht. Nous y reviendrons dans le chapitre final.

Résumons. On peut faire un peu de relance à l'ancienne (à la keynésienne, à la fordiste, à la sociale-démocrate). Ce n'est pas impossible, mais à une double condition : échapper à la contrainte internationale et à la contrainte écologique. Toute relance doit être économe en devises et économe en gaz carbonique[2]. Ce n'est pas impossible, c'est même tout à fait possible,

2. Il est d'ailleurs très intéressant que les modèles sur lesquels travaille aujourd'hui la planification française, comme Hermès-Thémis, intègrent le taux de gaz carbonique au même titre que le taux d'intérêt, le taux de chômage, etc.

mais cela implique un retour sur le volet « monétariste » du Traité de Maastricht. Dans le dernier chapitre, nous donnerons le chiffrage de ce que l'on peut en attendre : 700 000 emplois supplémentaires. Nous verrons qu'il faudra y mettre tous les moyens de l'économie politique admise par les keynésiens de l'OFCE en rupture de pensée unique.

Faire revivre les solidarités territoriales

Peut-on faire mieux qu'une relance concertée au niveau européen ? Oui, sans doute, par une politique de reconstitution d'un protectionnisme « culturel » : réapprendre aux habitants de l'Europe, de France, de chaque région française, qu'il vaut mieux, à prix pas trop différent, se fournir « près de chez soi » en faisant travailler ses voisins plutôt que de leur verser des allocations de chômage. Cette politique, qui fait le miracle des « régions qui gagnent », même dans le cadre du libre-échange, même avec de hauts salaires, en Bade-Wurtemberg, en Italie du Nord, demande cependant une profonde réforme intellectuelle des élites patronales, administratives et syndicales[3]. Pour avancer dans cette voie, il faut s'enfoncer dans l'hétérodoxie et affronter le paradoxe fondamental de l'écologie marchande mondialisée. Je vais essayer de le faire sentir.

L'économie marchande implique que la production s'effectue en quelque sorte à l'aveuglette et trouve ensuite des clients. Les clients, de leur côté, recherchent la production qui leur offrira le même service ou la même marchandise le moins cher possible. Problème : le client n'a d'autres revenus que ceux qu'il a obtenus en tant que producteur. D'où le paradoxe suivant.

Pierre et Paul sont chômeurs dans l'Ariège. Pierre sait fabriquer des chaises, Paul sait réparer une motocyclette. La motocyclette de Pierre est en panne, Paul a besoin d'une chaise supplémentaire. Mais le prix auquel Pierre pourrait vendre la chaise est supérieur au prix de celle que l'on trouve au Magasin Lepaclerc de Foix, importée d'on ne sait où. Paul pré-

---

3. Voir la collection d'essais coordonnés par Georges BENKO et Alain LIPIETZ, *Les Régions qui gagnent. Districts et réseaux : les nouveaux paradigmes de la géographie économique*, *op. cit.* La « loyauté » et la « réciprocité » y apparaissent comme la base des régions dynamiques (et exportatrices !) de l'Italie du Nord, par exemple.

férera la chaise importée, Pierre restera chômeur et ne pourra faire réparer sa motocyclette par Paul, qui restera chômeur et n'achètera pas la chaise. Et les sous-traitants du tiers-monde qui ont produit la chaise ne la lui vendront pas non plus.

La « mobilisation des ressources territoriales », outre ses avantages sur le plan écologique (diminution des transports polluants et coûteux de marchandises), impliquerait l'intériorisation par chacun de ce paradoxe, ou un certain protectionnisme. Le Lepaclerc pourrait passer des accords avec des producteurs locaux, les consommateurs comprendre que c'est l'intérêt commun de maintenir l'activité dans l'Ariège. On n'en est pas là. Alors, des Ariégeois qui avaient compris le problème ont monté un Système d'échange local, à l'exemple des réseaux qui se développent un peu partout dans le monde depuis le *Local Exchange Trading System* de Vancouver. Le SEL, contrairement à ce que son nom semble indiquer, est un système marchand et non un système de troc, et même un système marchand sophistiqué puisqu'il est basé sur une pure monnaie de crédit : le *grain de sel*. Seulement, les membres du réseau sont décidés à avoir recours aux ressources communes. Le premier échange n'a lieu que sur la base du crédit : Pierre se voit ouvrir un crédit en grains pour réparer sa motocyclette, et le réseau lui indique les capacités de Paul. Paul fait son travail : il a maintenant un solde positif de grains. Et il peut prendre une leçon de guitare de Marie, qui achète une chaise à Pierre, qui solde ainsi son compte de grains. Ce n'est donc pas une économie de troc, le circuit aurait pu inclure d'autres intermédiaires à l'intérieur du cercle des quelque deux cents membres de ce SEL[4].

Le SEL est une réaction contre l'absurde, une réinvention locale de l'économie keynésienne, versant monétaire du fordisme. L'idée essentielle est que l'émission de crédit permet aux consommateurs d'anticiper les revenus que leur assurera la croissance de la consommation générale. Ce n'est possible que dans une économie relativement autocentrée[5]. Aujourd'hui,

---

4. Voir le dossier dans *Le Monde* du 28 septembre 1995. Je remercie Françoise Matricon et Alain Bertrand qui m'ont décrit les mécanismes du SEL, un dispositif qui résonne étrangement avec mes travaux sur la monnaie de crédit développés dans *Le Monde enchanté*, La Découverte, Paris, 1983.

5. Si Pierre avait reçu un crédit en monnaie convertible, il aurait acheté la chaise importée, aucun emploi n'aurait été créé en Ariège et le déficit de la balance commerciale aurait sonné le signal de la « rigueur ».

l'Europe dispose de tous les ingrédients pour remettre en activité ses ressources humaines et naturelles que la globalisation met en jachère. Il lui faut pour cela se réformer, au niveau continental comme au niveau régional : réapprendre à travailler les uns pour les autres.

Second volet : le choix des techniques

Pour une part, la croissance du chômage est liée à des choix techniques qui nous ont fait privilégier systématiquement l'élimination des emplois. On ne peut le nier, les gains de productivité sont une tendance historique de l'humanité, et pour autant qu'ils sont écologiquement soutenables, on ne peut que se réjouir du travail humain qu'ils économisent. Le problème, ce sont nos institutions qui, aujourd'hui, visent à accélérer systématiquement la productivité *apparente* du travail, c'est-à-dire à diminuer le nombre de travailleurs qui contribuent directement à un produit, même si le bilan de la productivité globale de la technique choisie (c'est-à-dire compte tenu de ce qui s'est passé en amont et de ce qui se passera en aval) n'est pas évident.

Prenons un exemple spectaculaire. La politique agricole commune (PAC) a entraîné l'Europe dans une politique d'élimination systématique de l'emploi paysan avec une croissance colossale et totalement déraisonnable du coefficient d'énergie dans la production alimentaire, un usage alarmant de pesticides et d'engrais qui polluent les nappes phréatiques, la destruction de paysages merveilleux comme le Marais poitevin, une dégradation significative du goût et de la qualité des aliments. Le saumon rejoignant la truite, qui rejoint progressivement le poulet dans la liste des nourritures pas chères mais ayant strictement le même goût, c'est-à-dire aucun sauf celui de la sauce ou des herbes que l'on met dessus. C'est le « paradigme de la mozzarella ».

Le plus dramatique est évidemment le risque sanitaire qui découle de cette démiurgie agricole et zootechnique. On a ironisé sur l'absence d'avertissement des écologistes dans l'affaire de la vache folle. Les écologistes ne pouvaient pas plus que les biologistes annoncer, dès 1985, que le prion qui ne se transmettait pas des ovins aux humains pourrait le faire en transitant par les farines de mouton dont on gavait les bovins. Quels ricanements n'aurait-on pas entendus s'ils avaient osé émettre à l'époque une telle supposition ! Simplement, depuis des décennies, ils mettent en garde contre les bouleversements précipités introduits dans le domaine alimentaire. L'humanité a appris, depuis le néolithique, ce qu'elle pouvait manger sans risque. On peut introduire des changements, mais il faut savoir que c'est aux risques et périls de notre génération et des suivantes. L'agro-industrie (« l'alliance de la science et de l'industrie », comme l'écrit le pamphlet anti-écologiste dit *Appel de Heidelberg*) préfère la formule de Napoléon, reprise par Lénine : « On s'avance et puis on voit. » Sa prochaine offensive est l'introduction massive de manipulations génétiques. Les prochaines mutations du Creutzfeldt-Jakob sont déjà programmées[6]. Mais revenons à l'emploi paysan.

Nous sommes passés de 30 % de paysans dans la population active à 6 %, et l'on s'achemine vers les 3 % par des causes essentiellement institutionnelles. Nous n'étions pas obligés d'en arriver là. La façon dont la PAC a garanti le revenu, donc l'insertion et la dignité des paysans qui subsistent, à travers le soutien au cours des produits et non à travers le soutien direct à leurs activités, entraînait mécaniquement cette surconcentration, contre toutes super-lois, méga-lois ou méta-lois économiques. Ce sont des institutions qui ont produit cela[7].

L'alternative est bien entendu le maintien d'une agriculture paysanne, la lente et systématique mobilisation des savoirs et de l'expérience dans le respect de l'équilibre des écosystèmes, par une paysannerie plus nombreuse, au revenu garanti directement contre les aléas de la météorologie et des cours. Cela coûtera nettement moins cher que de subventionner des usines à viande.

6. On vient d'apprendre qu'une variété de colza génétiquement manipulée pour la rendre résistante aux herbicides, déjà commercialisée en Europe, peut s'hybrider à grande distance avec des plantes sauvages qui deviennent à leur tour résistantes (*Le Monde* du 26 juin 1996). Pas grave : on inventera des herbicides plus brutaux.

7. Les paysans qui assèchent le Marais poitevin pour faire pousser du maïs l'admettent avec philosophie : « Nous, on nous incite à faire cela par le barême des prix et des subventions. Si vous changez le barême, nous travaillerons autrement. »

On pourrait dire exactement la même chose au sujet de la production d'énergie. Le coût de la production du kilowattheure nucléaire (hors élimination des déchets, démantèlement des vieilles centrales, et assurance-risque d'accident majeur · coûts jamais pris en compte, que nous léguons aux générations futures) est sensiblement le même que celui de l'économie d'un kilowattheure. Mais pour « produire » le kilowattheure, il faut beaucoup moins d'emplois (et beaucoup plus concentrés) que pour l'économiser par l'isolation des logements, etc.

Pour un tiers secteur d'utilité écologique et sociale

Reste que la relance ne permettra pas de régler le problème du chômage résiduel après passage aux 35 heures. Encore une fois, on ne peut en attendre que quelques centaines de milliers d'emplois supplémentaires (700 000 dans le schéma « anti-Maastricht » examiné au dernier chapitre).

Admettons encore un mieux de 300 000 emplois par une intense conversion des politiques énergétiques et agricoles vers les techniques les plus intensives en travail, quelque cent mille emplois créés par des initiatives de mobilisation des ressources locales. Nous restons aux environs de trois millions d'emplois créés. Le mirage de l'abolition du chômage s'éloigne...

Il faut donc, pour les quelque deux millions de chômeurs et d'exclus du travail salarié que laisserait de côté « la meilleure politique d'expansion et de partage du travail possible », inventer autre chose. Autre chose qui offre à chacun les moyens de vivre et la reconnaissance de soi et des autres. Cette autre chose, c'est un tiers secteur d'utilité écologique et sociale.

Ces deux millions de personnes restantes qui cherchent un travail mais doivent aujourd'hui se contenter de stages sans grands débouchés ou d'emplois à temps partiel subventionnés sous le nom de « contrats emploi solidarité », ou qui ont provisoirement renoncé à se présenter sur un marché du travail décourageant, représentent la partie la moins susceptible d'être réembauchée par les politiques économiques précédentes. Elles sont à la frontière entre politique sociale et politique de l'emploi. Certes, il y a dans les CES de nombreux jeunes diplômés qui trouveraient facilement un travail si l'emploi était plus abondant et mieux partagé. Certes, une partie des stages est utile et le sera encore plus si, les offres d'emploi se gonflant, une partie des chômeurs doit être « remise à niveau » professionnellement. Mais la plupart de ces deux millions ont effectivement perdu la « culture du travail », les plus jeunes ne l'ont jamais connue.

À ces derniers s'adressait le rapport de Bertrand Schwartz sur l'« insertion sociale et professionnelle des jeunes ». Dès 1983, ce rapport prônait la constitution d'entreprises « intermédiaires », gérées en coopératives, combinant formation et activité, subventionnées par l'activation de dépenses passives du chômage (c'est-à-dire : les simples allocations). Et il était suggéré de dédier ces entreprises aux activités non prises en charge par le public ou le privé. L'idée du « tiers secteur » était née.

J'ai évoqué, dans mes livres précédents, comment cette idée magnifique a dégénéré en TUC, CES, etc. Cette dégénérescence n'implique pas condamnation de l'ambition initiale. L'idée est simple : un salarié payé au SMIC gagne 5 000 francs net par mois, en coûte 10 000 à son employeur. Un RMIste coûte 2 500 francs à la société. Autorisons les entreprises intermédiaires à embaucher des chômeurs, à les payer normalement (au moins le SMIC) tout en recevant les 2 500 francs à titre de subvention, et dispensons-les de charges sociales : l'opération est blanche pour la collectivité. Mais le coût du travail dans cette entreprise est réduit à 2 500 francs (si les salariés sont payés au SMIC), ce qui ouvre un champ immense pour une demande actuellement insolvable. Naturellement, ces entreprises ne doivent pas empiéter sur les domaines déjà desservis par les deux autres secteurs, sinon elles « cannibaliseraient » les emplois de ces secteurs. Les domaines quasi vierges sont essentiellement des « emplois de proximité », ou liés à l'amélioration de l'environnement.

Le tiers secteur a donc une double fonction sociale : par rapport à ses salariés, et par rapport à ses usagers.

Par rapport à ses salariés, il offre à une main-d'œuvre « difficile » un emploi lui assurant revenu, reconnaissance et dignité. En ce sens, dans ce chapitre, et pour la dernière fois dans ce livre, nous pouvons considérer le développement du tiers secteur comme une politique de l'emploi. Mais l'erreur serait de considérer qu'il n'est qu'une politique de l'emploi.

J'ai commencé cette seconde partie en affirmant que, même en situation de plein emploi, il faudrait diminuer le temps de travail. Je la conclurai de la même manière : même si nous retrouvons le plein emploi, il faudra un tiers secteur. À titre de politique sociale : pour les services qu'il peut rendre, les liens qu'il peut créer dans la communauté. Ce qui nous introduit à la troisième partie de ce livre.

Annexe

Peut-on financer le passage aux 35 heures par la fiscalité ?

Remarques générales[1]

Parmi les partisans de la réduction forte et rapide de la durée du travail, et en particulier dans le mouvement *Agir ensemble contre le chômage !*, il existe un large accord sur ce que doit être la distribution des revenus *après* impôts en cas de passage à 35 heures. La réduction du temps de travail (RTT) à 35 heures exige, pour être efficace en termes d'emplois, un maintien de la consommation populaire *et* une non-augmentation des charges des entreprises, et sans doute même une croissance des investissements, donc des profits. Dans ce cas, les revenus du capital non productif (rentes, intérêts, dividendes) et même les hauts revenus salariaux doivent être mis à contribution. Il est « techniquement » indifférent que la contribution de ces hauts revenus passe par le salaire direct (on les paie un peu moins) ou par l'impôt (on les paie autant, mais on les « rattrape » davantage fiscalement). Une pression fiscale accrue sur les hauts salaires permettrait, par exemple, de diminuer les cotisations sociales payées par les entreprises et donc d'amortir la hausse du coût horaire des bas salaires.

Politiquement, ce n'est cependant pas la même chose. Il est

1. Ce commentaire est issu des travaux de la Commission économique des Verts. Les chiffres de 1993 ont été révisés par rapport à une publication antérieure (Lydia BROVELLI, Alain LIPIETZ, Pierre MOSCOVICI, Claude QUIN, *Quelle économie pour l'emploi ?*, Éditions de l'Atelier, Paris, 1995). Les chiffres de 1995 résultent des premières estimations au printemps 1996.

clair que lorsqu'on énonce une idée en deux phrases, la presse et l'opinion tendent à ne retenir que la première.

– Soit on dit : « 1. Nous sommes pour le partage du travail financé par le partage des revenus... 2...mais en maintenant le revenu mensuel des bas salaires. » Dans ce cas, on met l'accent sur l'idée de « partage », et on court le risque de voir oublier qu'on protège les bas salaires.

– Soit on dit : « 1. Nous sommes pour le partage du travail sans diminution de salaire... 2... mais les hauts salaires seront davantage imposés afin de diminuer les charges sociales sur les entreprises. » Dans ce cas, on met l'accent sur « ça ne vous coûtera rien », et on glisse une réserve qu'on espère voir oublier, « sauf au moment de payer les impôts ».

Les Verts, au sein de *AC !*, ont choisi la première solution, parce que l'idée de partage est en soi une valeur à défendre (réduction des inégalités, etc.). Subsidiairement, c'est pratiquement la seule politique réaliste : même sans réforme fiscale (toujours très difficile), il suffit de laisser négocier les partenaires sociaux, tout en augmentant le SMIC horaire pour protéger les bas salaires. L'État reste dans son rôle traditionnel (normes au niveau du SMIC, des horaires de travail), mais n'intervient pas dans la fixation des salaires horaires de tous les salariés (qui devraient être augmentés pour maintenir le salaire mensuel).

En revanche, la deuxième solution consiste à laisser entendre dans un premier temps que les cadres peuvent avoir le « beurre et l'argent du beurre », en espérant qu'ils ne s'apercevront pas qu'ils seront davantage « matraqués » fiscalement. Or, il suffit de feuilleter les hebdomadaires politiques (y compris *Le Canard Enchaîné*) pour s'apercevoir que les cadres sont encore plus sensibles aux augmentations d'impôts qu'aux compensations « non intégrales » du salaire mensuel. Quant à l'idée selon laquelle, si l'on dit « les hauts salaires seuls devront diminuer », les bas salaires penseront : « Mais voyons ! Après ce sera mon tour ! », il est plus qu'évident que l'effet sera le même, et encore pire, si l'on dit « les hauts salaires seuls verront leurs impôts augmenter ».

Dans ces conditions, on ne gagne rien (mais on perd beaucoup) à chercher à *camoufler* la baisse de certains revenus salariaux par un détour fiscal. Dans la partie technique qui suit, nous allons montrer que ce détour fiscal est pourtant *possible*, mais qu'il est impossible à camoufler. Nous nous limiterons aux entreprises (« sociétés et quasi-sociétés ») pour ne pas alourdir la plomberie déjà bien compliquée par les mouvements de fonds à l'intérieur des administrations.

Possibilité technique, inutilité politique

Nous allons faire un calcul très brutal, à partir des chiffres de 1993 qui furent utilisés dans le débat de 1994 (les chiffres 1995 sont donnés en note). L'objectif de l'exercice est de dégager des recettes fiscales nouvelles pour compenser le surcoût salarial direct des entreprises, lors d'un passage aux 35 heures intégralement compensé, en diminuant les cotisations sociales ou impôts qu'elles versent. Ces moins-values pour l'État et la Sécurité sociale seront compensées par d'autres impôts sur les hauts revenus du capital et du travail : tel est exactement le principe du « financement de la réduction du temps de travail par l'impôt ».

La masse des salaires *nets* versés par les employeurs est d'environ 2 500 milliards de francs[2]. Supposons que le temps de travail baisse de 10 % (de 39 heures à 35 heures) par un strict partage du travail (sans gain de productivité) : la population salariée augmente de 10 %. Supposons que ce passage se fasse « sans diminution de salaire net » : tous les salariés conservent le même revenu imposable. La masse des salaires nets augmente alors de 250 milliards de francs. Supposons enfin que cette énorme vague d'embauches se fasse sans investissement (tous les postes de travail sont créés par passage au travail par équipes successives). Alors, ces 250 milliards représentent le seul coût à financer pour les entreprises. Il est en effet inutile de trouver l'argent pour payer les charges sociales des nouveaux embauchés : à « trou » égal des caisses de Sécurité sociale, le volume *total* des cotisations sociales versées n'a pas besoin d'augmenter (dit autrement : comme la masse salariale augmente, on peut baisser les taux de cotisations sur l'ensemble

2. 1995 : 2 630 milliards de francs.

des salariés, anciens et nouveaux, la même somme totale restant à la charge des entreprises, à production inchangée).

Comment financer ces 250 milliards ? Arrêtons de répéter sans précaution que « le chômage coûte 400 milliards de francs par an à la société ». D'abord, on n'éliminera pas le chômage par les 35 heures (mais « seulement » 2 millions de chômeurs sur les 3,5 officiels, plus les RMIstes, stagiaires, préretraités...). Ensuite, que signifie « le chômage coûte 400 milliards » ? En réalité :

a) La société a versé en 1993 aux chômeurs environ 190 milliards de francs, 120 pour les ASSEDIC, 50 pour le FNE, 20 pour le RMI et l'aide sociale. C'est le seul coût *en espèces*, donc le seul argent disponible pour « financer » une politique de l'emploi. Mais le FNE (préretraites, formation) n'est pas mobilisable, on n'imagine pas remettre au travail les préretraités ni supprimer l'aide publique à la formation. Quant au RMI, il concerne des personnes difficilement réemployables à travers la RTT : on peut supposer que les 2 millions de chômeurs réembauchés seront les derniers sortis des entreprises, donc ce seront des bénéficiaires des ASSEDIC;

b) Le « manque à gagner » (en prélèvements non payés par les chômeurs) pour la Sécurité sociale et l'État, dû au chômage, porte cette somme à 400 milliards de francs. Mais nous avons déjà utilisé (voir plus haut) les cotisations sociales des nouveaux embauchés pour diminuer les charges sociales pesant sur les autres. Ce manque à gagner est donc déjà récupéré, et il ne l'est que de cette façon-là (par l'augmentation de la masse salariale) ;

c) Il y a un manque à gagner... pour la société du fait que les chômeurs ne produisent rien. Mais notre but n'est pas ici d'augmenter le produit global, mais de le *partager*. Les politiques de croissance soutenable existent, mais c'est une autre histoire (voir chapitres 9 et 12).

Bref : les 35 heures permettent d'économiser environ deux tiers des fonds ASSEDIC, ceux du RMI et des préretraites FNE ne sont absolument pas libérés. Soit : 70 milliards pour financer les 35 heures.

Restent 180 milliards de francs à faire financer par une réforme fiscale. Comment faire ?

1. Les écotaxes

L'écotaxe CO_2-énergie proposée en 1991 par la Commission européenne pour lutter contre l'effet de serre, dans le cadre de la conférence de Rio, est maintenant presque officiellement réservée précisément à diminuer les cotisations sociales payées par les employeurs (*Livre blanc* sur l'emploi de la Commission, rapport Malinvaud-Drèze). En régime normal (c'est-à-dire au bout de sept ans de mise en œuvre !) elle rapporterait 110 milliards de francs par an au Trésor français, disons 50 milliards au moment du passage aux 35 heures. Mais s'agit-il d'une ressource nouvelle ? Si on veut qu'elle dégage des ressources nouvelles pour les entreprises, il faut qu'elle s'ajoute comme un surcoût sur le prix de vente de certaines productions polluantes. Elle est bien alors considérée comme un impôt payé par le consommateur en l'incitant à des pratiques plus raisonnables, et qui sert à financer une partie de la Sécurité sociale (les entreprises payant par ailleurs moins de cotisations sociales, mais conservant le même prix de vente « hors-écotaxe »). Nous pouvons considérer cela comme juste, et bien dans le sens de ce que nous cherchons ici, mais il faut savoir que lorsque Bill Clinton a essayé de le faire, il dû battre en retraite devant la presse identifiant la hausse du prix de l'essence à un « impôt sur les classes moyennes ».

Si au contraire l'écotaxe s'impose à prix de vente constant, alors les entreprises remplacent simplement des cotisations sociales (versées aux caisses) par l'écotaxe (versée à l'État qui la reverse aux caisses). Rien n'est changé pour elles sauf les prix relatifs, dans un sens plus favorable aux industries de main-d'œuvre et plus défavorable aux industries polluantes, ce qui est utile mais n'a qu'un effet de second ordre sur l'emploi. Ce n'est pas le financement que nous cherchons.

Nous allons donc devoir mener deux calculs parallèles, selon que l'écotaxe provoque ou non une hausse du niveau des prix à salaires nets constants.

2. La transformation de cotisations sociales en TVA

Cette mesure ne servirait à rien pour la masse des entreprises, puisque le prélèvement resterait un coût à déduire de leur prix de vente. Si on suppose que le transfert à la TVA peut se faire avec augmentation générale des prix de vente, à salaires inchangés, comme plus haut dans le cas de l'écotaxe, alors les bas salaires paieraient aussi la RTT : le contraire de ce que nous voulions !

Le transfert des cotisations *existantes* à la TVA (donc à niveau des prix en moyenne constant) est pourtant utile : effet de protection contre les importations de pays sans Sécurité sociale, changement d'assiette qui « fait payer les machines et le profit » et pas seulement le travail, ce qui est très utile pour les entreprises de main-d'œuvre faisant face à une forte hausse du salaire horaire. Mais cela ne peut pas servir à financer *globalement* le maintien des salaires, et surtout pas des hauts salaires, en cas de RTT compensée intégralement.

3. Mieux fiscaliser les revenus de la propriété

Nous entrons ici dans le caverne d'Ali-Baba : légende ou trésor caché ? Disons : intéressante cagnotte. Scandaleux par leur existence même, ces revenus « gagnés sans travailler » n'ont cessé de prospérer avec la financiarisation de l'économie mondiale et les confortables privilèges accordés aux revenus du capital pour la défense du « Franc fort ». De là à leur faire couvrir la totalité du coût du partage du travail, il y a pourtant une grosse marge.

Et d'abord, de quoi parle-t-on ? S'agit-il de l'ensemble des versements des entreprises au capital-argent, c'est-à-dire intérêts et dividendes ? En 1994, quand le débat fait rage dans le mouvement *AC !*, Michel Husson, économiste de l'IRIS, s'appuie sur cette définition. Pour 1993, les revenus nets versés à la propriété du capital se chiffrent à 453 milliards de francs sur 1 229 milliards d'excédent brut d'exploitation (les profits, après versement des salaires et des taxes liées à la production[3]). Oui, mais... une partie de cet argent circule « au sein du capital » : vers les banques, et des banques aux entreprises. Les profits des banques sont eux-mêmes imposés normalement... quand il y en a, ce qui est de moins en moins le cas : les pertes des

3. Chiffres de 1995 : 408 milliards sur 1 311. La baisse des taux d'intérêt se fait sentir.

banques correspondent à des erreurs de jugement des investisseurs, qui ne peuvent constituer une ressource.

On peut juger irrationnels ces va-et-vient et ces erreurs, mais taxer les mouvements de fonds intercapitalistes, dès lors qu'il ne s'agit pas de pure spéculation au jour le jour, ne présente guère d'utilité[4]. Mieux vaut restaurer les profits du capital productif par rapport à ceux du capital financier en abaissant les taux d'intérêt.

Quant aux intérêts et dividendes que *reçoivent* les entreprises, il n'y a aucune utilité évidemment à les taxer. Si Renault et Thomson bouchent le déficit de leurs activités industrielles avec leurs profits financiers, tant mieux pour l'emploi.

Bref, les seuls « revenus de la propriété » en cause sont les intérêts et dividendes versés *aux ménages*. Attention : la comptabilité nationale compte comme « revenus de la propriété » (environ 640 milliards de francs en 1993) l'usage gratuit de sa propre maison, de son jardin, ou certaines « rentes » que l'on peut légitimement considérer comme dispensées d'impôts : livrets A, Plans d'épargne logement... D'autres revenus sont déjà fiscalisés normalement (revenus immobiliers, fonciers).

Ce qui fait donc problème, ce sont essentiellement les revenus de la propriété *des entreprises* et des banques versés aux ménages : les « intérêts et dividendes ». Soit en 1993 : 248 milliards de francs[5]. Beaucoup d'entre eux sont imposés au niveau du « prélèvement libératoire » de 19 %. C'est nettement plus que le taux moyen de l'impôt sur le revenu. Oui, mais ils ne paient pas de cotisations sociales, et c'est bien cela le problème numéro 1 de la fiscalité française. Et cette somme intègre certains revenus « intouchables » déjà cités (livret A et PEL).

Nous évaluons en 1993 à 200 milliards de francs la masse de revenus financiers que l'on pourrait fiscaliser davantage, par exemple de 15 % *de plus* qu'actuellement, soit 30 milliards[6]. Cela représentera déjà un « choc » considérable. Dans le cadre

4. La « taxe de Tobin » antispéculation a pour but d'arrêter la spéculation en diminuant sa rentabilité. Si elle atteint son but, elle ne rapporte plus rien.

5. 309 milliards en 1995.

6. Ce calcul, très « doigt mouillé », a été refait par Yves Paccou en 1996. Le grand changement est l'arrivée en régime des formes défiscalisées d'épargne long-terme : PEP, plan d'épargne par action, assurance-vie. C'est là que se réfugie préférentiellement aujourd'hui le

de la libre circulation des capitaux (dont la limitation demanderait un changement global du cadre international), il serait irréaliste de prétendre (comme le font le PC et la CGT) leur imposer le taux moyen de cotisation sociale de l'ordre de 50 % !

Restent 150 milliards de francs à trouver, par la fiscalité sur les salariés, retraités, travailleurs indépendants (100 milliards si l'on accepte l'écotaxe comme surcoût).

4. Les impôts sur le revenu du travail

Nous voici au centre du problème. 150 milliards, c'est de l'ordre du volume des allocations familiales. On pourrait par exemple diminuer de 150 milliards les versements des entreprises à la Caisse nationale des allocations familiales, et augmenter d'autant les impôts sur des salaires nets *inchangés* (malgré la RTT).

150 milliards, c'est 50 % de l'impôt sur le revenu des personnes physiques (IRPP : 300 milliards en 1993). Ainsi, les partisans du « financement de la réduction du temps de travail par l'impôt » se proposent d'annoncer : « On va maintenir les salaires de tous, même celui des cadres supérieurs, mais on va augmenter les impôts de 50 %. » Et ils s'imaginent que cela va être populaire ? Certes, l'impôt sur le revenu est très progressif, et les bas salaires ne le paient pratiquement pas actuellement. Mais des calculs (encore plus compliqués) ont montré que, pour maintenir la progressivité actuelle, et si l'on n'augmente pas le nombre d'imposables, il faudrait créer une tranche à 70 % ! Donc, en réalité, il faudra élargir l'assiette de l'IRPP ou (ce qui revient au même, aux retraités près) fusionner CSG et IRPP.

Dans tous les cas de figure, cette grosse augmentation des impôts ne pourra se faire qu'en douceur, c'est-à-dire par un précompte prélevé à la source. Donc elle apparaîtra directement sur la feuille de paie des cadres... et mensuellement sur leur compte en banque. Exactement comme serait apparue une non-compensation salariale intégrale. À moins que l'écotaxe

revenu défiscalisé de la propriété du capital par les ménages. Les partisans de la consolidation de la retraite par répartition ne voient aucune légitimité à ces privilèges fiscaux, si ce n'est la parole de l'État, pour ce qui est de l'épargne déjà constituée ! En ramenant ces revenus au droit commun, on peut arriver à 50 milliards de recettes supplémentaires, au lieu de 30.

européenne n'apparaisse sur la facture des consommateurs. Dans ce cas, la hausse des impôts directs pourrait n'être « que » de 33 %.

Vous avez dit camouflage ?

Et les gains de productivité ?

On a jusqu'ici estimé (comme l'OFCE) que, lors d'un passage aux 35 heures, les gains de productivité du travail par intensification étaient très faibles. Pour la première heure, on estime au contraire que la réduction des temps morts « mange » la moitié de la RTT.

Supposons que la réalité soit intermédiaire : la RTT à 35 heures provoque une intensification du travail de 2,5 % (on diminue de 4 heures le temps de travail, mais le « travail fourni » ne diminue que de 3 heures). L'embauche n'est plus de 10 %, mais de 7,5 %, l'efficacité sur le chômage est diminuée d'un quart : on reperd 20 milliards sur les ASSEDIC, mais le coût pour les entreprises est diminué de 62,5 milliards de francs. Il y a 42,5 milliards de moins à trouver : restent 87,5 milliards, et l'impôt sur le revenu doit augmenter de 29 % pour les salariés, retraités et travailleurs indépendants. C'est quand même assez dur, et plus dur encore à camoufler.

Et encore, dans tous ces calculs, on a supposé que les employeurs n'ont besoin d'acheter aucune installation supplémentaire ! Mais inversement, on n'a pas touché à la capacité de financement des entreprises. Elle était de 107 milliards en 1993, 80 milliards en 1994, 72 milliards en 1995. La reprise automatiquement induite par la hausse de la masse salariale, à coût constant pour les entreprises, la ferait sans doute remonter à 100 milliards, soit 50 000 francs de capacité d'investissement pour chacun des 2 millions de nouveaux embauchés. Ce n'est pas déraisonnable s'il y a réaménagement du travail et priorité aux techniques peu capitalistiques.

Enfin, nous n'avons supposé aucun redéploiement des subventions à l'embauche (comme le contrat d'initiative emploi) qui ont considérablement augmenté depuis 1993. Mais si nous les considérons comme des « aubaines » tombées dans la poche des entreprises, les leur retirer ne constituera pas une ressource pour elles ! Cet argent n'est une « cagnotte » que pour l'autre stratégie, qui consiste à abaisser le coût des seuls bas salaires (par une réduction des charges sociales), en laissant les entreprises négocier les hauts salaires.

III

La solidarité contre la société en sablier

Introduction

« Renverser le sablier » supposera un changement de modèle de développement : réformer le travail en le qualifiant et négociant l'implication des travailleurs, faire reculer la précarité du rapport salarial, partager le travail et réduire les inégalités dans les revenus directs (ceux de la propriété et du travail). Cela demandera des efforts, des luttes. Du temps. Or, les exclus et les précaires n'ont pas le temps d'attendre. Nous avons donc besoin, aujourd'hui, en urgence, de renforcer la solidarité par la redistribution.

Avant tout, rappelons que la solidarité s'exerce principalement en nature. Ce sont les services publics : l'école, le système de transports, de télécommunication, etc., qui assurent matériellement la cohésion d'une communauté, qu'elle soit municipale, nationale ou européenne. Les attaques actuelles contre le service public ne représentent rien d'autre qu'une nouvelle offensive des partisans de la société en sablier. Ainsi, la gratuité des transports publics pour les chômeurs est une mesure au moins aussi utile et sûre que la distribution de coupons-transports pour les nécessiteux.

Mais, au-delà de ces services publics bien visibles, il y a la responsabilité générale de l'État et des autorités locales à l'égard de la société. La hausse générale des dépenses de santé n'est pas seulement l'effet du progrès technique ou de la préférence de nos médecins pour les soins les plus coûteux (médicaments, analyses, opérations). Avant tout, il y a la dégradation de la santé des résidents sous le coup du productivisme. L'affaire du sang contaminé (qui, outre le sort tragique de ses victimes, va coûter des milliards en médicaments anti-SIDA) n'est qu'un exemple parmi tant d'autres. L'irresponsabilité des autorités, soumises aux pressions des lobbys industriels, a laissé se développer d'autres scandales du même genre, qui éclatent les uns après les autres : le scandale de l'amiante, le scandale du diesel subventionné, alors qu'on sait maintenant qu'il est cancérigène, le scandale général de la circulation automobile en ville...

La politique publique de prévention de la misère, du stress et de la maladie, est à réinventer. Mais cela, encore, prendra du temps.

Nous consacrerons donc cette partie aux urgences de la politique sociale, tout ce qui concerne les institutions et les pratiques réformables au terme de quelques années. Dans un premier chapitre, nous examinerons les deux volets de la politique sociale classique : les allocations (en argent) et les prestations de services. Nous y discuterons notamment du RMI et du tiers secteur.

Ces politiques, comme toutes celles de redistribution, supposent un financement : cotisations sociales, impôts. Nous y consacrerons le deuxième chapitre.

Enfin, le cadre de notre politique économique et sociale est de plus en plus souvent l'Europe. Nous ne pouvons discuter en détail de cette immense, périlleuse, et qui aurait pu être exaltante, mutation de l'échelle de notre citoyenneté. Mais nous consacrerons le dernier chapitre de ce livre à quelques remarques sur sa dimension européenne.

10

La politique sociale face à la société en sablier

La politique sociale de l'État-providence était l'une des composantes essentielles du « troisième pilier » du fordisme, de son *mode de régulation.* Aux côtés des conventions collectives et de la législation sociale qui assuraient une croissance régulière du salaire direct, la Sécurité sociale devait assurer un revenu permanent, même lorsque l'on ne travaillait pas.

Pour les hauts fonctionnaires qui l'avaient conçue, il ne s'agissait sans doute pas tant de garantir financièrement le citoyen contre les aléas de la vie (la maladie, le chômage, la mort, mais aussi la charge de nouveaux enfants, le juste repos d'une retraite méritée). Telle était certainement, au contraire, l'ambition du mouvement ouvrier qui, dès le XIXe siècle et sans attendre l'État, avait mis en place des mutuelles couvrant tel ou tel risque. Puis, les mêmes syndicalistes qui avaient rêvé d'abolir le salariat cherchèrent très logiquement à imposer aux employeurs de cotiser à leurs mutuelles. Et ces mêmes anarcho-syndicalistes qui refusaient « l'État des patrons » se convainquirent, dans les années trente, que la meilleure garantie de la cotisation patronale était l'obligation légale, voire l'organisation de la Sécurité sociale par l'État. Ainsi le rêve du socialisme utopiste (ni patrons, ni gouvernement) s'était-il transformé en son contraire [1].

Mais si patronat et gouvernements avaient encouragé ce retournement, c'est qu'ils y trouvaient quelque avantage : dès

1. Voir Jacques DONZELOT, *L'Invention du social*, Fayard, Paris, 1984 ; Henri HATZFELD, *Du paupérisme à la Sécurité sociale*, Armand Colin, Paris, 1971.

le XIXe, la stabilisation de la main-d'œuvre, et, au milieu du XXe siècle, la stabilisation de la demande populaire, un pouvoir d'achat régulier pour des affaires régulières. Au début des années soixante-dix, en France, certaines branches de l'État-providence étaient même devenues – tout comme le jeu sur le salaire minimum, le déficit public et les taux d'intérêt – un instrument de réglage fin de la conjoncture économique. Celle-ci montrait-elle des signes de fléchissement ? On augmentait les allocations familiales, on offrait une « allocation de rentrée scolaire », etc.

Tout changea avec la crise du fordisme. La balance extérieure devint plus importante que la demande intérieure, la restauration de la rentabilité de l'offre plus importante que la stabilisation de la demande. L'État-providence avait perdu son argument macroéconomique. Dès lors, commencèrent les attaques contre « le poids excessif des prélèvements obligatoires », qui se transformèrent bien vite en attaques contre « le poids excessif des dépenses sociales »[2]. La couverture du chômage, de la maladie, de la famille, commença sa lente érosion. Mais paradoxe : on avait beau baisser les taux de couverture, diminuer la part remboursée du prix des médicaments, diminuer les allocations de chômage et en raccourcir la durée, les dépenses explosaient quand même. La société en sablier, d'année en année, rendait les gens plus malades, les chômeurs plus nombreux, les familles plus éclatées et plus démunies.

La politique sociale du néo-libéralisme

Alors, dans la partie occidentale de l'ancien fordisme, celle qui a choisi l'issue néolibérale, les pays anglo-saxons et latins, peu à peu on se convainc de supprimer certaines formes de soutien social. De laisser les plus fragiles tomber jusqu'au fond du sablier, jusqu'à l'exclusion. La crise fiscale de l'État-providence, qui masquait une crise sociale larvée, se résout en laissant éclater cette dernière. Celle-ci serait un fait inéluctable, au même titre que les inondations et les épidémies dans le tiers-

2. Le rapport de Dominique de la Martinière sur *La Réforme des prélèvements obligatoires* (31 mai 1996) en est un bel exemple.

monde. À la concurrence de ce même tiers-monde se voit d'ailleurs imputée la «nécessité» de diminuer la protection sociale dans notre propre pays, comme par contagion. Les travailleurs chinois ne coûtent-ils pas trente fois moins que les français ?

C'est donc vers le tiers-monde qu'il faut se tourner pour comprendre quelles vont être les politiques sociales du libéralisme. Pas vers n'importe quel type de tiers-monde, mais celui qui a connu une sorte de pseudo-fordisme, sous la forme des régimes populistes-corporatistes d'Amérique latine[3]: le Brésil, le Mexique, l'Argentine, pendant une brève période le Pérou, etc. : toutes ces tentatives extrêmement étatistes d'imiter le compromis fordien de 1945. Pourquoi ? Parce que, dans ces pays-là, le fordisme ayant été plus caricatural, il était plus facile d'en lire les institutions. Et comme sa destruction y a été menée de main de maître, en quelques années, par le Fonds monétaire international et la Banque mondiale, on y voit mieux les effets de cette destruction du fordisme, plus précisément du pilier État-providence. Et troisièmement, comme cette destruction a eu lieu dès les années quatre-vingt, il est beaucoup plus facile d'y deviner ce que sera la politique sociale de «l'après-destruction du fordisme», du néolibéralisme.

Que se passe-t-il donc en Amérique latine, une fois détruit l'État-providence, vélazquiste, varguiste, cardéniste, péroniste, etc ? Dans un premier temps : rien. Les pauvres, qui avaient quelque chose, n'ont plus rien. Puis, après quelques années, le Fonds monétaire et la Banque mondiale commencent à formuler d'étonnantes autocritiques : «Il y a eu des excès, un coût social excessif de la politique d'ajustement structurel.» L'État-providence est détruit, c'est parfait. Mais on a oublié qu'il faut quand même reproduire les corps humains, et pour cela il faut des institutions[4].

3. Il serait plus «politiquement correct» de parler d'Amérique du Sud, mais ce serait écarter le Mexique. D'ailleurs, les Amérindiens n'ont jamais bénéficié de la protection des États populistes créoles.

4. Dès la fin des années quatre-vingt, des «régulationnistes» québécois commencèrent à souligner que l'État-providence ne servait pas seulement à réguler l'économie, mais d'abord à réguler la reproduction des êtres humains : ce qu'ils appelèrent la «régulation anthroponomique». Voir Gilles Breton et Carol Levasseur, «État, rapport salarial et compromis institutionnalisés», *in* Gérard Boismenu & Daniel Drache (dir.), *Politique et Régulation*, Méridien-L'Harmattan, Montréal-Paris, 1990.

Mais quelles étaient donc les institutions qui jadis, avant l'État-providence, avant même le capitalisme, veillaient sur les corps ? Il y avait la famille, et puis l'Église. Après quarante ans d'État-providence, Église et famille ont largement oublié comment cela se pratiquait. La grande famille élargie est devenue nucléaire, voire monoparentale, et l'Église catholique a complètement oublié comment organiser la charité. Dans les pays musulmans, comme l'Algérie ou l'Égypte, qui ont connu, après Boumediene ou Nasser, à peu près la même trajectoire, il en va autrement, parce que d'autres institutions religieuses donnent encore une grande importance à l'aumône, à la charité, à la redistribution privée : les islamistes occupent le terrain laissé vacant par la « libéralisation » de l'État populiste.

Donc, en Amérique latine, que fait-on ? Il faut trouver quelque chose qui ait à peu près le même mode d'action que la famille ou l'Église, c'est-à-dire des institutions sociales bricolant de façon presque bénévole. Elles existent : les organisations non gouvernementales, les ONG. Aujourd'hui les ONG occupent massivement le terrain du social en Amérique latine. Mais, contrairement à nos ONG de France, celles-là sont bien riches ! On trouve au Pérou des « Maisons des femmes » ayant plus de salariées que la totalité du mouvement féministe français, avec des budgets qui chiffrent en millions de dollars par an. C'est que la Banque mondiale, la Banque interaméricaine de développement, les organisations caritatives des pays riches, comprennent qu'il faut bien financer quelque chose pour s'occuper de la reproduction des corps (l'école, la santé, la prise en charge des orphelins, la lutte contre les taudis). Et comme il n'est pas question de reconstruire l'État-providence qu'on a eu assez de mal à détruire, ces organisations financent maintenant des ONG... qui deviennent des OPG, organisations paragouvernementales, voire des OPIG, organisations para-inter-gouvernementales[5].

Allez seulement au Portugal, allez dans l'Alentejo ou l'Algarve, vous verrez ce qu'est une OPIG. C'est parfois une association assez riche, oh ! pas très riche, mais enfin elle dispose parfois de plus d'argent que beaucoup de ces associa-

5. Ces deux dernières appellations sont non contrôlées, bien entendu.

tions que vous voyez, sur le terrain, s'occuper du logement très social en France ou de la « politique de la cage d'escalier », comme on le disait il y a quelques années.

Ces ONG du Sud-Portugal sont inspirées par des théoriciens de l'auto-activation des masses, et animées par des femmes à l'énergie et à la générosité sans bornes. Elles font des miracles avec les dernières paysannes du bout du bout de l'Europe : elles font revivre les villages, relancent le tissage, la dentelle, l'artisanat, animent les marchés, ouvrent des crèches. Elles négocient leurs subventions et ne rendent compte qu'à un suzerain : la Commission européenne de Bruxelles.

L'OPG est une organisation militante qui vit des restes de la politique d'action sociale et régionale d'un État qui l'exerçait autrefois par les biais de ses fonctionnaires. Elle revit à l'envers la trajectoire des mutuelles ouvrières. L'OPIG est une OPG d'un État si pauvre (ou si antisocial : le Chili de Pinochet) qu'elle ne peut compter que sur les fonds venus d'États plus riches[6].

Quelles sont les caractéristiques d'une politique sociale, y compris une politique sociale du logement, quand elle est menée par des OPIG ? D'abord, elle abandonne le principe d'universalité, c'est-à-dire qu'elle n'affirme plus : *tous les citoyens sont en droit d'exiger telle ou telle prestation* et, donc, il n'y a plus à faire une étude exhaustive des besoins. Toutes les enquêtes du recueil de René Ballain (déjà cité) sur les politiques du « logement très social » en France confirment ce fait que, dans la politique sociale du néolibéralisme, on ne commence pas par compter les pauvres, car on sait qu'il y en a déjà trop. C'est la situation que les économistes appellent « lewissienne », c'est-à-dire qu'il y a une offre indéfinie de pauvres : ainsi, d'une part, on peut envisager de les employer pour pas cher et, d'autre part, on peut essayer de les loger pour pas cher. On sait très bien qu'il ne seront pas tous employés, qu'il y aura toujours un excédent structurel d'offre de travail, et un excédent structurel de mal logés, ou pas logés du tout, etc. Il n'est pas question de les loger tous, mais on va

6. M'accueillant dans la *población* de La Victoria, à Santiago du Chili, en 1986, le curé m'annonçait : « Bienvenue dans le bidonville le plus subventionné du monde ! »

essayer, au nom d'une « politique d'ordre public », d'en loger le maximum, d'en occuper le maximum.

Comme il n'y a plus de règle, mais une offre, en quelque sorte lewissienne, de pauvres, de malades indigents, de non-alphabétisés, de mal logés, ceux qui vont essayer, tout de même, de les soigner, loger, aider, vont devoir choisir. Et dès l'instant qu'il y a le choix, chacun va faire ce qu'il sait faire, ou ce qu'il a envie de faire. Les islamistes vont loger des musulmans, les maisons de femmes vont loger des femmes battues, etc. L'« offre de solidarité », d'où vient-elle ? D'une ONG qui est à l'interface entre un ou des bailleurs de fonds (qui peuvent être la Banque mondiale, le ministère du Logement ou de la Santé) et des pauvres. L'offreur va avoir « ses pauvres » qu'il va essayer de structurer en « clientèle » : il y aura une segmentation du type de pauvres que l'on va recruter. C'est extrêmement net dans le *ProNaSol* mexicain[7], comme dans ce qui reste de politique sociale péroniste en Argentine.

Mais il y aura aussi une lutte « interféodale » entre les ONG par rapport aux bailleurs de fonds potentiels : par rapport à l'appareil d'État ou par rapport aux appareils intergouvernementaux, aux grandes organisations caritatives. C'est vrai dans le cas de l'Amérique latine, mais encore une fois, c'est déjà le cas au Portugal. L'État social néolibéral européen est en fait déjà un État international, l'Union européenne. De cette réalité, les « entrepreneurs du social » ont pleinement conscience au Portugal. Et dans le Valenciennois ou dans les régions les plus déshéritées de Grande-Bretagne, c'est aussi le cas : l'État vers lequel on se tourne, c'est déjà Bruxelles.

Ainsi, les ONG ou OPIG vont devoir rivaliser les unes avec les autres, dans un rapport de double concurrence, d'une part pour recruter leur « corral de pauvres », et d'autre part contre d'autres demandeurs de fonds, pour s'approprier auprès de la générosité publique une partie de l'argent qui reste à distribuer.

---

7. Le Programme national de solidarité consiste en dotations publiques arbitrairement distribuées à des associations populaires en général « amies » du parti au pouvoir (le PRI). Mais certaines ONG réellement indépendantes ont su en profiter, telle la Maison des femmes de Chihuahua (qui assure son indépendance en cherchant d'autres appuis à travers le monde, par exemple auprès du CCFD français). Cette politique se substitue au réseau (aujourd'hui démantelé) de la politique sociale de l'État corporatiste mexicain. Même évolution dans le postpéronisme argentin.

On retrouve un peu tout cela, dans la gestion de l'hébergement, de l'aide sociale, de « l'insertion sociale », dès aujourd'hui, en France. Mais avec de grandes spécificités. Car, la France, attention ! ce n'est pas n'importe quel pays. C'est la *Mère des arts, des armes et des lois.* Déjà, sous la monarchie absolutiste, l'État français était jaloux des missions qu'il partageait avec l'Église. Cet État devenu « républicain » (littéralement : « de la chose publique ») garde une haute conscience de soi. Et l'on voit déjà des petits morceaux d'appareils d'État se comporter comme des ONG : « Puisque c'est ainsi que l'on obtient des crédits, nous allons faire pareil ! » Et l'on voit un ministère comme l'Équipement, qui remonte à Louvois, à Colbert, ou des directions départementales, se comporter comme des ONG, se battant sur ce double marché pour recruter leurs pauvres et accaparer un secteur de budget social[8]. On voit les caisses d'allocations familiales faire de même. Ces morceaux d'appareil d'État ont très bien compris le système (d'ailleurs ils sont chargés de le mettre en œuvre vis-à-vis des ONG). Constatant que l'État, lui-même, est en train de se décentraliser, de se reféodaliser d'une certaine façon, eux aussi adoptent cette tactique, clientélaire d'un côté, concurrentielle de l'autre, vis-à-vis d'autres morceaux de l'appareil d'État, pour canaliser la plus grande partie de l'aide sociale. Les multiples collectivités territoriales, cet empilement effarant de fiefs nés de la loi Deferre (municipalités, départements, régions), rivalisent à coup de financements croisés pour contrôler leurs quotas d'HLM, leurs statistiques d'insertion, et se tournent vers l'État plutôt que vers leurs contribuables directs pour financer leur générosité intermittente[9].

---

8. C'est extraordinairement frappant dans le livre cité de René BALLAIN et Françoise BENGUIGUI.

9. Le lien entre « politique néolibérale » et « décentralisation de l'État » est extrêmement intime et d'autant plus complexe que cette décentralisation correspond *aussi* à une aspiration populaire alternative et démocratique. Voir Dominique LORRAIN et Gery STOKER (dir.), *La Privatisation des services urbains en Europe*, La Découverte, Paris, 1995 (livre qui, comme son nom ne l'indique pas, contient un excellent article d'Henri COING sur l'Amérique latine) et surtout la remarquable réflexion sur l'ambiguïté décentralisation/participation populaire/néo-libéralisme : Carlos MORENO *et al., Laberintos de la descentralización*, ESAP, Bogota, 1994.

Revenu minimum ou revenu d'insertion ?

Mais ce qui sépare radicalement la France du tiers-monde ou même des États-Unis, nous l'avons vu, c'est l'institution d'un revenu minimum d'insertion. Un ami, chômeur, exclu, squatter, me déclarait : « François Mitterrand est le plus grand des présidents de la République : il a créé le RMI. » La création du RMI fut le dernier acte d'une nation qui se voulait encore solidaire, d'un État qui se voulait encore républicain.

En réalité, le RMI vient compléter de nombreuses allocations distribuées par la Caisse nationale d'allocations familiales « sous condition de ressources » : c'est-à-dire qu'elles constituent un droit absrait de la personne, mais limité par un critère abstrait de ressources propres. Ces prestations visent à épouser le plus finement possible les situations concrètes, d'où leur complexité et leur caractère bureaucratique, leurs effets de seuil, contrepartie de leur finesse supposée. Le résultat de cette complexité est le problème du « non-recours » : beaucoup d'ayant-droit ne demandent pas à toucher leur allocation[10]. Le non-recours (par ignorance, gêne, excès de complexité, etc.) peut atteindre 50 % pour l'allocation d'orphelin et l'allocation de soutien familial, 13 % pour le RMI, 10 % pour l'allocation de logement, etc.

En tout cas, même Alain Juppé, malgré les ballons d'essai de son ministre Éric Raoult, n'a pas encore osé toucher au RMI, « droit universel » en ce sens qu'il est attribué à chacun selon une norme légale, et non sur concours d'imagination entrepreneuriale ou sur critère de moralité et de bonne tenue. Nous avons dit aussi sa faille phénoménale : le vide de RMI entre 18 et 25 ans. Toutes les admonestations de Dominique Voynet à Lionel Jospin, pendant la campagne présidentielle, n'ont pu fléchir le refus des socialistes d'intégrer à leur programme la correction de cette aberration : « Il ne faut pas apprendre aux jeunes à s'installer dans l'assistance. » Que Messieurs les hiérarques socialistes s'installent quelques mois dans une telle assistance !

10. La revue de la CNAF, *Recherches et prévisions*, n° 43, mars 1996, est entièrement consacrée à ce grave et insoluble problème, infiniment plus important que les quelques petites fraudes consistant à toucher indûment une allocation (de l'ordre de 2 % des prestations distribuées).

Le RMI est miné par le «I» de l'insertion. Car ou bien on reconnaît la «valeur-travail», et c'est l'insertion elle-même qui doit devenir un droit *indépendant* du RMI, droit qui figure d'ailleurs déjà dans la Constitution (le «droit au travail»). Ou bien on considère que le travail n'est pas un devoir, que la société doit entretenir un certain nombre d'originaux, rêveurs, anarchistes et poètes, et la conditionnalité du travail n'a pas sa raison d'être. Ma position est d'ailleurs la somme de ces deux termes: il faut une politique de l'emploi pour que chacun puisse connaître la dignité et la reconnaissance d'une place insérée dans la société, mais il faut aussi reconnaître un droit inconditionnel à la vie, que l'on travaille ou pas, «légitimement» ou pas, c'est-à-dire que l'on veuille ou non travailler au sein du «travail réellement existant». L'ombre de conditionnalité qui flotte autour de ce I ne peut donc avoir qu'un seul sens: un sens disciplinaire, une menace sur les jeunes feignants qui risqueraient d'aller vagabonder hors des sentiers battus et du vrai salariat, menace inspirée par la «législation sanguinaire» des siècles passés contre le vagabondage[11].

À ce discret chantage semble s'opposer la proposition du «revenu d'existence» ou «allocation universelle». Tout homme, femme ou enfant, aurait un droit inconditionnel à un revenu distribué par l'État. Ce revenu ne serait pas complémentaire à d'autres revenus insuffisants (comme le RMI), mais additif à tout autre revenu. En contrepartie, il serait financé par un impôt pesant de manière progressive sur la totalité des revenus, allocation universelle comprise. J'ai critiqué cette proposition dans *Choisir l'audace* et n'en reparlerai ici que brièvement, pour tenir compte des développements récents du débat[12]. Ma critique portait sur deux points[13].

---

11. On ne s'étonnera pas que le chantage soit beaucoup plus explicite et brutal aux États-Unis dans les politiques de *workfare* que l'on assimile un peu rapidement à notre «insertion». Voir Sylvie MOREL, «France et États-Unis: les politiques d'«insertion» et de «workfare» en matière d'assistance sociale», *Cahiers du SET-METIS*, Univ. Paris I, n° 96-01.

12. Voir la remarquable synthèse de Philippe QUIRION pour la commission économique des Verts, «Les justifications en faveur de l'allocation universelle: une présentation critique», publié dans la *Revue française d'économie*, n° 2, vol. XI, printemps 1996.

13. Je passe sur l'argument de «simplification»: il y aura toujours un contrôle pour vérifier que personne ne touche deux fois son allocation universelle, et, au fil des débats, les partisans de cette mesure multiplient les allocations complémentaires pour tenir compte des situations particulières.

D'abord, l'allocation « universelle » ne peut être que nationale, car elle mobilise très fortement une solidarité inconditionnelle dont on ne sache pas qu'elle soit aujourd'hui *universelle.* Même ses partisans restent très prudents. Yoland Bresson parle de 1 600 francs par mois et par personne (enfants et retraités compris), soit 1 075 milliards de francs à prélever sur l'ensemble des actifs. À peu près le budget de l'État... pour finalement diminuer le RMI d'un tiers[14] ! C'est ce qu'on appelle une « usine à gaz », mais cette usine à gaz fera hurler 90 % de la population.

Même en supposant que les Français acceptent de mettre en place l'usine à gaz à l'échelle du territoire national (« Mais alors, hein, on arrête vraiment l'immigration »), se posera la question de fond.

Ou bien l'allocation universelle est d'un trop faible montant pour vivre dignement, et il faudra chercher du travail en complément. C'est ce qu'André Gorz, rejoignant ma critique, appelle aujourd'hui *revenu d'existence insuffisant*[15]. On retrouve dans ce projet la conception du « RMI-chantage », encore aggravée par l'argument de la « suppression de l'effet de marche ». En effet, pour les tenants du revenu d'existence insuffisant, le RMI enfermerait le chômeur dans une trappe car il disparaît d'un coup dès que l'on gagne, en travaillant, une somme supérieure. Au contraire, tout revenu supplémentaire s'ajoutant à l'allocation universelle, chacun pourra choisir son temps de travail, pour une gamme continue de revenus possibles. Cette continuité suppose la disparition totale de la notion de durée normale du travail : on pourra trouver des contrats d'une heure, de dix heures, de quarante heures par semaine. Déchargés de l'obligation d'offrir un salaire assurant les moyens de vivre, les employeurs considéreront l'allocation universelle comme un plancher de revenus offert par ailleurs, eux n'apportant qu'un salaire d'appoint. Ce serait l'institution idéale pour une société

---

14. Yoland Bresson, « Le revenu d'existence : du salariat au participat », *Partage*, n° 91, août 1994. Dans cet article, Y. Bresson précise que le revenu d'existence absorberait toutes les anciennes allocations (allocations familiales, RMI, etc.) et donc ne coûterait que 250 milliards de francs supplémentaires. Il propose également de le compléter par une « prime de recherche d'emploi » pour atteindre le RMI, ce qui traduit parfaitement sa conception du « revenu d'existence insuffisant ».

15. André Gorz, « Revenu minimum et citoyenneté », *Futuribles*, n° 184, février 1994.

en sablier parfaitement flexible[16], ce que Philippe Quirion appelle « l'allocation universelle comme moyen de faire accepter la déréglementation du marché du travail ».

Ou bien elle est suffisante pour vivre, mais de manière « alternative ». Elle devient un « outil de transformation des rapports sociaux » (Philippe Quirion). Mais elle doit être alors assez proche de l'actuel SMIC, et son coût total devient astronomique (2 400 milliards de francs, un tiers du produit national, pour une allocation mensuelle de 3 500 francs). Et c'est maintenant André Gorz qui la critique pour rupture abusive du lien social : comment ses bénéficiaires, privés du droit et du devoir de travailler pour la société, pourraient-ils s'affirmer comme citoyens ?

À mon tour de juger un peu excessive la critique d'André Gorz (l'un des premiers théoriciens de l'allocation universelle !). En réalité, la plupart des bénéficiaires du RMI ne demandent pas mieux que de « faire quelque chose ». Et lorsqu'ils rencontrent quelqu'un dont ils peuvent, par une activité, satisfaire le désir, il est logique qu'ils en attendent une rétribution supplémentaire au RMI, appliquant ainsi, sans le savoir, le principe « additif » de l'allocation universelle, comme Monsieur Jourdain faisait de la prose.

Exemple : les systèmes économiques locaux dont nous avons déjà parlé. Les SEL ne peuvent pas assurer la production de tout ce dont on a besoin pour vivre, surtout en ville. L'argent venu d'ailleurs (le RMI) couvre la part nécessairement monétaire de la satisfaction des besoins. Mais l'activité au sein du SEL ajoute un supplément de « pouvoir d'échange » qui peut atteindre l'équivalent de 1 000 à 2 000 francs par mois en produits locaux, dans des SEL déjà bien organisés comme celui de l'Ariège.

Se pose alors évidemment la question fiscale. Presque toute production « normale » doit, par la TVA, les cotisations sociales, l'impôt sur le bénéfice ou sur le revenu, financer les dépenses

16. Yoland Bresson, qui n'hésite pas à envisager l'hyptothèse de diminuer d'un tiers le RMI (sans doute parce qu'il surprotège des fainéants « incapables de se secouer » et dont aurait besoin Dieu sait quel employeur), revendique d'ailleurs sa proposition comme telle, et taxe de réactionnaire l'idée que l'emploi devrait assurer les moyens de vivre (voir ses articles dans la revue *Partage*, n° 91, n° 101, etc.).

publiques et notamment celles de solidarité. Faut-il taxer ces formes d'économie alternative qui se développent à l'ombre du RMI ? Assez souvent, les administrations considèrent que l'existence même d'une activité dans une région ou pour un groupe en difficulté justifie cette seconde forme de subvention qui consiste à ne pas taxer[17]. En fait, un préfet qui donne la consigne de laisser un SEL tranquille reconnaît que ce qui se joue dans ce système d'échange est, beaucoup plus que de la production, une reconstruction du lien social, un point de suture sur la déchirure sociale. La « double subvention » (le RMI, plus la franchise de taxes) est le prix à payer pour ce bien collectif, dont ne bénéficient pas seulement les échangistes, mais le territoire lui-même, la communauté locale : des exclus sont redevenus des inclus. Cette politique empirique me paraît beaucoup plus justifiable que la franchise générale appliquée à une région comme la Corse.

Ce n'est pas un idée nouvelle. Toutes les politiques d'aide aux paysans en situation difficile (Loi Montagne, etc.) sont fondées sur l'idée qu'on ne leur demande pas tant une production alimentaire qu'un service de « jardiniers du paysage ». Cette politique est en fait beaucoup plus rationnelle que le soutien au cours des produits, qui subventionne surtout les gros producteurs.

L'objection est qu'il est plus facile de convaincre les contribuables d'aider les petits paysans à ne pas abandonner les campagnes que de subventionner inconditionnellement des chômeurs qui travailleront... peut-être. L'argument implicite est le suivant : « Comment peut-on verser 2 500 francs pour ne rien faire, quand le salaire minimum est de 5 000 francs par mois pour 39 heures de travail ? » La réponse va de soi : « Il faut sans doute maintenir une différence certaine entre le RMI (ou le revenu d'existence) et le SMIC, mais le SMIC est nettement trop bas... et le RMI aussi. »

En fait, un ajustement du revenu garanti est sans doute possible à un niveau permettant une vie d'auto production alternative, sans trop peser sur les revenus du travail « normal ».

17. Bien que le productivisme commence à apparaître chez certains membres du système, qui se comportent comme des artisans au noir.

Mais à quoi bon dès lors monter une usine à gaz ? Augmentons le RMI, et surtout étendons-le aux 18-25 ans. Et encourageons certaines activités rémunératrices *cumulables* avec le RMI.

Pour le tiers secteur

Au point où nous en sommes, un consensus se dessine donc pour considérer qu'il est normal que des personnes en situation difficile, ou souhaitant travailler dans des conditions difficiles (l'agriculture de montagne, par exemple), reçoivent une « double subvention » permanente (une allocation, plus une dispense de taxes et cotisations), à compléter par les revenus de leur activité. Sans cette double subvention, ces personnes seraient au chômage, ne verseraient pas plus de taxes, coûteraient au moins le RMI, ne produiraient rien du tout, et se sentiraient bien plus exclues. C'est ce qu'on appelle aujourd'hui *l'activation des dépenses du chômage.*

C'est une bonne idée, mais il faut se garder de la tentation d'utiliser ces personnes « doublement subventionnées » dans le premier secteur (le secteur public) ou dans le second (le secteur privé)[18]. On aboutit ainsi, en subventionnant des *personnes,* et non des postes ou des secteurs, à évincer les salariés qui ne bénéficient pas de ce double privilège fiscal. Et c'est bien ce qui s'est passé dans le privé avec les stages d'insertion dans la vie professionnelle, exo-jeunes, contrat d'initiative-emploi, etc., ou avec les contrats emploi solidarité dans le semi-public : c'est la politique « Papa, j'ai trouvé un emploi : le tien », critiquée dans la seconde partie (à propos du contrat d'insertion professionnelle, dit « SMIC jeune »).

Cette idée est en outre parasitée par celle d'*insertion.* On veut bien accorder une aide (sous forme de CES plus ou moins consolidé, par exemple), mais à condition que ses bénéficiaires ne s'y attardent pas : ils doivent vite s'insérer dans le « vrai salariat »... où personne ne les demande ! Contrairement à l'agriculture (ou à l'aéronautique militaire), on refuse l'idée d'un secteur d'activité à vocation sociale subventionné en permanence. Or

18. Tentation que je n'avais, hélas, que trop bien pronostiquée dans *L'Audace ou l'enlisement,* en 1984.

une politique d'insertion à l'emploi normal (tel que l'apprentissage) est sans doute nécessaire, mais c'est une profonde erreur de croire qu'elle contribue à résoudre le problème de l'emploi. Car le chômage est structurel : il y a moins d'offres que de demandes d'emploi, et on ne peut, en améliorant l'insertion dans les postes existants, augmenter le nombre final des postes. Si donc on vise, par la politique de double subvention, à augmenter le nombre total de postes d'emplois disponibles, alors il faut reconnaître que l'on vise la création d'un nouveau secteur, de postes qui ne peuvent exister que subventionnés *en permanence.* Ce qui n'empêche pas les *individus* de chercher à passer d'un secteur à l'autre.

Créer un secteur nouveau

Rappelons-nous ce spot télévisé de 1992 ou 1993. Une jeune femme, professionnelle, dynamique, bondit de rendez-vous en rendez-vous. Elle arrive le soir, toujours fraîche, dans son appartement vide et impeccablement rangé, allume le four pour le repas. Pub de déodorant ? de four à micro-ondes ? de surgelé ? Non, publicité des services de Martine Aubry, ministre du Travail, pour lancer le secteur des « emplois familiaux », ces domestiques subventionné(e)s par un abattement sur l'impôt... des employeurs éventuels ! Michel Giraud simplifiera et généralisera encore la procédure avec les chèques-emploi-service. Ainsi les socialistes à bout de souffle réinventaient cette dissociation des femmes, caractéristique des sociétés du tiers-monde, où les « yuppies » peuvent s'épanouir en se déchargeant des tâches domestiques sur une autre femme (invisible dans la publicité télévisée[19]). Du même coup, Martine Aubry inventait cette politique typique des sociétés en sablier, que Balladur et Juppé allaient largement utiliser : subventionner la classe moyenne pour qu'elle embauche des pauvres. Car, bien

19. Pour bien saisir la subtilité de ce spot publicitaire, il faut avoir vu le coup d'œil que lance une femme des classes moyennes brésiliennes à sa domestique mulâtre pour lui ordonner de servir son mari. Grâce à l'absence de l'« autre femme », le spot récupère les acquis des femmes dans les années soixante-dix, en les fondant maintenant sur la scission de la sororité de l'époque du fordisme. Je me demande si le succès public (par ailleurs mérité) du film *L'odeur de la papaye verte* ne traduit pas une demande de réapprentissage de ce qui fit les délices de la littérature du XIXe siècle : les « amours ancillaires » dont Maupassant peignit la comédie et les tragédies.

entendu, seules les classes moyennes et supérieures paient assez d'impôts pour financer ainsi le recours à une femme de ménage[20].

Telle n'est évidemment pas notre conception de « l'activation des dépenses passives ». Oui, on peut utiliser l'argent du chômage à « réactiver » une activité qui sinon n'aurait pas lieu. Mais en créant des emplois stables, professionnalisés, dignes et reconnus.

La seule solution correcte, du point de vue de la politique de l'emploi, est alors de créer un *tiers secteur* subventionné en permanence, et qui s'occuperait de ce dont ne s'occupent pas les autres secteurs (sinon on retrouverait, cette fois entre secteurs, les effets d'éviction provoqués au sein des secteurs privé et public par les emplois subventionnés). C'est donc *un nouveau secteur d'emplois*. Des emplois dont le besoin est ressenti : les fameux « emplois de proximité », les emplois liés à l'environnement, etc. Des emplois qui n'existent pas, parce que « ça coûterait trop cher avec les charges sociales, la TVA, etc. », ou qui parfois existent... au noir, justement, c'est-à-dire en s'appropriant sauvagement la double subvention qui les rend solvables.

Mais justement, ce secteur, ce *tiers secteur d'emplois socialement et écologiquement utiles*, peut devenir solvable, s'il est dispensé des charges sociales, de TVA, et s'il reçoit, à titre de subventions, les allocations que touchaient les chômeurs... Notons que cela ne coûte pas un franc de plus à la société. Notons surtout que ce statut fiscal très avantageux n'est plus, comme dans le cas des TUC, des SIVP et des CES, une propriété des *individus* qui y participent, mais des entreprises, agences ou coopératives qui les emploient. À la limite, le salarié du tiers secteur ne sait pas qu'il est dans le tiers secteur (seul le comptable de « l'agence du tiers secteur » le sait !) : il reçoit un salaire normal et bénéficie d'une législation sociale normale.

---

20. Voir Anne FLIPO et Jean-Michel HOURIEZ, « Recourir à une femme de ménage », *INSEE Première*, n° 411. Selon cette étude, le recours à une aide ménagère ne devient significatif que pour les ménages aux revenus supérieurs à 18 000 francs par mois (10 %), et vraiment important (43,6 %) pour les 2 % de ménages gagnant plus de 37 000 francs par mois. Mais, à revenu égal, les cadres, les diplomés et les travailleurs indépendants y ont davantage recours (ils s'investissent sans doute davatage dans leur propre activité).

Une première étude de bilan des chèques emploi-service permet de mesurer leur déficit vertigineux de « rentabilité » en termes d'emplois créés, par rapport aux avantages du tiers secteur. Pour 5 milliards de francs de subventions aux classes moyennes et supérieures, ce système engendre (ou révèle ?) une vingtaine de milliers d'emplois en équivalent temps plein (en réalité, les femmes de ménage travaillent en moyenne 52 heures par mois), plus une dizaine de milliers d'autres emplois familiaux correspondant à un dispositif plus ancien. Soit 170 000 francs de subvention par emploi créé. Or les « auxiliaires de vie » organisées en association reçoivent une subvention annuelle de 62 000 francs par temps plein[21] ! Mais, au-delà de cette différence de « rentabilité-emploi », l'essentiel porte sur la transformation des rapports sociaux.

Le tiers secteur contre les petits boulots

« Oui, mais, on va encore retrouver là les gens sans qualifications, les éclopés, les femmes. Ça sera le secteur des petits boulots ! » Cette remarque est irrecevable. D'abord, c'est ce problème social-là (celui des naufragés de « notre » progrès) qu'il s'agit justement de règler. Ensuite, répétons-le, « Il n'y a pas de sot métier, il n'y a que de sottes gens », ce qui de nos jours se traduit par : « Il n'y a que des statuts précaires, il n'y a que des salaires au rabais, il n'y a que des conditions humiliantes pour exercer un métier. » L'institutionnalisation du tiers secteur a précisément pour but d'en finir avec la prolifération des « petits statuts » (TUC, CES, etc.) qui ont massacré d'immenses gisements d'emploi[22]. Prenons quelques exemples.

Beaucoup de municipalités rurales emploient des CES pour « entretenir l'environnement ». C'est plutôt une bonne idée... mais un peu perverse ! Cette pratique est doublement discriminante pour ces travailleurs et pour l'environnement. Comme si l'on voulait dire : « Ces gens sont les derniers à qui l'on confierait un emploi, confions-leur la dernière des tâches vaguement utiles, l'environnement[23]... » Prendre l'environne-

---

21. Chantal Labruyère, « Chèque emploi-service : quel bilan ? », *Le Monde*, 7 février 1996.
22. Voir le dossier au vitriol « Emplois stérilisés », *Le Monde-Initiatives*, 14 juin 1995.
23. Je dois cette remarque à Jeannick Deltour.

ment au sérieux, c'est le confier à un secteur qui se professionnalisera peu à peu, et qui, puisque la « demande sociale » est collective, doit être régulièrement subventionné par la collectivité. Mais ces travailleurs, eux, doivent avoir un statut normal, correspondant à une qualification qu'ils doivent avoir les moyens d'acquérir.

Autre exemple encore plus caricatural. La télévision nous montre avec une admiration et une émotion légitimes ces clowns qui vont, dans les hôpitaux, faire rire les enfants cancéreux jusqu'aux portes de la mort. Personne n'oserait nier leur qualification, leur utilité sociale exceptionnelles. Qui pourtant se soucie du statut, du salaire de ces « intermittents du spectacle » ? N'est-ce pas finalement leur statut qui reflète, ou qui détermine quelque part l'idée que ce n'est quand même qu'un « petit boulot » ? Et si l'idée de « petit boulot » reflétait aussi les préjugés de notre société sur les métiers « nobles » et les métiers vulgaires, ou peu sérieux ?

Autre exemple, encore plus riche, parce que c'est un immense continent qui sort ici de l'ombre, le travail domestique auquel le patriarcat a soumis les femmes : celui des travaux de proximité, d'aide aux personnes à domicile. Réfléchissons bien aux quatre situations suivantes :

– une femme au foyer fait le repassage chez elle ;

– une femme « qui travaille » (!) fait le repassage chez elle pendant sa « seconde journée » ;

– une femme de ménage (une « employée familiale » à la Martine Aubry) fait quelques repassages chez les uns ou les autres en échange des chèques-services de Michel Giraud ;

– quatre chômeuses s'installent dans une boutique ayant pignon sur rue, montent une « repasserie » sous forme d'une coopérative du tiers secteur, et des « clients » leur apportent le linge qu'ils ont lavé dans leurs machines[24]...

Les mêmes gestes, les mêmes savoir-faire, la même utilité sociale... quatre statuts différents pourtant sous le regard des

---

24. L'idée de la « repasserie » est venue à Mme Chasseriaud qui anime une association à Périgueux, combinant accueil pour femmes battues et « réinsertion ». Une femme qui avait trouvé refuge dans l'association, ayant remarqué du linge empilé chez elle, lui proposa de le repasser. Elle aurait pu opter pour la troisième solution, mais la dynamique même de l'association lui fit imaginer la quatrième. Très vite, la repasserie de Périgueux vit affluer des client(e)s qui avaient une machine à laver mais n'appréciaient pas plus que vous et moi les interminables séances de repassage.

autres, quatre regards différents que l'on porte sur soi-même, quatre degrés dans l'autonomie... et dans le partage d'un travail dont on ne parle pas, le travail domestique des femmes. « Cela reste entre les femmes ? » Peut-être. Dans un premier temps. Gageons que le travail se partagera (entre les sexes) plus facilement à la repasserie qu'à la maison, comme la cuisine s'est partagée dans les restaurants.

Une grande partie des emplois créés de nos jours (ne serait-ce que la restauration) vient en effet de la décomposition du travail domestique. Les femmes ont conquis *aussi* par leur accès à l'emploi salarié une autonomie personnelle. Elle n'ont pas l'intention de « retourner à leurs foyers », en échange du salaire maternel. Il ne faut donc pas s'étonner que simultanément, le salariat ait investi des fonctions jadis dévolues au travail domestique... et que les femmes s'y soient retrouvées plus nombreuses, comme « naturellement » prédestinées par leurs « talents »[25]. En réalité, ce que les hommes attendaient d'elles dans le travail salarié, c'est bien sûr leurs connaissances culinaires et leurs compétences de lavandières, c'est leur souci et leur patience à l'égard de l'éducation des enfants et des soins aux convalescents, mais c'était surtout... leur subordination ancestrale et leur habitude de considérer que le travail d'une femme n'a pas véritablement besoin d'être payé. Et c'est ainsi que les emplois les plus « nobles » (professeurs, médecins des hôpitaux) ont commencé à voir leur statut se dégrader... dès lors que les femmes y sont entrées en masse. Car, qui décide de ce que sont les « petits boulots » et les nobles emplois, si ce n'est le regard de la société (qui se traduit par un salaire et un statut) et le degré d'autonomie que le travailleur peut ressentir dans son activité ?

Pourtant, à travers ce changement de statut (du repassage à la maison à la repasserie), quelque chose a bougé dans les rapports sociaux. Certes, le salariat peut être plus dur et humiliant que le travail domestique. Mais au moins se dissout l'hypocrisie où l'on prétend faire « par amour » ce qui n'est qu'oppression millénaire. Avec le salariat apparaissent à la fois

25. Comme le remarque ironiquement Jane Jenson, on parle des *qualifications* des hommes et des dons, des *talents* des femmes (« The Talents of Women, the Skills of Men », *in* Stephen Wood (ed.), *The Transformation of Work ?*, Unwin Hyman, Londres, 1988).

l'autonomie individuelle, l'accès à la vie sociale «à l'extérieur», et la reconnaissance sociale (autre que comme «femme de...»). Avec le travail salarial collectif, sous un statut légalement reconnu, apparaît la possibilité de lutter pour faire évoluer les conditions et la reconnaissance du travail (notamment à travers le salaire).

En absorbant les fonctions «routinières», «hétéronomes» comme disait André Gorz, du travail domestique, le tiers secteur appliqué aux emplois de proximité offre la *possibilité* de les humaniser, de les valoriser. Il laisse ainsi la *possibilité* au temps libre de devenir vraiment, pour les femmes comme pour les hommes, le temps de l'activité gratuite et autonome, le temps de l'amour, de la convivialité, de la vie dans la cité. Il laisse aussi aux parents et amis la *possibilité* d'assumer par amour, sur la longue durée, l'aide à une personne dépendante, sans avoir à assumer du même coup la totalité des aspects routiniers ou trop lourds de cette prise en charge. Mais dans l'idée du tiers secteur (entre le public et le privé), comme d'ailleurs dans la notion de «proximité», il y a encore une autre idée porteuse d'avenir: la redécouverte du «quelque chose» entre l'État et le marché, d'un rapport nouveau entre les gens, d'un service les uns pour les autres, qui ne soit pas fondé seulement sur l'argent ou sur la loi, mais sur la communauté de vie, sur le *territoire,* et qui pourtant ne soit pas un retour au bénévolat ambigu du travail domestique. Une des formes embryonnaires du tiers secteur, c'est par exemple les «régies de quartier», ces associations d'ex-chômeurs réalisant des travaux d'entretien de leur propre grand ensemble de logements sociaux. Qui décide de l'utilité sociale de leur travail? Au Danemark, où les choses sont beaucoup plus avancées, ce sont... les associations d'habitants organisées sur la base de la cage d'escalier!

Définir ensemble l'offre et la demande

Changer les rapports sociaux au travail, inventer de nouveaux rapports avec les usagers du travail, c'était aussi l'ambition des premiers initiateurs du tiers secteur, au début des années quatre-vingt, ces pionniers de «l'insertion sociale et professionnelle» autour de Bertrand Schwartz. Mais le pouvoir socialiste, qui n'a eu d'autre plaisir que de dégrader les meilleures idées quand il les mettait en œuvre, s'est empressé de substituer les « travaux d'utilité collective » (TUC) aux entreprises intermédiaires que proposaient ces pionniers. Il est en effet beaucoup plus facile et rapide de multiplier les petits boulots insérés dans les deux autres secteurs que de créer un vrai tiers secteur.

Mais après tout, le salariat « normal », lui aussi, s'est développé sous des formes parfois monstrueuses, il y a deux siècles. Et aujourd'hui, on se bat pour y rester, ou pour y revenir, parce qu'au long de ces deux siècles, des hommes et des femmes se sont battus pour améliorer « le travail ». La lutte pour l'emploi « normal » (c'est-à-dire dans le secteur privé ou la fonction publique) est le plus grand hommage rendu, de nos jours, à leurs conquêtes sociales...

Ici, il faut aller au fond des choses. Les politiques qui ont conduit aux « petits boulots », à partir de l'identification correcte d'un chômage structurel, d'une part, d'une demande insatisfaite de travaux d'utilité sociale ou environnementale, d'autre part (tels que les services de proximité ou l'entretien des berges des rivières), vont droit dans le mur, faute d'une réflexion sur la nature des liens sociaux qu'il s'agit de retisser. Le court-circuit technocratique peut se résumer ainsi : « Il y a des chômeurs, qu'on est bien obligé d'entretenir. Il y a des petites vieilles dépendantes dont personne ne s'occupe et qui ont besoin d'aide. Mettons les chômeurs à s'occuper des vieilles dames et finançons le tout avec les dépenses passives du chômage. » Ainsi, une politique sociale (s'occuper des vieilles dames) ou une politique de l'environnement (entretenir le paysage ou les cages d'escalier) est transformée en une politique quantitative de l'emploi.

Depuis 1984 (depuis le sabotage des projets d'entreprises intermédiaires de Bertrand Schwartz), j'ai plaidé pour le développement d'un tiers secteur, et mon discours s'est parfois lui-même réduit à cette caricature. Nous aurons dans une vingtaine d'années près de cent mille centenaires. Qui va s'occuper d'elles ? Pas leurs filles de quatre-vingt ans. Pas leurs petites-filles qui atteindront l'âge de la retraite après une vie de combats féministes pour ne plus être réduites à la mission ancestrale de « prendre soin des dépendants ». Donc il faut penser le développement d'un tiers secteur qui prendra en charge l'ancien travail gratuit des femmes. Mais le court-circuit se produit à l'étape suivante du raisonnement : « Il n'y a qu'à y mettre les chômeurs, et les payer un demi-SMIC. »

Contre ce court-circuit, Brigitte Croff, riche de son expérience d'expertise et de structuration de l'offre de services aux personnes dépendantes, s'est élevée dans un livre qui devrait être la bible des entrepreneurs en « travaux de proximité »[26]. La politique de l'aide aux personnes dépendantes, pas plus que la politique de la cage d'escalier, ne saurait être une politique de l'emploi, relevant du ministère de l'Emploi, mais une politique sociale, voire médico-sociale, et pensée comme telle. Envahir le logement d'une personne âgée sans être rejeté, sans la priver de ses repères, l'aider à se prendre en charge sans l'infantiliser, l'assister pour qu'elle goûte encore à la vie en restant digne et maîtresse de soi, l'accompagner vers le sort commun des mortels auquel plus rien dans notre société ne prépare, est une tâche hautement qualifiée, éprouvante, qui ne peut être assurée que par un personnel qualifié, inséré dans un groupe où il puisse se ressourcer, se mettre à distance de l'angoisse, collectiviser et discuter les difficultés et les trouvailles. Ce n'est pas un « petit boulot », c'est une haute mission.

Et on pourrait en dire autant de la « politique de la cage d'escalier ». L'activité d'une régie de quartier ne consiste pas seulement à passer une couche de peinture sur les tags, déboucher les lavabos, changer les ampoules et ramasser les ordures que les gens jettent par la fenêtre du cinquième étage d'une HLM. C'est aussi un travail d'animation du quartier lui-même : responsabiliser les habitants, faire la tournée des personnes isolées, rassurer les uns, tancer les jeunes qui font des bêtises et leur proposer des activités pour exercer plus utilement leurs pulsions « d'acte pouvoir », etc. C'est donc forcément aussi un travail valorisant et collectif. On pourrait en dire autant de l'entretien des berges ou des terrains vagues. Cela ne

---

26. Brigitte CROFF, *Seules. Genèse des emplois familiaux*, Anne-Marie Métailié, Paris, 1994. Son diagnostic a été depuis recoupé par de nombreuses études : voir l'excellent dossier « Valoriser les emplois de service », *Le Monde-Initiatives*, 15 mai 1996.

consiste peut-être pas seulement à « arracher les mauvaises herbes », mais à entretenir une certaine biodiversité, favoriser la nidification, l'expliquer aux promeneurs, etc.

Bref, le tiers secteur n'a pas vocation à empêcher les jeunes chômeurs de fainéanter. Il doit rendre des services nouveaux à la collectivité et pour cela (à travers cela) professionnaliser, donc former des gens à des activités de type nouveau. Il ne doit pas viser seulement à boucher les trous de la société salariale, mais à combler les vides ouverts par la crise de la société domestique comme par la civilisation du béton, du plastique, et de la solitude. Alors seulement la double subvention dont il bénéficie sera acceptée par les contribuables. Mieux : ils en redemanderont. Ils participeront bénévolement à sa gestion, à son contrôle, à ses orientations, voire à la formation professionnelle et à l'animation de ce secteur vraiment utile, socialement et écologiquement. Un tiers secteur organisé en associations aura pour interlocuteur naturel le mouvement associatif de la communauté, car il s'agit de *définir et structurer ensemble*, par le dialogue, l'offre et la demande de services de proximité.

Nous entrons alors dans le domaine de ce que Bernard Eme et Jean-Louis Laville appellent l'« économie solidaire » : une hybridation entre les rapports marchands, les subventions (et le contrôle) publiques, et les relations de réciprocité fondées sur le bénévolat[27]. Attention ! Cela ne veut pas dire que les travailleurs du tiers secteur doivent être à mi-temps payés et à mi-temps bénévoles. Encore une fois, un travailleur du tiers secteur est un travailleur normalement payé pour un travail digne et reconnu. Mais sa reconnaissance passe justement par la coopération avec les services publics (municipalités, caisses d'allocations familiales, offices d'HLM, assistantes sociales, etc.) et l'activité bénévole de la communauté bénéficiaire. Personne ne s'indigne de ce que des personnes recevant déjà des revenus de la société (retraités, salariés à temps partiel « choisi », chômeurs indemnisés) donnent un « coup de main », échangent

27. Jean-Louis Laville, « La crise de la condition salariale », *Partage*, n° 102, janvier 1996 ; Jean-Louis Laville (dir.), *L'Économie solidaire : une perspective internationale*, et avec Bernard Ème (dir.), *Cohésion sociale et emploi*, deux ouvrages chez Desclée de Brouwer, Paris, 1994.

leur savoir[28]. Mais il serait scandaleux de compter sur les bénévoles pour porter l'essentiel du fardeau de l'action sociale.

Vivre l'ambiguïté

Ici nous nageons en pleine ambiguïté, surtout dans la phase d'émergence, qui est la phase actuelle. Au fond de la société en sablier, il est difficile de distinguer la politique sociale du néolibéralisme et les expériences de tiers secteur et d'économie solidaire, d'autant plus que les nostalgiques du « tout à l'État » et les projets des capitalistes privés interfèrent. Au Québec, la réflexion, appuyée sur l'expérience, est beaucoup plus avancée[29]. Mais, comme d'habitude, ce sont les pays d'Amérique latine ou même les États-Unis[30] qui nous permettent de lire les problèmes comme à travers une loupe grossissante.

En Colombie, les livres passionnants de militantes de l'organisation non gouvernementale multinationale ENDA analysent l'auto-organisation des femmes face à la crise urbaine[31]. Elles coopèrent à l'auto-construction des maisons, à « l'urbanisation » des bidonvilles, à la mise en place de crèches populaires, ou plutôt de nourrices agréées, les « mères communautaires ». Celles-ci sont subventionnées, mais très mal. Elles se trouvent ainsi prises en sandwich entre le dénuement des familles utilisatrices de leurs services et l'avarice de l'État. À Lima, où

28. Et encore : le secteur associatif a été frappé de stupeur par l'« Affaire Tête ». Étienne Tête est un élu écologiste de la région lyonnaise qui eut le malheur de travailler comme gérant bénévole d'une association alors qu'il touchait une allocation de chômage. Il fut accusé de fraude aux ASSEDIC, livré menotté à la presse, condamné et privé de ses droits civiques. Il fut par la suite amnistié ; le Conseil d'État arrêta que les ASSEDIC n'avaient pas le droit d'interdire à un bénéficiaire de s'adonner à une activité bénévole. Le mal était fait. Probablement l'affaire Tête s'inscrivait-elle dans une campagne venue d'un secteur du Parti socialiste contre les Verts dont Étienne Tête est un des militants en vue. Mais ce petit jeu honteux porta un rude coup à la crédibilité du bénévolat.

29. Il faut étudier avec attention les expériences québécoises d'institutionnalisation du tiers secteur sous diverses formes, avec leurs avantages et leurs inconvénients. Voir les contributions de Paul Bélanger, Jacques Boucher, Benoit Lévêque et Louis Favreau dans le livre cité de Jean-Louis Laville.

30. Jeremy Rifkin appelle lui aussi « tiers secteur » les organisations non-gouvernementales qui interviennent dans les quartiers populaires (plus exactement : les *Non-Profit, Non-Governmental Organizations*). Ces organisations sont subventionnées par des fondations privées, mais les dons à celles-ci sont déduits des impôts, ce qui rejoint la logique économique ici évoquée.

31. Maria Lucia Rapacci et Marie-Dominique de Suremain, *Un rio en el que aprendimos a nadar. Una mirada de mujer al medio ambiante urbano*, ENDA, Bogota, 1995 ; Marie-Dominique de Suremain, Lucy Cordona, Marisol Dalmazzo, *Les Femmes et la Crise urbaine, ou la gestion invisible du logement et des services urbains*, ENDA, Bogota, 1995. On peut (j'imagine !) se les procurer par ENDA-Tiers monde, 5, rue des Immeubles-industriels, 75011 Paris.

existent des formules du même type (les Wawa Wasi), le gouvernement péruvien leur a carrément coupé les crédits, suggérant aux « mères communautaires » de se retourner vers leurs communautés.

En France, on en est à peu près là. Les associations qui s'épuisent à monter des projets passent un tiers de leur temps à chercher, à négocier des contrats avec les multiples bailleurs de fonds, des municipalités à l'Union européenne, en passant par les fondations qui commencent à se mettre en place : c'est la « double concurrence féodale » évoquée au début de ce chapitre. Dans une réunion d'enseignants et travailleurs sociaux, à Montfermeil, où j'avais été invité à « tirer les leçons du tiers-monde pour développer en France l'action avec le quart-monde », une participante expliqua : « Mais pour avoir des subventions, il suffit de savoir sonner à la bonne porte. Un jour, Mme de Veyrinas [l'éphémère secrétaire d'État à la Ville du premier gouvernement Juppé] est passée dans notre cité. Avec les gosses dont je m'occupe, on a fait une ronde autour d'elle, elle nous a alloué 10 000 francs. » On en est là. Comme les bonnes sœurs de jadis, obligées de faire le siège de la comtesse, d'accrocher la dame patronnesse qui passe pour ses bonnes œuvres.

On ne sortira (et seulement partiellement) de l'ambiguïté que par l'institutionnalisation d'un tiers secteur stable et reconnu, dont les agences bénéficieront, une fois agréées, du droit légal à la « double subvention » et passeront des conventions avec des organismes publics ou associations d'usagers. Ici, la responsabilité du mouvement syndical est entière. En Italie du Nord, les syndicats participent aux « coopératives sociales » (formes locales du tiers secteur). Au Québec, le syndicalisme du « grand salariat » est pleinement engagé dans le mouvement du *développement communautaire*. Il syndique les travailleurs du tiers secteur et les défend contre le gouvernement provincial qui a tendance à diminuer les subventions, à aligner leur sort sur celui de leurs homologues du tiers-monde.

Mais pourquoi ne pas exiger des administrations publiques, des collectivités territoriales, qu'elles aient elles-mêmes un corps de fonctionnaires de l'aide à domicile ou de l'entretien des cités ? Tout simplement parce qu'elles n'en ont pas les moyens. L'augmentation prodigieuse des impôts que provoqueraient ces embauches serait *a priori* refusée par les électeurs, même si, après coup, les économies en RMI et l'accroissement des cotisations sociales qui en résulteraient permettraient d'amortir le choc. La constitution directe d'un tiers secteur, en mobilisant immédiatement le coût passif du chômage, permet de franchir cet obstacle en douceur, à condition de veiller dans le même temps à doter les activités de ce secteur des caractères d'un vrai emploi : normalement rémunéré, digne et reconnu. Surtout, encore une fois, il ne s'agit pas seulement de créer des emplois pour fournir des services (ici, sous la forme du fonctionnariat). Il s'agit de tisser les liens sociaux de l'économie solidaire, par la structuration simultanée, dans la « démocratie de face à face » de la communauté, de l'offre et de la demande des services de proximité. Il s'agit de changer la vie en faisant reculer les rapports purement administratifs ou marchands.

Prenons-y garde : l'offensive vient aussi du secteur marchand. Car, après tout, si la demande était solvable, une grande partie des services de proximité pourrait être fournie par des entreprises privées. La politique d'encouragement aux emplois familiaux, subventionnés par des abattements d'impôts accordés *aux usagers*, a bien cette ambition de solvabilisation de la demande. Mais elle solvabilise des ménages qui n'en ont nul besoin : ceux qui payent déjà des impôts correspondants à des revenus confortables, et se voient autorisés à transférer jusqu'à 45 000 francs d'impôts par an à la location de services domestiques.

La politique « socialement correcte » consisterait au contraire à mobiliser la même dépense fiscale en « droits au recours à une aide familiale » distribués aux ménages démunis et qui en ont vraiment besoin : par exemple, les personnes âgées dépendantes. Mais évidemment, ce serait une révolution par rapport à « l'économie du goutte à goutte » *(trickle down)* de la société en sablier.

Pendant la campagne présidentielle de 1995, la question de l'allocation-dépendance a été fortement évoquée par tous les « grands candidats », pour être bien entendu reportée aux calendes grecques après l'élection de Jacques Chirac. Seule la candidate Dominique Voynet, dans l'indifférence des médias, avait proposé une solution concrète : le « chèque-maison ». Il s'agit d'un chèque, analogue au chèque-vacances, qui ne peut être utilisé qu'en échange de services de proximité (par exemple, l'aide à domicile de personnes dépendantes). Pour Dominique Voynet, le tiers secteur aurait le monopole de ce genre de services et serait donc le destinataire de ces chèques. Car n'oublions pas que, pour doublement subventionné qu'il soit, le tiers secteur doit bien faire assumer par ses usagers une part du coût de ses services : 2 500 francs par mois pour un travailleur payé au SMIC. Mais ces 2 500 francs, les usagers auxquels il s'adresse ne peuvent pas toujours les payer. D'où l'idée de l'allocation-dépendance, ou du chèque-maison (idée germée dans le Réseau pour l'économie alternative et solidaire [32]).

Aujourd'hui, les administrations, agacées par le scandale que suscitent les avantages du chèque-emploi-service, envisagent sérieusement l'introduction des chèques-maison (qui seraient distribués aux ménages dans le besoin par les caisses d'allocations familiales, les conseils généraux, voire les comités d'entreprise)[33]. Mais dès lors, la demande devient solvable et le grand capital privé se rue dans la brèche. Déjà les lobbies s'organisent. Pour constituer des hypermarchés de services de proximité, se mettent sur les rangs : les grands de la restauration collective (Sodexho, etc.), les grands des services collectifs urbains (Lyonnaise des eaux, Générale des eaux), les groupes semi-publics de la Caisse des dépôts, et même le vieux secteur de l'économie sociale (les Scoop). Et naturellement, tous ces groupes demanderont pour leurs salariés les privilèges en matière de cotisations et législation sociale habituellement concédés aux jeunes salariés peu qualifiés.

Que deviendrait alors la structuration conjointe de l'offre et de la demande des services de proximité ? S'imagine-t-on que les personnes dépendantes mangeront de bon appétit les plats cuisinés à réchauffer que leur porteront en coup de vent les livreurs en uniforme de la Sodexho ? Avant même que le chèque-maison émerge des limbes, la catastrophe de la grande

---

32. REAS, 61, rue Victor-Hugo, 93500 Pantin. Le chèque-maison est expérimenté par l'association *Arianes* (2, rue Ducourble, 59000 Lille) avec l'aide du conseil régional Nord-Pas-de-Calais.

33. Voir le dossier cité : *Le Monde-Initiatives*, 15 mai 1996.

distribution est annoncée. Les Mammouth de l'emploi de proximité écraseront les embryons du tiers secteur, comme les hypermarchés ont écrasé le commerce de quartier. Le bilan en termes d'emploi ne sera pas brillant. En termes de lien social, il sera nul.

Faire front

Au fond de la crise sociale, de la crise des familles, au fond de la société en sablier, les apôtres laïques de l'action sociale sont condamnés à l'ambiguïté, et les administrations, qui n'en peuvent mais, les observent, les satellisent, les pressurent par le chantage à la subvention. L'urgence est là. Une urgence qui n'est pas tombée du ciel, qui a mûri depuis vingt ans, avec la crise du fordisme et le choix de la flexibilisation générale qui menait à l'exclusion. Mais elle est là. Trois attitudes s'offrent à nous.

– *Le réalisme cynique.* C'est comme ça désormais, nous vivons une mutation, Maastricht, la globalisation, la fin du travail, etc. Il y a des laissés pour compte ? Qu'ils se débrouillent entre eux : réencastrons la solidarité dans le social, que diable. Foin des gros appareils bureaucratiques. Que les bénévoles leur tendent la main, et les plus imaginatifs gagneront un ordinateur et peut-être un local dans la kermesse aux innovations de la politique de la ville.

– *Le social-conservatisme.* Il n'est pas question d'admettre cet état de fait. Nous refusons de tomber dans le piège de l'assistance, de la quête de subventions, du démantèlement des acquis salariaux des travailleurs sociaux. Que l'État prenne ses responsabilités, et s'il manque d'argent, qu'il taxe les riches. Et, comme cela ne risque guère d'arriver, attendons...

– *L'alternative solidaire.* C'est un scandale, mais c'est l'état où nous en sommes. Nous ne baisserons pas les bras. Nous nous saisirons de toutes les miettes de ce qui reste de la politique sociale, de la politique de la ville. Et nous nous battrons pied à pied, comme l'ont fait les fondateurs du syndicalisme, dans des conditions beaucoup plus difficiles, pour faire vivre le tiers secteur, pour tisser des liens par lui et autour de lui dans la communauté. Nous nous battrons pour sa reconnaissance, sa consolidation et ses droits. Nous n'abandonnerons pas les plus pauvres aux sortilèges du populisme de gauche ou de droite, nous ne laisserons pas les « petits blancs » abandonnés par les élites se retourner contre les immigrés. Nous bâtirons la communauté-providence, en deux générations s'il le faut.

L'alternative solidaire, dans une société qui ne la reconnaît pas, ne peut guère se distinguer de prime abord d'une simple application, sur le terrain, de la politique sociale du libéralisme. À l'heure actuelle elle ne se distingue que par son projet, son ambition. Lors d'une rencontre organisée à Chevilly-Larue par le Réseau pour l'économie alternative et solidaire et le Réseau des élus et acteurs locaux, Jacqueline Lorthiois, une des praticiennes le plus exprimentées de l'économie solidaire, avouait : « La seule chose qui nous distingue, c'est *au nom de quoi* on le fait. »

Au nom de quoi... Il y a plus d'un siècle, le mouvement ouvrier, au nom de l'abolition du salariat, entamait un cycle historique qui devait conduire les uns à l'horreur du stalinisme, les autres à la demi-sécurité de la social-démocratie. Aujourd'hui, nous devons combiner la résistance au sein du salariat et l'invention d'un nouveau secteur de l'économie. Ici comme au Sud.

Un jour de 1995, j'étais au Pérou, chargé par le Comité catholique contre la faim et pour le développement d'une mission d'évaluation sur une ONG spécialisée dans le conseil et la formation auprès des syndicats des mineurs. Cette ONG s'orientait de plus en plus vers l'aide à la création de microentreprises par les chômeurs. Assommée par la politique ultralibérale de démantèlement des grandes entreprises d'État, désorientée par la disparition d'une gauche prise en étau entre le populisme libéral du président Fujimori et le terrorisme du Sentier lumineux, la classe ouvrière péruvienne ne savait plus quoi espérer.

Nous devions visiter la plus grande mine de fer d'Amérique du Sud. Après des centaines de kilomètres à travers le désert côtier, nous arrivâmes dans une ville de parpaings au milieu d'un paysage lunaire. Un arc de triomphe chinois en marquait l'entrée : la mine, privatisée, venait d'être rachetée par la République populaire de Chine. La direction chinoise avait licencié un tiers du personnel et doublé la production... et les accidents de travail. Les mineurs nous attendaient à la Maison du syndicat, ornée d'oriflammes de pourpre et d'or, ces vestiges universels d'un siècle de luttes ouvrières. Le président du syndicat, malgré mes réticences, me fit monter sur l'estrade et me présenta tout de go : « Voici un intellectuel français qui va nous expliquer comment affronter la crise du syndicalisme. » Les gueules noires au dur et fier profil andin me fixaient avec attention. Paniqué, je remarquai la couverture de l'agenda du président, qu'ornait cette maxime : *Vivir es ayudar a vivir.* Je brodai quelques interminables minutes sur ce thème. Que, si *vivre, c'est aider à vivre*, alors il y a autant de dignité, autant de générosité, autant d'espoir pour un syndicaliste à aider ses camarades à s'organiser face au patron d'une grande entreprise qui les exploite mais leur « donne du travail », qu'à aider ses voisins chômeurs, dans un bidonville, à monter une petite entreprise au service de la communauté, ou même orientée vers le marché[34]. Que, dans les plus anciennes traditions du mouvement ouvrier européen, les Bourses du travail ne distinguaient pas leurs missions d'appui aux salariés du capital et d'aide à la création de coopératives. Qu'il serait peut-être bon de renouer avec ces traditions sous des formes nouvelles.

À la satisfaction qui accueillit ce discours parfaitement illégitime, je compris que, si je ne leur avais pas apporté de solution, j'avais au moins formulé ce qu'ils avaient envie d'entendre.

34. Je précise que, évaluation faite des potentialités de l'endroit, il me paraîtrait tout à fait saugrenu de chercher à y développer un district industriel de microentreprises.

11

Une fiscalité pour la solidarité

Nous l'avons vu dès le chapitre 2 : la redistribution, financée par les «prélèvements obligatoires» (impôts et cotisations de Sécurité sociale ou d'assurance chômage), joue un rôle extrêmement important pour corriger, après coup, les formidables inégalités qui s'accumulent dans la dynamique de la société en sablier.

Le RMI est le premier grand correctif. Il est financé par l'impôt, tout comme les autres allocations (logement, etc.) qui permettent aux plus pauvres de survivre. Nous venons, au chapitre précédent, de proposer de l'améliorer: augmentation de son montant, extension aux jeunes de 18 à 25 ans, cumul avec les revenus du tiers secteur.

Les pensions de retraite sont le second et très puissant barrage que la société française a su maintenir contre son «américanisation». Elles sont financées par des cotisations. Elles assurent aujourd'hui un âge d'or aux jeunes retraités, ceux qui ont cotisé toute leur vie. Mais elles sont déjà menacées par les décisions du gouvernement Balladur, en 1993, et les succès remportés sur ce point contre le plan Juppé n'ont rien de définitif. De toute façon, un drame se profile pour après-demain: l'arrivée à l'âge de la retraite de celles et ceux qui seront restés précaires toute leur vie.

Ces exemples illustrent les effets contrastés de l'impôt et de la cotisation. L'impôt permet une redistribution entre ménages dont les revenus directs sont trop inégaux. La cotisation assure au contraire une continuité de revenu dans le même ménage par-delà les aléas de la vie : chômage, maladie, venue d'enfants, vieillesse. La cotisation a donc le défaut de laisser de côté ceux pour qui les difficultés ne s'arrêtent jamais : les exclus et les précaires. Or ce sont les principales victimes de la société en sablier.

Quelques principes de base

Dans la société en sablier, nous avons besoin d'une solidarité plus forte des « inclus » (les propriétaires d'un patrimoine de rapport, les travailleurs stables et à revenus confortables) vers les travailleurs précaires et les exclus. Autrement dit, il faut moins demander à la redistribution par la cotisation et davantage à la redistribution par l'impôt.

Les cotisations sociales en France constituent une masse énorme par rapport aux impôts[1]. C'est ce qui explique que notre société soit l'une des plus inégalitaires d'Europe, tandis que les sociétés plus égalitaires, la Suède ou le Danemark, demandent beaucoup plus à l'impôt qu'à la cotisation. La raison la plus évidente de cette faiblesse redistributive du système français, c'est que les cotisations sont *proportionnelles* aux revenus et que, parmi les impôts, seul l'impôt sur le revenu est progressif. Nous avons vu d'ailleurs, au chapitre 2, qu'il ne redistribue pas grand-chose : les transferts de la moitié des ménages les plus riches vers les moins riches qu'eux représentent à peine 3 % du total du revenu des ménages.

Mais il y a une raison plus profonde. Les cotisations sociales sont fondées sur les *droits du travailleur* (salarié ou indépendant). En sont donc plus ou moins exclus... les exclus et les précaires. Or les prestations dont bénéficient les pauvres (RMI, allocations logement, allocations d'adulte handicapé, etc.) sont fondées, dans notre Constitution, sur les *droits de la personne humaine*. Et cela, même quand il s'agit des allocations familiales. La primauté des cotisations sur l'impôt signifie

1. En 1994 : 1 690 milliards de francs de cotisations. L'impôt sur le revenu représentait 300 milliards. Voir les très complètes synthèses en quatre pages de François Gourio, « Les comptes de la protection sociale », *Informations rapides*, SESI, n° 72, avril 1996 ; et Gérard Lattès et Pierre Volovitch, *INSEE Première*, n° 461, juin 1996.

la primauté des droits associés au travail sur les droits humains associés à la résidence.

Le Conseil d'État a toujours été clair sur ce point : tout résident a droit à la santé, à fonder une famille, à l'éducation, etc. C'est donc le devoir d'un État à l'égard des personnes vivant sur son territoire que de veiller à ces droits. Autrefois, les syndicalistes parlaient de « charges indues » quand les cotisations sociales servaient à autre chose qu'à rembourser leurs cotisants. Avec l'exclusion qui se généralise, ces transferts vont devenir la règle : c'est à l'Etat, donc à l'impôt, de l'assumer.

J'ai dit « tout résident » : le Conseil d'État ne précise pas même « tout résident en position régulière ». Avant de poursuivre, vidons cet abcès. La principale cause de « situations irrégulières » n'est plus l'immigration clandestine organisée par les filières de main-d'œuvre pour des entreprises peu scrupuleuses, mais les lois elles-mêmes. Les lois Pasqua ont « dérégularisé » des ménages, conjoints, parents ou enfants, qui auparavant avaient droit à une présence régulière sur notre territoire. Je ne dis pas que « la France peut accueillir *toute* la misère du monde ». Elle peut au moins accueillir et garder les conjoints, parents et enfants de tous ses résidents !

Prenons un exemple. Nadia est née en France, de parents marocains, elle y a toujours vécu. À dix-huit ans son frère aîné est devenu Français. Elle a cru qu'il en serait de même pour elle. Hélas : les lois Pasqua sont votées. Elle a laissé passer le délai : à vingt ans, elle est toujours Marocaine, expulsable. Elle rencontre Laurent. Ils s'aiment, ont un enfant, se brouillent, se quittent. L'enfant, né d'un père français, est français. Nadia, sa mère, n'est ni expulsable, ni régularisable. A-t-elle droit à la santé, aux allocations familiales ? D'après la Déclaration des droits de l'homme, prologue de notre Constitution, oui[2]. Même si elle n'a jamais trouvé de travail, et bien qu'elle soit en situation irrégulière.

L'aspect positif de la réforme Juppé vise à prendre en compte ces droits à la santé, à la maternité, en établissant une sécurité-maladie « universelle ». Sa contrepartie immédiate est le financement par l'impôt, auquel sont assujettis tous les rési-

---

2. Nous avons vu que l'État, comme souvent les caisses de Sécurité sociale, violait parfois ces droits, malgré toutes les condamnations de la justice, nationale ou européenne.

LE FINANCEMENT DE LA PROTECTION SOCIALE

En 1949, comme en 1973 et en 1989, les cotisations sociales ont représenté 80 % du financement de la protection sociale, avec des décrochages de quelques pour-cent de temps en temps. Depuis 1990, la baisse est régulière, mais encore peu significative. Mais, depuis 1949, la part « employeur » des cotisations n'a cessé de décroître, plus vite à partir de 1980 : de plus de 60 % en 1949 elle est tombée à moins de 50 % du total de financement. Les innovations actuelles de type CSG sont intéressantes en ce qu'elles ont la nature d'un impôt, mais qui ne se noie pas dans le budget général. Ce sont des « impôts et taxes affectés ». Voici le tableau général du financement.

Structure de financement des différents risques en 1994 en %

	Santé	Vieillesse	Famille	Emploi	Divers	Total
Cotisations sociales	84	82	69	79	0	79
Impôts et taxes affectés	3	9	6	5	0	7
Contributions publiques	13	9	25	16	100	14
Total	**100**	**100**	**100**	**100**	**100**	**100**

Source : SESI – Compte de la protection sociale.

dents, et non plus la cotisation retenue sur salaire. D'ores et déjà, une partie significative de la politique « familiale » est financée par l'impôt (voir l'encadré ci-joint). Mais le plan Juppé s'est inscrit dans un contexte de projets de réforme de l'impôt dans un sens plus inégalitaire, dont le rapport de la Martinière, rendu public en mai 1996, a fourni un condensé. L'un des plus contestables de ces projets est la transformation des cotisations sociales maladie en quelque variante de la CSG, impôt proportionnel et non progressif.

Le grand chambardement des prestations sociales a commencé. Nous ne pouvons plus nous contenter de refuser le plan Juppé. Il faut avancer des propositions, affirmer la solidarité *aussi* par l'impôt. Je ne vais pas présenter ici un projet de réforme d'ensemble de notre fiscalité, mais seulement quelques propositions sur la plus grande masse des prélèvements obligatoires : les cotisations sociales, l'impôt sur le revenu (et la CSG), la TVA.

Compte tenu de ce qui vient d'être dit, on pourrait s'orienter vers la formule suivante[3]:

– il ne faut pas changer les principes qui régissent aujourd'hui la retraite, trop évidemment liée aux revenus du travail d'une vie. En outre, c'est le volet de la solidarité qui fonctionne aujourd'hui de la manière la plus satisfaisante... raison pour laquelle, sans doute, ses principes sont si critiqués ! Nous consacrerons à ce débat le prochain sous-chapitre ;

– en revanche, le financement des branches «famille» et «maladie» de la Sécurité sociale, qui relèvent des droits de la personne humaine, doit être assuré par l'ensemble des revenus, et donc par les impôts, même si la gestion des prestations doit être démocratisée et rapprochée des citoyens, impliquer les syndicats et le mouvement associatif. Nous disposons de deux types d'impôts, l'un progressif (l'impôt sur le revenu), l'autre assez mal compris, la TVA. Nous examinerons la signification exacte de la TVA, puis nous discuterons des axes de réformes possibles du financement de ces deux branches.

La question des retraites

Le principe de la retraite est l'une des plus grandes conquêtes de la société salariale. Avec l'interdiction du travail des enfants, ce fut d'abord l'idée que l'on n'a pas à travailler toute sa vie pour avoir sa place dans la société. «On a donné son dû.» Ce fut ainsi le premier combat pour la réduction du temps de travail.

Une société peut se juger à sa reconnaissance envers les anciens. Nous savons que l'individualisme d'aujourd'hui n'exprime plus cette reconnaissance que par le biais monétaire : le versement des pensions. De cette faille nous ne pouvons discuter ici. Nous allons nous concentrer sur l'aspect monétaire de la retraite, sur son financement.

3. J'ai déjà avancé dans *L'Audace ou l'enlisement*, dans *Vert espérance*, quelques propositions. Elles ont évolué au fil de centaines de débats auxquels j'ai pu participer à travers la France. Les propositions de *Vert espérance* traduisaient par exemple le consensus qui s'était établi parmi les Verts. Depuis, ces propositions ont été de mieux en mieux acceptées dans leur principe, mais mises en œuvre selon des modalités qui en trahissaient l'esprit.

Capitalisation ou répartition ?

En France, les déboires des retraites par capitalisation, avec le krach des années trente et la Seconde Guerre mondiale, ont entraîné un choix de principe, à la Libération, pour la *retraite par répartition*. Macroéconomiquement, le choix est indifférent. Les retraites d'une année sont toujours prélevées sur une part du revenu national de la même année. Psychologiquement, il en va autrement. Avec la retraite par répartition, les cotisants de l'année savent qu'ils cotisent pour leurs aînés contemporains : ce que les uns payent, les autres le perçoivent. La solidarité (au moins financière) entre les générations s'exprime directement dans la forme même de l'institution.

Dans la *retraite par capitalisation*, les cotisants versent à des fonds de pension, des institutions financières qui font fructifier ce pécule et qui leur verseront plus tard des pensions avec cet argent mis en valeur. C'est l'institutionnalisation de l'égoïsme : chacun croit cotiser pour soi, rien que pour soi. Il n'en est rien, bien entendu : les fonds de pension paient les pensions d'aujourd'hui avec les cotisations et les profits financiers d'aujourd'hui. Ils paieront, dans quarante ans, les retraites des cotisants avec les revenus qu'ils auront dans quarante ans... s'il n'y a pas eu de crise ou de guerre réduisant à rien leurs placements financiers.

Dès aujourd'hui, les fonds de pension sont les joueurs les plus redoutables du « casino mondial » dénoncé au premier chapitre. Les économies britannique, américaine, et même l'économie internationale en sont les premières victimes. Mais déjà en France, les premiers fonds de pension, pour attirer les cotisants, affichent les taux de retraite servis les plus mirobolants et, pour y parvenir, multiplient les acrobaties. On enregistre déjà quelques faillites, bien vite couvertes par d'autres institutions pour ne pas décrédibiliser le système. Un sondage du CREDOC montre que les Français, soumis au pilonnage publicitaire des compagnies d'assurance et des banques qui rêvent de s'approprier le magot des retraites pour le faire fructifier en prélevant leur dîme, sont maintenant majoritairement favorables à un système de retraite (au moins complémentaire) par capitalisation, à condition qu'il soit garanti par l'État, versé sous forme de rente, et si possible géré par les Caisses de retraite ! Bref, ils ne veulent rien changer au principe actuel, et ils ont raison.

Mais le système français a ses faiblesses. Créé à la Libération en cousant d'anciens régimes particuliers et le nouveau régime général auquel se sont rajoutés les régimes particuliers des agriculteurs, des cadres, etc., il se présente comme une multiplicité de caisses aux règles et avantages différents. Or, avec le temps, la structure de la population a changé : presque plus de mineurs, de moins en moins d'agriculteurs. Pour servir aujourd'hui les retraites des mineurs, quand leurs enfants sont devenus agents de la fonction publique territoriale, il faut que la caisse de la fonction publique territoriale (dont les effectifs cotisants sont en pleine expansion) finance la caisse des mineurs.

Cette *compensation démographique* est la contrepartie nécessaire du principe de répartition, quand il y a plusieurs caisses. Cela fait évidemment hurler les employeurs des agents territoriaux (les municipalités), mais c'est inévitable et juste. Il est navrant que certaines municipalités de gauche fassent chorus sur ce point avec des municipalités de droite, dont les élus, eux au moins, sont partisans déclarés des fonds de pension. La solution définitive passe par l'unification générale des caisses, après la douloureuse harmonisation de leurs règles.

Et puis il y a la grande question de l'avenir des retraites. Les enfants du baby-boom auront 60 ans à partir de 2005. Leurs successeurs arriveront-ils, par leurs cotisations, à leur servir leur retraite ? Remarquons avant tout que cette question n'a rien à voir avec le système de financement. À partir de 2005, le nombre des retraités monte d'une marche par rapport au nombre des actifs, jusqu'à ce que, dix ans plus tard, le rapport se stabilise à nouveau. De toute façon il faudra prélever davantage sur le revenu national pour payer les retraites. Que ce prélèvement prenne la forme de cotisations, ou de taux d'intérêts à verser aux fonds de pension, ne change rien à l'affaire. On peut même avancer avec certitude que le système de répartition, parce qu'il permet de trimestre en trimestre d'ajuster le taux de cotisation aux retraites versées, est la seule garantie valable pour les retraités dans les temps difficiles. En fait, le discours en faveur de la capitalisation est un moyen de faire accepter les hausses de cotisations, en donnant l'impression que l'on cotise pour sa *propre* retraite, ce qui est faux. Il est sans doute prudent d'amortir à l'avance le choc de 2005, mais alors autant augmenter doucement les cotisations de retraite par répartition.

Le Livre blanc sur les retraites

L'autre solution est évidemment de diminuer le montant des retraites et d'augmenter la durée de cotisation des usagers. C'est la voie prônée par Michel Rocard, s'appuyant sur le *Livre blanc*[4], appliquée par Édouard Balladur et poursuivie par Alain Juppé. Une voie contre laquelle s'est dressé le mouvement de décembre 1995.

Le *Livre blanc*, qui recommande le maintien du système de répartition, commence lui aussi par brandir la menace démographique : bientôt trop de vieux, plus assez de bébés. Cet argument est inacceptable, ou plutôt il existe un argument démographique, mais pas celui-là.

D'abord le *Livre blanc* surestime la chute de la natalité. Nous savons maintenant que les femmes du baby-boom auront plus d'enfants qu'on ne l'avait cru : les naissances d'un troisième enfant (né souvent d'un second père) se multiplient après quarante ans.

Ensuite, la base cotisante n'est pas la population en âge de travailler (20-60 ans), mais la population effectivement employée. Le financement des retraites est beaucoup plus menacé par le chômage que par le manque de bras. Or, on va le voir, la solution Rocard-Balladur-Juppé accroît le chômage !

Enfin, si en 2005 la France est revenue au plein emploi et manque alors de bras, elle fera comme elle l'a toujours fait : elle rouvrira les portes de l'immigration. Des milliers de femmes et d'hommes, catholiques polonais ou musulmans du Maghreb, ne demandent qu'à venir travailler et donc cotiser chez elle. L'argument « natalité » du *Livre blanc* est à la fois raciste et irréaliste[5].

---

4. *Demain la retraite. Un combat entre les générations, op. cit.*

5. Lorsque j'avais développé cet argument dans une tribune du *Monde*, il y a une douzaine d'années, le regretté démographe et économiste Alfred Sauvy avait d'abord répondu par une lettre indignée. Dans son dernier ouvrage (*La Population*, PUF, Paris, 1992), il s'était pourtant rallié à ma position, ce qui montre l'exceptionnelle ouverture d'esprit dont savait faire preuve cet homme remarquable, jusqu'à un âge très avancé.

Le seul problème démographique, c'est *l'allongement de la vie humaine,* d'autant qu'il y a réduction de la durée du travail. J'espère que la deuxième partie de ce livre aura convaincu le lecteur de la nécessité de réduire la durée du travail. Admettons que cette réduction s'opère à l'intérieur d'un volume de 150 trimestres de cotisations comme c'était le cas avant la réforme Balladur (par réduction hebdomadaire du temps de travail, allongement des congés payés, années sabbatiques, etc.). Supposons une population stabilisée, avec plein emploi et financement des prestations vieillesse par les seules cotisations retraites. Supposons enfin que les cotisants atteignent, avec 150 trimestres, leurs droits à la pleine retraite à 62 ans en moyenne. S'ils ont encore devant eux une espérance de vie de 20 ans (jusqu'à 82 ans), il faudra bien qu'ils financent ces 80 trimestres de survie avec leurs 150 trimestres de cotisation. Si leur retraite est de 80 % de leur salaire moyen, leurs employeurs devront consacrer 43 % de leurs salaires nets au financement de leur retraite, au lieu de 38,3 % en 1993[6]. Et si l'espérance de vie passe à 92 ans, cette cotisation passera à 64 %.

On peut juger que cette espérance de vie est excessive et proposer de distribuer à 78 ans des pilules de cyanure... On peut surtout espérer que les retraités de 70 ans seront en pleine forme, et instituer un passage progressif à la retraite, en étalant les derniers des 150 trimestres sur plusieurs années de travail à mi-temps. Tout le monde y gagnerait : le monde productif perdrait moins brutalement l'expérience des anciens, les vieux salariés auraient le temps de reconstruire une vie active en dehors de leur temps de travail.

En réalité, la hausse nécessaire et inévitable des cotisations sera sans doute moins brutale (nous donnons plus loin l'évaluation de l'OFCE). Mais le *Livre blanc* choisit la voie inverse. La hausse de l'espérance de vie, conquête de la médecine, de l'éducation, et de l'amélioration du niveau de vie, il propose de la faire payer aux futurs et nouveaux retraités. De deux manières.

---

6. 80 × 0, 8 : 150 = 0, 43. Le chiffre de 38,3 % est obtenu en divisant le total des prestations-vieillesse de 1993 par le total des salaires nets reçus en 1993. C'est donc une moyenne entre tous les régimes, *y compris les prestations financées par l'impôt.* Aujourd'hui, l'ordre de

L'allongement de la durée de cotisation

Le *Livre blanc* propose de passer à 42 ans de cotisations, 168 trimestres. Édouard Balladur a réussi le passage à 160 trimestres pour le privé (dans un premier temps), Alain Juppé en a tenté la généralisation au secteur public, Michel Rocard envisageait nettement plus. 42 ans de cotisations, cela signifie que, pour obtenir la retraite à 60 ans, il faudra avoir travaillé depuis l'âge de 18 ans sans interruption !

Pour l'emploi, les conséquences sont terrifiantes. La mesure est appliquée à raison d'un trimestre de plus par an. À plein régime, cela signifie que pendant dix-huit ans, chaque année, un quart supplémentaire des travailleurs d'une génération restera à son poste au lieu de prendre sa retraite, soit, dans quelques années, 200 000 personnes par an, ce qui entraînera directement 200 000 jeunes chômeurs de plus chaque année[7]. Mais ce n'est pas tout : des retraités indemnisés sont remplacés par des jeunes chômeurs sans ASSEDIC ni RMI. Même en supposant que les jeunes retraités gardent à leur charge leurs enfants chômeurs (ce qui est aussi une forme de cotisation, moins équitablement répartie !), il en résulte une nouvelle baisse de la consommation, et donc un accroissement induit du chômage.

Dans leur appel « Pour une réforme de fond de la Sécurité sociale », les partisans du plan Juppé évoquaient élogieusement la « démarche de concertation du *Livre blanc* sur les retraites ». Pourtant, beaucoup d'entre eux (Guy Aznar, Maurice Pagat, etc.) sont de fidèles défenseurs de la réduction du temps de travail. Avaient-ils lu le même *Livre blanc* ?

---

grandeur de la retraite servie est de 78 % du salaire de la dernière année : c'est le cas de la fameuse génération de 1926 qui a eu 60 ans en 1986 et avait cotisé en moyenne 172 trimestres (Odile DANGERFIELD, Nicole ROTH, « Les retraites représentent 78 % du salaire », *Informations rapides*, SESI, n° 71, février 1996).

7. Actuellement la mesure n'a pas son plein effet, à cause des préretraites et parce que de nombreux travailleurs n'ont pas 60 ans, quoiqu'ayant cotisé plus de 150 trimestres. Le très juste accord interprofessionnel du 6 septembre 1995, qui « libère » de la contrainte de 60 ans, et autorise le passage à la retraite des cotisants ayant cotisé 160 trimestres, va rendre directement sensible l'allongement de la durée de cotisation. Mais la hausse du chômage de mars 1995 à mars 1996 s'explique déjà essentiellement par une hausse de la population active concentrée au-delà de cinquante ans, qui traduit le recul de l'âge de la retraite (+ 312 000 actifs, contre + 120 000 par an les années précédentes : voir « Chômage et emploi en mars 1996 », déjà cité).

La baisse du revenu des retraités

Alors que la situation antérieure ajustait la pension par référence aux dix meilleures années de la carrière, le *Livre blanc* propose de prendre pour référence les vingt-cinq meilleures années. Comme en même temps il table sur une progression du pouvoir d'achat de 2 % par an, on peut calculer qu'en pleine application cette mesure ramènera le revenu du retraité de 70 ans à la moitié de celui du salarié de 45 ans.

Cette politique est déjà entrée en application. Elle se combine avec la hausse des cotisations maladie pour les retraités, la crise des systèmes de retraites complémentaires des cadres (qui ont été bien imprudents dans les années du fordisme où le nombre des jeunes cadres augmentait beaucoup plus vite que le nombre de cadres retraités)[8]. L'âge d'or des retraites, repéré sur l'enquête générale de 1990 longuement commentée dans le chapitre 2, est déjà fini aussitôt qu'annoncé. Cherche-t-on (comme au Japon) à contraindre les retraités au travail informel ?

Il faut refuser cette politique. Comme le demandait (trop faiblement, trop tardivement) le mouvement de décembre, il faut en revenir à 150 trimestres de cotisations (à la carte, c'est-à-dire avec passage progressif à la pleine retraite), dans le privé comme dans le public[9]. Quant au niveau de la retraite, s'il est monté si haut par rapport au salaire moyen, c'est que les institutions du fordisme ont tenu leurs promesses aux cotisants de cette période, tandis que la France choisissait, dans les années quatre-vingt, la « flexibilisation » et l'austérité pour ses nouveaux actifs. Ou bien elle s'en tient à ce choix, et les retraites finiront par s'aligner, à la baisse, sur les salaires, ou bien elle opte pour une politique de qualification du travail, et les salaires remonteront.

Combien coûtera un tel choix de fidélité aux engagements pris jadis envers les cotisants des régimes de retraite ? L'OFCE l'a calculé. Pour amortir le choc de 2005-2015, il faudrait aug-

---

8. Sur la tranche de la caisse complémentaire des cadres (AGIRC), il y a eu un blocage de la valeur du point depuis 1993, et deux hausses de 1,2 % de la cotisation maladie aux 1er janvier 1996 et 1997, soit au total 8,5 % de baisse du pouvoir d'achat.

9. Dès 1991, un sondage CSA du 24 avril annonçait que 67 % des Français préféraient partir à 60 ans, « même si le montant de la retraite n'est pas très élevé ». Pour avoir oublié cette préférence pour le temps libre, Alain Juppé a dû capituler devant les grévistes de 1995.

menter de 0,3 % par an les cotisations retraites. Cela n'a rien d'excessif. Il serait légitime que ce 0,3 % par an soit automatiquement prélevé sur la croissance générale de la productivité, donc prenne la forme d'une hausse de la cotisation employeurs. Si les salaires devaient également y contribuer, par une augmentation de leur propre cotisation, alors il conviendrait d'indexer les retraites sur la progression du salaire *net* de ces cotisations en hausse.

Par ailleurs, il est légitime que les retraités contribuent davantage au financement de la branche maladie dont ils sont les principaux utilisateurs, mais il faudra, en même temps, prendre en compte leurs difficultés à survivre dans un monde hostile : en créant l'allocation dépendance et le chèque-maison. Mais, plus profondément, c'est le mécanisme de financement de l'assurance santé qu'il faut réexaminer. Auparavant, examinons l'objet le plus mal compris de notre « boîte à outils » fiscale : la taxe à la valeur ajoutée.

La TVA : un impôt de droite ?

Dans le débat sur la fiscalisation des charges sociales, on oppose parfois, aux partisans de l'usage de la TVA, l'argument : « Cela pèsera sur les consommateurs démunis. » Cet argument serait valable évidemment pour l'ensemble des « écotaxes » ou plutôt « pollutaxes »[10], ou encore des « sociotaxes » (visant à compenser les distorsions de concurrence dues à la surexploitation des travailleurs dans certains pays). Très logiquement, les adversaires de la TVA sont aussi adversaires des écotaxes (« Augmenter le prix de l'essence, c'est frapper les plus démunis ») et des sociotaxes, dont la TVA est une variante (« Se protéger contre les importations du tiers-monde, c'est égoïste »).

En réalité, les taxes dites « à la consommation » (TVA, écotaxes...) ne sont pas spécialement des taxes *sur* les consommateurs. Tel est le point essentiel qu'il faut éclaircir. Restera ensuite à discuter de ce qu'on peut et veut obtenir, par une modulation des prix *via* la fiscalité.

10. Il s'agit en effet de « faire payer les pollueurs » et non de « faire payer l'environnement ». Les écologistes belges, suite à quelques déconvenues, ont proposé ce néologisme.

Une taxe « à » la consommation est-elle un impôt sur le consommateur ?

L'idée que la TVA est un impôt « sur le consommateur » est très répandue dans l'opinion, chez les agents du fisc et même chez certains comptables nationaux. Dans ce cas, elle apparaît comme un impôt injuste. Si en effet on cherche à mesurer l'effet « social » d'un impôt à partir du contenu en impôts de la dépense des revenus, on dira : « Le RMIste dépense tout ce qu'il gagne, et dépense donc 20 % de son revenu en impôts [si 20 % est le taux moyen de TVA, taxe sur l'essence, etc., dans ce qu'il consomme]. Tandis que le riche, qui épargne une part de son revenu, ne paie là aucun impôt à la consommation. » Démonstration séduisante, mais totalement fausse, comme l'ont montré les économistes spécialistes de la question (par exemple Bruno Théret[11]).

D'abord, dire que le riche ne paie pas de taxe à la consommation sur la part de son revenu qu'il épargne est une remarque sans intérêt. Ou bien il la consommera un jour, cette épargne augmentée d'intérêts et dividendes (en yacht, caviar, etc.), et alors on peut faire en sorte que la TVA soit plus forte sur ces produits-là. Ou bien il s'interdit à jamais de consommer ce « pouvoir d'achat » indéfiniment virtuel, lui, ses enfants et jusqu'à la septième génération. Alors, écologiquement, ce n'est pas plus mal, et socialement, cela revient à un resserrement de la hiérarchie des niveaux de vie[12].

Plus généralement, l'évaluation de l'effet social d'un impôt ou d'une subvention à partir de son poids dans la consommation des classes sociales est archi-compliquée (il est beaucoup plus facile de faire cette analyse directement, à partir de la distribution des revenus). Mais si on veut jouer à ce jeu-là, alors la TVA n'est pas le taux qui pose le plus de problème ! En fait, le consommateur final paie *toutes* les composantes du prix de vente, donc *toutes* les taxes et *toutes* les cotisations.

---

11. Bruno Théret, « Un point de vue macroéconomique sur le traitement de la TVA dans le système élargi de la comptabilité nationale française », *Public Finance*, vol. XXXVI, n° 4, 1981.

12. En réalité, l'impôt (même sur le revenu) intervient trop en aval des « rapports de production » pour toucher l'essentiel. Supposons une entreprise appartenant à des actionnaires capitalistes idéaux, fidèles à l'« éthique du protestantisme » chère à Max Weber, qui ne leur distribuerait que des dividendes égaux à un salaire d'ouvrier et investirait tout le reste. Ces actionnaires « calvinistes » dépenseraient tout leur revenu, paieraient mêmes impôts et TVA que leurs salariés. Pourtant ils seraient de plus en plus « riches » et puissants.

Un RMIste achète une tranche de jambon Poluda sous cellophane au Lepaclerc de sa ville. Il paie en effet la TVA, l'éventuelle pollutaxe-emballage sur la cellophane, et celle sur la pollution des nappes phréatiques par l'éleveur de porcs. Mais il paie aussi le travail du paysan, celui des ouvriers de Poluda et des caissières du Lepaclerc, et bien entendu les charges sociales (« employeurs » et « salariés ») de tout ce monde. Il paie évidemment les marges commerciales (scandaleuses) de Poluda et de Lepaclerc... et donc l'impôt sur les bénéfices des sociétés Poluda et Lepaclerc. Alors que les infâmes capitalistes qui placent leur argent en SICAV, au lieu d'acheter du jambon sous cellophane, ne paient rien. Donc, plutôt que d'incriminer la seule TVA, on peut aussi bien dire : *Un RMIste paie l'impôt sur le bénéfice des sociétés, mais pas le grand capital !*

La vraie moralité, c'est qu'une « taxe à la consommation » n'est pas plus un impôt *sur* la consommation que n'importe quel autre, car « le » consommateur finit toujours par *tout* payer. Avec des revenus qui auront été *préalablement* ponctionnés... ou subventionnés par l'impôt. Car il faut aussi prendre en compte quels revenus sont financés avec cet impôt.

Mais alors, qui paie les « taxes à la consommation » ?

Pour le comprendre, considérons un pays capitaliste, Monandore, avec un État « minimum » qui ne prélève aucun impôt (cet État paie ses fonctionnaires en vendant des timbres de collection et des photos de ses princesses). Le partage du revenu national se fait à 40 % pour le profit, 60 % pour les salaires : c'est ce que les entreprises distribuent directement à leurs actionnaires et salariés. Dans ce pays, il n'y a ni Sécurité sociale, ni indemnité de chômage, et les exclus vivent de la charité privée. La répartition du revenu national est donc :

– capital : 40 % ;
– travail : 60 % ;
– chômeurs : 0 %.

Les écologistes de Monandore gagnent les élections et décident de prélever une TVA de 10 % pour financer un RMI. Le système des prix relatifs ne change pas. Les entreprises versent 10 % de leur valeur ajoutée à l'État, et partagent toujours le reste à 40 % pour le profit, 60 % pour les salaires. Va-t-on dire : « C'est un scandale ! on fait payer les allocations de chômage aux chômeurs qui consomment ! » ? Non bien sûr. On fait les comptes à partir de la *distribution* du revenu national qui est maintenant :

– capital : 40 % de (100-10 %) = 36 % ;
– travail : 60 % de (100-10 %) = 54 % ;
– chômeurs : 10 %.

Comme on le voit sur cet exemple simplifié, toute taxe dite « à la consommation » pèse en réalité d'un poids proportionnel indifférencié sur les revenus distribués par les entreprises qui produisent les marchandises consommées. La TVA, les écotaxes, sont des impôts *sur la production*[13]. Ces impôts sont « socialement neutres », en ce sens qu'ils ne modifient pas la répartition du revenu hors taxe, si ce n'est par les dépenses qu'ils permettent, et c'est d'ailleurs ce qu'on peut leur reprocher. Nos écologistes de Monandore sont des modérés : ils auraient mieux fait de financer le RMI avec un impôt sur la fortune. Mais le mieux est l'ennemi du bien : ils ont prélevé un impôt *sur le système productif*, avant la distribution entre capital et travail, et l'ont attribué aux exclus (qui du coup deviennent des consommateurs, avec des effets positifs pour tout le monde, mais c'est une autre histoire). D'autres auraient pu utiliser cet argent à tester des bombes atomiques, et la signification sociale de cet impôt aurait complètement changé.

Jusqu'ici nous n'avons cependant pas parlé des mécanismes de diffusion des taxes *nouvelles* à travers le système des prix

13. Contrairement à ce qu'on dit, la TVA n'est pas payée seulement par le dernier consommateur. Toute entreprise qui concourt à produire la valeur finale paie sa part de TVA pour la valeur qu'elle ajoute.

Un fabricant de chemises achète pour 120 francs de tissu, toutes taxes comprises, soit 100 francs hors taxe et 20 francs de TVA. Il vend une chemise 480 francs, et reverse 80 francs de TVA au fisc, qui lui restitue les 20 francs de TVA compris dans le prix du tissu. Il a donc payé 60 francs de TVA, qui représentent bien 20 % de la valeur qu'il a ajoutée, mais le marchand de tissu aussi a payé 20 % sur les 120 francs de son tissu. La « déductibilité » des 20 francs de TVA sur le tissu a simplement évité que ce tissu ne soit taxé une seconde fois de 20 % lors de la vente de la chemise. Cette intelligente réforme (des années cinquante) visait à contrer la tendance des entreprises à s'intégrer verticalement afin d'éviter la taxation en cascade des produits intermédiaires. Elle visait aussi à préparer l'entrée dans le Marché commun : toute la TVA est en effet déduite à l'exportation (et rechargée sur les importations). C'est – pour nous – son principal intérêt : elle « déconnecte » la fiscalité nationale des conditions de la concurrence internationale.

et des revenus : nous avons supposé qu'elles se diffusaient aussi facilement dans tous les sens, salaires, prix et profits retrouvant le même équilibre à travers l'inflation. Ce n'est pas toujours le cas et cela dépend de la conjoncture.

Si l'État augmente par exemple l'impôt sur les bénéfices ou les cotisations employeurs, les entreprises auront tendance à le répercuter dans leurs prix. Si elles y arrivent et si les salaires n'augmentent pas, ce sont en définitive « les salariés qui paient l'impôt sur les bénéfices ». Si elles n'y arrivent pas, et même si les salaires ne bougent pas, c'est bien la part du profit qui diminue. Même chose pour la TVA.

Dans le second semestre 1995, la hausse des prix a été très inférieure à la hausse de 2 % de la TVA appliquée en août (qui d'ailleurs ne touchait pas les produits de première nécessité soumis à une TVA de 5 %). En fait, les prix ont glissé de 1,2 % sur l'année. On peut donc affirmer que cette hausse de la TVA a été payée par les profits. Demandez à votre restaurateur favori, celui qui se lamente d'habitude sur le poids des « charges sociales » : aujourd'hui il crie tout aussi fort (et avec raison) contre le poids de la TVA, qu'il n'a pas pu répercuter sur les prix à la consommation. Et, quand, au printemps 1996, le débat sur la baisse des impôts s'est ouvert, le CNPF a demandé une baisse prioritaire de la TVA.

Plus généralement, pour éviter les effets sociaux pervers des taxes à la consommation, il faut renforcer l'indexation des salaires (et des allocations) sur les prix.

Mais au fait, pourquoi parler de « taxe à la consommation » ?

N'y a-t-il donc aucune différence entre une TVA ou une écotaxe de 10 %, et un impôt uniforme sur tous les revenus ? Si, il y en a. Comme son nom l'indique, une « taxe à la consommation » a beau être payée « sur » la production, elle n'est payée qu'« à » la consommation, c'est-à-dire au moment de la consommation, et si elle a lieu ! C'est d'ailleurs par définition l'intérêt que l'on trouve aux écotaxes (ou « pollutaxes ») : elles font « payer le pollueur », c'est-à-dire en fait l'entreprise qui propose un produit polluant (et son complice, conscient ou non : le client). Et si l'écotaxe est suffisamment forte, elle va faire reculer la production-consommation de ce produit-là. La TVA aura les mêmes propriétés, si elle est fortement différenciée [14].

Mais c'est aussi un danger des taxes « à la consommation » : elles reculent de façon non-maîtrisée avec la consommation ; et on ne peut donc pas trop compter dessus pour financer des dépenses. C'est la mésaventure survenue en 1995 à la majorité RPR-UDF de la Région Ile-de-France : rechignant à augmenter les impôts directs, elle comptait surtout sur les taxes d'enregistrement des bureaux, qui se sont effondrées. De mêmes, les élus régionaux Verts, qui avaient gagé des dépenses sociales et environnementales sur une hausse des cartes grises, ont connu quelques déconvenues avec la chute du marché automobile, qu'ils avaient eux-mêmes souhaitée.

Faut-il donc utiliser les taxes à la consommation ?

Soyons lucides. L'intérêt de la TVA, comme des cotisations sociales, dans un pays où l'impôt sur le revenu n'est pas prélevé à la source, c'est d'abord d'être « invisible ». Il serait imprudent de transférer le total des « prélèvements obligatoires » (un peu moins de la moitié du revenu national) vers un impôt direct sur le revenu. Imaginez l'enseignant recevant chaque mois un salaire de 24 000 francs pour en reverser aussitôt 11 000 à l'État ! Et si l'impôt sur le revenu était prélevé à la source, sans même figurer sur le bulletin de salaire ? Cela n'enlèverait pas l'intérêt des taxes « à » la consommation, car elles restent un moyen d'orienter la consommation en tordant le système des prix relatifs.

Même cela est parfois critiqué, dans le cas des pollutaxes. Si le prix de certaines consommations devient dissuasif, le RMIste sera le premier à y renoncer, bien sûr (sauf aux cigarettes ?), tandis que le riche aura toujours les moyens d'acheter des « droits à polluer ». Un écologiste au cœur tendre doit pourtant rester de marbre vis-à-vis de cet argument. La richesse permet de tout acheter, ce n'est pas un *scoop*, et il est suspect de faire

---

14. Cependant, il faut maintenir des pollutaxes qui ne soient pas de la TVA, car le mécanisme de remboursement de la TVA sur les consommations intermédiaires en affaiblirait l'effet. Par exemple, une modulation de la TVA sur l'énergie en fonction du taux de gaz carbonique ou de la quantité de déchets nucléaires qu'entraîne sa production n'aura aucun effet, puisque les principaux utilisateurs (les transports, les industries de transformation) peuvent déduire cette TVA de la TVA encaissée sur leurs produits.

mine de s'en effaroucher justement au moment où l'on parle de pollutaxe. C'est reconnaître qu'implicitement la société accordait aux pauvres (comme aux riches d'ailleurs) un droit à polluer *gratuitement,* pour ne pas avoir à leur assurer un revenu décent leur permettant de consommer « proprement » ! Un peu comme les élites brésiliennes qui invitent les exclus à défricher l'Amazonie pour ne pas avoir à faire la réforme agraire dans le reste du pays. Alors, vivent les pollutaxes, et diminuons « vers le haut » la hiérarchie des revenus (par exemple en augmentant de façon différenciée le salaire horaire au fur et à mesure que diminue le temps de travail) !

Et dans le cas de la TVA ? La TVA est peu sélective, elle l'est de moins en moins. Elle peut le redevenir, à la fois socialement et écologiquement, si on renforce la différenciation des taux (de 0 % pour les produits « sains » et « fondamentaux » à 40 % par exemple pour les produits « superflus » et « polluants »). Mais, même à taux uniforme, la TVA pèse sur les prix relatifs, parce qu'elle est « déductible ».

– Déductible, la TVA l'est sur l'investissement et les consommations intermédiaires. Cela facilite la division du travail interfirmes (c'était l'un des buts recherchés à sa création en 1957), mais cela favorise les machines contre les hommes (bien moins toutefois que les cotisations sociales assises sur le seul travail !). On peut remédier à ce défaut en déduisant la TVA sur les amortissements (et non sur les investissements initiaux).

– Déductible, la TVA l'est à l'exportation (et les produits importés sont chargés de la TVA correspondante). De ce fait, la TVA fonctionne *comme une sociotaxe.* Si elle est utilisée pour financer la Sécurité sociale, elle égalise fictivement, pour le consommateur de France, le niveau d'État-providence entre la production en France et la production dans le tiers-monde[15]. Et elle dispense les consommateurs du tiers-monde de financer la sécurité sociale des travailleurs français. Elle incite donc le consommateur français à refuser les produits de

15. Rappelons que, bien que l'Acte unique ait prévu l'unification des taux de TVA en Europe pour 1996, cette unification n'a toujours pas eu lieu. L'idéal serait évidemment de converger sur toute l'Europe vers un taux de TVA assez fort pour couvrir une part substantielle de la protection sociale, comme au Danemark. L'Allemagne, partie d'un taux de TVA un peu plus bas que la France, semble se rallier progressivement à cette position.

la surexploitation du tiers-monde, tout en abaissant les coûts, pour les populations du tiers-monde, des produits français.

Financer par l'impôt les droits de la personne

Après ce détour dont l'utilité va immédiatement apparaître, nous pouvons en venir aux branches Maladie et Famille de la Sécurité sociale. La branche Famille s'est peu à peu vue chargée de la cogestion de la plupart des prestations couvrant des « droits de la personne humaine » (allocation logement, RMI), et très logiquement, elle est la plus subventionnée par le budget de l'État. Notre position de principe est d'assurer la totalité du financement de ces deux branches par des impôts assis sur l'ensemble des revenus de tous les résidents[16]. Dans *Vert espérance*, comme les Verts l'avaient fait dans leur programme de 1992, je proposais de reporter progressivement le financement de la branche Maladie sur la TVA, celui de la branche Famille sur l'impôt sur le revenu, en supprimant bien entendu les cotisations sociales employeurs et salariés correspondantes. Plusieurs changements récents amènent à envisager des ajustements, car ce schéma n'était pas fermement fondé, et la situation a évolué.

Il est certes correct de reporter la couverture de la Maladie et de la Famille vers la fiscalité, car cela concerne les « résidents » plus que les « salariés ». Et il est prudent de ne pas tout reporter d'un coup sur l'impôt sur le revenu : cela serait trop « charger la barque » pour les moyens et hauts revenus qui se mobiliseraient pour faire échouer tout changement. Il vaut mieux jouer sur deux tableaux : l'impôt sur le revenu (qui a l'avantage d'être progressif) et la TVA, qui a l'inconvénient de ne pas être progressive (mais c'est déjà le cas des cotisations sociales, qui en outre ne portent que sur les salaires). Mais elle a un avantage : étant déductible à la frontière, la TVA fonctionne comme une « sociotaxe » qui permet (un peu) de découpler la politique sociale de la concurrence internationale.

Mais le partage proposé dans notre schéma était fort empirique. On avait choisi « la TVA pour la maladie, et l'impôt sur

16. On pourrait toutefois faire exception pour les revenus de remplacement pendant les congés de maladie. Nous ne tiendrons pas compte de cette remarque dans nos calculs.

le revenu pour la famille », parce que les sommes en jeu étaient du même ordre de grandeur. La TVA était doublée, l'impôt sur le revenu était augmenté de 60 %. L'habillage théorique était un peu tiré par les cheveux (« La famille concerne la société ; les dépenses médicales, ce sont des consommations »).

Bien entendu, on supposait que la masse des prélèvements restait la même, et que les cotisations sociales étaient supprimées, sans distinction employeurs-employés. Et il est vrai que, à moyen terme, toutes les cotisations forment une seule masse payée par l'employeur à la Sécurité sociale, en même temps qu'il paie le salaire net aux salariés. Mais, instantanément, il en va autrement : quand le gouvernement décide d'augmenter les cotisations « salariés », c'est le salaire net qui baisse ; quand il augmente les cotisations « employeurs », c'est le profit qui baisse. Notre schéma était donc insuffisamment précis sur le partage de la valeur ajoutée.

Enfin, alors que la proposition des Verts, quand elle fut présentée à la presse économique en 1992, attira à la fois l'admiration et le scepticisme, ce scepticisme n'est plus de mise. La fiscalisation a fortement avancé dans les faits et dans les têtes, dans le patronat comme dans la droite et la gauche traditionnelle. Mais avec deux différences par rapport à cette proposition :

– la distinction entre « cotisations employeurs » et « cotisations salariés » s'est révélée plus robuste que la différence « cotisation maladie-cotisation famille » ;

– le transfert s'effectue vers la CSG, et non vers l'impôt sur le revenu. Or la CSG, on l'a vu, vaut mieux que les cotisations parce qu'elle touche « tous » les revenus ; mais elle est beaucoup moins juste que l'impôt sur le revenu, car elle touche « même » les très bas revenus : ce n'est pas un impôt progressif. En outre, la question de la « déductibilité de la CSG du revenu imposable » ouvre un débat inextricable, l'opinion pensant que « la déductibilité, c'est mieux » (ce que soutient Nicole Notat, soutien dont se prévaut de La Martinière), alors qu'en fait elle profite aux plus riches (ce dont même le PS est conscient)[17].

17. Nous donnons plus loin une démonstration chiffrée par le Syndicat national unifié des impôts, à propos de la « super CSG », la cotisation maladie universelle du rapport de la Martinière.

En fonction de ces éléments, il convient sans doute de remanier cette proposition, en prenant acte de ce que la négociation sociale sera plus claire en partant de la distinction «cotisations employeurs/cotisations salariés» telle qu'elle est, et des critiques justifiées et largement répandues contre la CSG. Le nouveau schéma pourrait être le suivant :

1) Les cotisations employeurs (toute la branche «famille» et une partie de la «maladie») sont transformées en TVA (même si on l'appelle autrement).

Le pourcentage de la valeur prélevée sur la production reste le même. Mais l'assiette est élargie. Alors que la cotisation patronale est assise sur la seule masse salariale, il est bon d'étendre cette assiette à l'ensemble de la valeur ajoutée (qui comprend les salaires, plus tous les types de profits, distribués sous formes de dividendes ou d'intérêts, ou conservés par l'entreprise[18]). Ainsi on «fait payer les machines» (les entreprises à faible coefficient de main-d'œuvre augmentent leur cotisation) et on «fait payer les profits financiers». Il importe qu'aux yeux de la Commission de Bruxelles ces prélèvements aient le statut d'une TVA, ils seront ainsi déductibles à l'export (on ne fait pas payer notre protection sociale aux clients du tiers-monde) et frapperont les importations comme s'il s'agissait d'une production locale.

2) Les cotisations «salariés» sont transférées à l'impôt sur le revenu. Concrètement : elles sont rendues aux salariés (ou prennent la forme d'un précompte sur les impôts, prélevé à la source). La CSG est absorbée par l'IRPP qui restera un impôt progressif, avec abattement pour les bas revenus, et qui sera débarrassé de toutes les exonérations illégitimes dont bénéficient les revenus financiers. Il est bien sûr inutile d'imposer les «minima sociaux» (RMI, minimum vieillesse) qui sont déjà... financés par l'impôt !

Ainsi, tous les types de revenus contribuent selon le même taux (proportionnel ou progressif) au financement d'une couverture médicale et familiale «universelle». Rappelons que

---

18. La solution proposée diffère de celle du Syndicat national unifié des impôts, pour qui les cotisations employeurs auraient pour seule assiette le résultat d'exploitation des entreprises. Assiette trop variable et fragile, les entreprises ayant la capacité de masquer une part de leur profit (bien plus que de leur valeur ajoutée).

c'était le schéma envisagé par les syndicats en 1945, et qui s'était heurté au refus des « classes moyennes »[19].

3) Les écotaxes sont aussi affectées au remplacement des cotisations employeurs. Les écotaxes, ou plutôt pollutaxes, ont à peu près le même statut économique que la TVA. La différence, c'est qu'elles frappent aussi les produits intermédiaires (sinon elles n'auraient pas d'effet écologique sur les techniques de production). Elles ont pour effet, à niveau général des prix constants, de renchérir les productions les plus polluantes et d'abaisser les prix des moins polluantes. Depuis 1992, il est recommandé par la Commission de Bruxelles (et les « grands économistes » qui la conseillent, comme Edmond Malinvaud et le théoricien académique de la réduction de la durée de travail, Jacques Drèze) d'affecter l'écotaxe anti-effet de serre à la diminution des cotisations employeurs. Il y a tout à gagner à rejoindre ce « front large ».

Certains lecteurs feront observer que je n'ai rien dit de l'impôt sur le bénéfice des sociétés. Ne serait-il pas plus intelligent de « taxer le capital » à la place des ménages ? Le problème, c'est que « le capital » appartient à des ménages. En fait, le profit qui reste aux entreprises ne constitue nullement un « trésor caché » (voir l'encadré ci-joint). Pour autant que les bénéfices sont réinvestis par les entreprises, ils remplissent une fonction sociale favorable à l'emploi. Pour autant qu'ils sont distribués aux ménages, ils sont concernés par les mesures ci-dessus énoncées. Mais il y a un mécanisme étrange, l'avoir fiscal, qui fait de l'impôt sur les bénéfices un impôt absurde.

L'actuel impôt sur le bénéfice des sociétés ne frappe en effet que les profits *réinvestis,* car il est récupéré par les propriétaires des entreprises sous forme *d'avoir fiscal* sur les revenus distribués. L'avoir fiscal correspond à une idée du XIXe siècle : l'entreprise considérée comme la chair de ses propriétaires.

19. Voir Luc Boltanski, *Les Cadres, op. cit.* Après le mouvement de décembre 1995, René Lenoir a opportunément exhumé (*Partage*, n° 102) une savoureuse citation du congrès de Force ouvrière en 1950 : « Un régime de Sécurité sociale doit reposer sur une solidarité nationale et pour cela englober l'ensemble de la population et couvrir tous les risques. Par suite, le système périmé de la cotisation basée exclusivement sur le salaire doit être remplacé par un mode de financement subordonné à la réforme de la fiscalité, permettant une réelle redistribution du revenu national. »

UN TRÉSOR CACHÉ DANS LES ENTREPRISES ?

Le Parti communiste français, par exemple, a tendance à traiter l'opposition « entreprises-ménages » comme égale à l'opposition « capital-travail ». Ce n'est pas une vision réaliste du capitalisme. Le « revenu des ménages » inclut les revenus des propriétaires du capital, et ces propriétaires, en ponctionnant les profits de l'entreprise, mettent en péril sa survie et l'emploi de ses salariés. Certes, les entreprises et les banques sont également, en général, propriétaires les unes des autres, et s'échangent des dividendes et des intérêts. J'ai expliqué (voir l'annexe de la deuxième partie) que ces flux « intercapitalistes » ne sont pas nécessairement nuisibles, sauf dans le cas de la spéculation et que, dans ce cas, les taxes « anti-spéculation » (« taxe de Tobin ») avaient vocation à supprimer les flux sur lesquels elles étaient prélevées, et non de rapporter de l'argent à l'État. La proposition du Parti communiste de différencier la fiscalité sur les profits « productifs » de celle portant sur les profits « financiers » est intéressante, mais difficile à mettre en œuvre : toutes les banques et entreprises associées évoqueront (plus ou moins légitimement) les « synergies de production » réalisées au sein des groupes financiers et industriels. Encore une fois, il est plus simple et plus légitime de taxer les profits financiers quand ils sont enfin versés à leurs propriétaires ultimes : aux ménages « capitalistes » (voir chapitre 2 et la critique qui suit des projets de réforme fiscale).

À cette confusion conceptuelle, le PCF ajoute souvent une estimation démesurée des profits, dérivant de tract en tract chez les organisations amies et alliées jusqu'au délire. Ainsi, on lit dans le mensuel du PCF *Femmes Aujourd'hui Demain* (juin 1996) : « En 1995, les plus grandes entreprises ont réalisé 1 560 milliards de profit. » Soit 20 % du produit intérieur brut ! Du calme... Il n'y a pas de trésor caché, il n'y a que des cagnottes.

Voici les chiffres des *Comptes de la nation 1995*. L'excédent brut des entreprises non individuelles (ce qui reste après versement des salaires et des 312 milliards d'impôts liés à la production) est de 1 311 milliards de francs, sur lesquels elles versent 122 milliards d'impôts sur le bénéfice, et 408 milliards à leurs propriétaires (qui seront imposés). Il leur reste 780 milliards dont elles dépensent 682 pour financer le renouvellement de leur matériel (l'amortisssement) et leurs investissements nets. Restent 15 milliards de variations des stocks, et enfin 72 milliards de francs qui constituent leur « capacité de financement ». Tel est le seul trésor caché, mais nous l'avons déjà utilisé, dans nos propositions, pour créer les postes de travail qu'occuperont les chômeurs (annexe de la deuxième partie).

Quant aux « grandes entreprises », on peut supposer que *Femmes aujourd'hui demain* vise les quelque 400 entreprises (banques comprises) cotées en bourse. Elles ont fait un bénéfice de 82 milliards de francs (*Le Monde*, 20 mars 1995). C'est beaucoup (6,25 % du total de l'excédent brut de l'ensemble des sociétés, jusqu'aux plus petites), mais c'est beaucoup moins que 1 560 milliards de francs...

Aujourd'hui, on considère plutôt l'entreprise comme une institution, qui redistribue son produit en impôts sur la production, en salaires et en profits, salaires et profits étant ensuite imposés au niveau du revenu individuel. Ma proposition : adopter la vision moderne de l'entreprise, maintenir l'impôt sur les bénéfices... et supprimer l'avoir fiscal.

4) Reste à discuter des cotisations chômage. On peut les traiter comme les cotisations retraites et pour la même raison (le niveau de l'allocation dépend du niveau du salaire antérieur). Mais on peut tout aussi bien dire qu'elles ressemblent à la couverture du risque « accident » : il est injuste que les travailleurs les moins menacés cotisent moins que les plus précaires ; il est absurde et contre-économique que les entreprises qui embauchent aient à payer un surcroît de cotisation, et que celles qui automatisent et licencient fassent en plus des économies de cotisation chômage ! On pourrait donc « fiscaliser » comme le reste les cotisations-chômage, mais alors les allocations deviendraient un droit du résident, droit indexé sur les revenus antérieurs au chômage (contrairement au RMI) et donc étendu à l'entrepreneur et au travailleur indépendant en faillite... Bref, ce n'est pas simple et il faudra trouver une solution de compromis.

Quelles modifications introduirait une telle réforme ? Les cotisations sociales employeurs famille-santé-chômage représentent 490 milliards de francs (en 1995). 46 milliards de francs de cotisations sociales de l'État et des collectivités territoriales n'ont pas besoin d'être transférés, bien sûr. L'écotaxe climat rapporterait 110 milliards. Resteraient 334 milliards à transformer en TVA. Celle-ci représentant environ 550 milliards de francs, elle serait donc augmentée de quelque 60 %. Les cotisations « salariés » représentent 222 milliards de francs ; le total actuel de l'impôt sur le revenu, de la CSG et de la RDS est d'environ 400 milliards : ce total serait augmenté de quelque 55 % (après fusion et remodulation pour lui conserver un profil progressif).

Ces hausses semblent faramineuses. Elles le sont beaucoup moins si l'on se souvient que les cotisations sociales, d'un même volume, sont supprimées et leur montant restitué aux entreprises et aux salariés ! Mais on ne transférera sans doute ni les revenus de remplacement pendant les congés maladie, ni les cotisations chômage (d'ailleurs appelées à quasiment disparaître si la politique de la seconde partie est appliquée). Et le transfert doit être progressif, pour laisser les prix et les revenus s'ajuster (le niveau des prix restant en moyenne sans changement, puisque la charge globale pour les entreprises reste inchangée). Qui gagne ? Qui perd ?

Dans les entreprises : la transformation des cotisations employeurs en TVA diminue la contribution des entreprises de main-d'œuvre (où le poste « salaires » est le plus important dans la valeur ajoutée), au détriment des branches les plus capitalistiques (celles où la productivité semble venir des machines), ou des branches dites « à valeur ajoutée » qui s'assurent de confortables marges. C'est donc une politique favorable à l'emploi. Surtout, elle amortit considérablement le choc de la réduction du temps de travail avec compensation intégrale pour les bas salaires, dans le cas des entreprises de main-d'œuvre qui en général emploient une masse de bas salaires[20].

Chez les ménages : elle fait enfin contribuer à la protection sociale les revenus de la propriété qui se concentrent, on l'a vu au chapitre 2, au sommet de la société en sablier. À l'inverse, les bas salaires, qui se voient reverser leurs cotisations sociales, sont très peu imposés[21]. Cette réforme améliorerait considérablement la vie pour la moitié inférieure de la société en sablier : les jeunes ménages, les familles monoparentales, les travailleurs précaires. Les dents grinceraient sans doute au sommet. Mais c'est le prix à payer pour revivre dans une société humaine. Toute différente, malheureusement, est la voie suivie par nos gouvernants.

---

20. Le coût salarial total moyen (cotisations comprises) est d'autant plus bas que la branche est gourmande en main-d'œuvre : moins de 112 francs de l'heure dans le commerce, les industries agroalimentaires, le bâtiment, 188 francs de l'heure dans la branche Énergie (Michèle Lavigne, « Le coût salarial », *INSEE-Première*, n° 462, juin 1996).

21. Il y a cependant un vrai problème, que souligne avec raison le rapport de la Martinière : les exonérations d'impôt dont bénéficient actuellement les bas salaires peuvent disparaître dans cette hypothèse, car leur salaire net augmente, et cette nouvelle imposition constitue un véritable escarpement. Dès que le revenu devient imposable, cela déclenche non seulement l'impôt sur le revenu, mais aussi une cascade d'autres impôts : taxe d'habitation, suppression de services gratuits, etc. Or, de très nombreux petits salariés vont franchir ce seuil, dès lors que leur seront restituées leurs cotisations sociales. Paradoxalement, la seule solution est d'*étaler vers le bas* les tranches d'imposition, quitte à admettre des impôts très faibles (prélevés à la source sur une partie des cotisations remboursées), et de découpler systématiquement (et de façon soigneusement coordonnée) les multiples exonérations liées à la déclaration de non-imposition.

Les projets de la droite et le rapport de La Martinière

La réforme de la fiscalité proposée en mai 1996 par le rapport de La Martinière, et partiellement reprise par Alain Juppé, ressemble, à première vue, à ce que nous proposons: fiscalisation des cotisations salariés de l'assurance maladie. C'est la conséquence logique de la transformation de la couverture du risque de maladie, qui passe d'un accord « capital-travail » (compromis de 1945) à un accord national entre citoyens (ou plutôt, il faut l'espérer, entre résidents). Excellente intention ! Mais dans le détail, ces propositions aggravent la société en sablier en rendant le système français encore moins redistributif[22].

Premier mouvement: l'abattement de 20 % sur le revenu imposable dont bénéficient les salariés est supprimé, ou plutôt il est fondu dans un recalage de toutes les tranches d'imposition. Pour le salarié, c'est une opération blanche. Pour ceux dont les ressources sont constituées de revenus qui ne bénéficiaient pas de l'abattement, cela signifie: 20 % de moins sur la base imposable[23]. La différence inscrite dans la loi entre les revenus déclarés par un tiers et les revenus dissimulables, entre les revenus de son propre travail et les revenus tirés du travail d'autrui, disparaît.

Deuxième mouvement: à la faveur de ce recalage des tranches, la tranche à 56,8 % (qui frappe au-dessus d'un revenu imposable annuel de 269 000 francs par part) passerait non pas à 45,4 % mais à 40 %. Comme le remarque candidement le rapport, cette tranche ne rapporte que 4 milliards de francs. Autant l'abandonner aux 216 000 contribuables concernés. Soit un cadeau de 18 500 francs par an aux plus hauts revenus, équivalent à la moitié du revenu annuel moyen des

22. Il est juste cependant de saluer les fermes dénonciations que contient ce rapport contre les privilèges excessifs, tels que les exonérations dont bénéficient les revenus financiers les plus liquides, et en particulier l'assurance-vie, ou les options d'actions (*stocks options*) accordées au haut encadrement. On remarque également un vrai souci de la situation des tout petits contribuables. En somme: un rapport de très hauts commis de l'État, liés à la grande bourgeoisie, qui dénonce les passe-droits des parvenus pour mieux consolider la hiérarchie des classes. Mais, quoique sévère vis-à-vis de l'Acte unique et du Traité de Maastricht, il se résigne à ne pas lutter contre l'émigration fiscale des capitaux: puisqu'on ne peut pas les empêcher de déserter, mieux vaut ne pas trop les imposer.

23. Cette base imposable n'est pas négligeable: 226 milliards de francs, dont 77 en revenus fonciers, 52 en revenus mobiliers, etc.

20 % de ménages les plus pauvres. Mais pour les très hauts revenus, il est vrai que cela ne représente que l'argent de poche !

Troisième mouvement : les cotisations maladie des salariés seraient effectivement transférées à un impôt sur tous les revenus, « à l'exception des minima sociaux » (RMI, etc.), comme nous le recommandons. Malheureusement elles ne seraient pas transférées à l'impôt sur le revenu, progressif, mais à un nouvel impôt simplement proportionnel. Chaque année, 1,4 point de cotisations salariés serait ainsi remplacé par 1 point de la nouvelle « cotisation maladie universelle » (CMU). Ce n'est pas négligeable pour les salariés du privé. Les entrepreneurs et rentiers paieront la différence... mais ils auront empoché auparavant la baisse de 20 % de leur revenu imposable.

Le rapport de La Martinière évoque cependant deux problèmes : les fonctionnaires et les retraités qui actuellement cotisent moins à l'assurance maladie que les salariés du privé. N'entrons pas ici dans le débat sur les « privilèges » relatifs des fonctionnaires. La question des retraités est un vrai problème, malgré la hausse récente de leur pouvoir d'achat par rapport à celui des actifs. Celle-ci ne va pas durer, compte tenu des réformes en cours, et la moindre des choses serait de coupler cette mesure avec la création de l'allocation dépendance.

Mais le rapport reste ferme sur l'essentiel : cette CMU sera déductible du revenu imposable. Cela ne changera rien pour les petits salariés. En revanche, cette déduction diminuera d'autant le revenu imposable des plus riches, qui glissera vers les tranches moins imposées. L'affaire est sérieuse. La fiscalisation de la cotisation maladie vers la CMU porterait le taux de celle-ci à 4,5 % de tous les revenus. Elle s'ajouterait à la contribution sociale généralisée et à la contribution pour le remboursement de la dette sociale déjà existantes (et partiellement déductibles). Le total de ces impôts proportionnels atteindrait 7,9 %.

Le Syndicat national unifié des impôts a évalué l'effet de la déductibilité de la CMU[24]. En prenant pour hypothèse : des revenus salariés, avec trois parts de quotient familial, la déductibilité laisserait inchangé le taux de la CMU pour un revenu

24. Communiqué de presse du 4 juin 1996.

brut annuel de 75 000 francs (non imposable), et l'abaisserait à 3,36 % pour un revenu de 500 000 francs. Évidemment : déduire un impôt proportionnel d'un impôt progressif transforme le premier en impôt dégressif ! Il est plus sage de fusionner les deux impôts, quitte à préaffecter une part déterminée de l'impôt sur le revenu à la branche Maladie.

Si les projets du rapport de La Martinière venaient à être adoptés, il en résulterait au total un transfert entre petits revenus (des non salariés vers les salariés) et un transfert des petits revenus vers les gros, salariés et non salariés ! La déchirure sociale aurait de beaux jours devant elle.

Sur un tout autre plan, le rapport de La Martinière reprend le thème périodiquement évoqué de l'imposition des allocations familiales, un thème qui refait aussi surface avec la Conférence gouvernementale sur la famille. L'idée même n'est pas monstrueuse. Beaucoup de progressistes trouvent anormal de verser des allocations familiales aux riches, dont les enfants ont déjà été fortement subventionnés par le mécanisme du quotient familial. Si l'on veut réserver les allocations familiales aux familles qui en ont vraiment besoin, il y a deux mécanismes possibles. On peut d'abord les soumettre, comme tant d'autres allocations, à une condition de ressources, avec le problème classique de l'effet de seuil (1 franc de salaire en plus risque de faire perdre d'un coup les allocations). Pour éviter cet effet de seuil, on peut intégrer les allocations familiales à la base imposable : comme l'impôt est très progressif, la part des allocations reprise par l'impôt est quasi nulle pour les revenus modestes. Pour les riches, elles sont imposées au niveau de la plus haute tranche atteinte par le revenu total. Le problème, c'est que des ménages très modestes, se trouvant pour la première fois imposés sur le revenu, subissent de ce fait une cascade d'autres impositions : on n'évite pas l'effet de seuil[25].

---

25. Ce problème a été évoqué plus haut à propos de la restitution des cotisations salariés : il est une conséquence des politiques accumulées au cours du temps, qui ont multiplié les exemptions attachées au seuil d'imposition sur le revenu (voir Jean-Marie MONNIER, « Les conséquences de la taxation des allocations familiales à l'impôt sur le revenu », METIS-CRIFES, Univ Paris I, miméo, 1996). J'insiste : ce problème concerne des ménages au revenu équivalent au SMIC par part, bien plus que ces ménages que le numéro, déjà cité, de *Femmes aujourd'hui demain* appelle « modestes » avec un revenu de 180 000 francs annuels (donc parmi les 30 % de ménages les plus riches).

En fait, la seule solution est de considérer que les allocations familiales sont une aide *aux enfants*, une solidarité de la société qui les accueille vis-à-vis des ménages qui les élèvent. Il faudrait alors envisager une réforme d'ensemble, accordant à tout enfant la même aide sociale (modulée éventuellement selon son âge), indépendante du revenu de la famille à laquelle il est rattaché. Cette aide fixe prendrait la forme soit d'une allocation familiale, soit d'un abattement *fixe* sur les impôts de cette famille (quand elle en paie). Mais une telle réforme implique une révolution dans notre conception de la famille, qui pourrait, en particulier, aller jusqu'à l'imposition séparée de tous les conjoints. Vaste programme...

12

L'Europe solidaire, défi de l'après-Maastricht

En cette année 1996 où s'ouvre la renégociation du Traité de Maastricht, ses conséquences sociales s'affirment de plus en plus dramatiques. Certes, tout n'est pas dû à Maastricht, et une bonne partie des problèmes découlent mécaniquement de l'Acte unique adopté et appliqué dans les cinq années précédentes. Mais le bilan «Acte unique, plus première phase de Maastricht» est désastreux, à tel point que la partie du Traité concernant l'Union économique et monétaire est parfois considérée comme caduque par les hommes politiques et les économistes de droite ou de gauche. Même ceux d'entre eux qui avaient appelé à voter Oui au référendum de 1992 se comportent comme si le Traité n'avait pas été ratifié, comme si l'on avait toujours le droit de donner des instructions à la Banque centrale, comme si l'on pouvait s'abstraire des «règles de convergence». Il est probable que «l'égoïsme de l'Europe» sur tous les autres grands chapitres négociés en 1992 (solidarité avec le tiers-monde, engagement pour la paix et contre la crise écologique globale) découle de la montée exaspérante de ses problèmes internes. La crise de l'Europe sociale est donc le chantier essentiel auquel ont à faire face les élus et les ministres qui préparent à Turin, depuis mars 1996, la renégociation du Traité.

L'Europe, zone de chômage de masse

Avec 18 millions de chômeurs (12 %), l'Union européenne «fait tache» dans le monde. Aux États-Unis comme dans le tiers-monde (Est compris), la réalité n'est guère plus brillante, mais le chômage est absorbé par la prolifération des «petits boulots». En Europe, on ne s'y résigne pas, et heureusement. Au Japon, dans les pays d'Europe occidentale restés réticents à l'égard de l'Union européenne, qu'ils aient ou non choisi d'y entrer finalement (la Suisse, l'Autriche, la Scandinavie), on ne s'y résigne pas non plus, mais ces pays ont mieux gardé la maîtrise de leur économie nationale. La crise sociale de l'Union européenne vient d'un divorce entre, d'une part, des normes de vie restées «sociales-démocrates» et, d'autre part, des institutions ultra-libérales qui condamnent ces normes.

L'Union européenne est en effet un champ clos où les pays sont condamnés à une guerre commerciale les uns vis-à-vis des autres, sans avoir droit à la moindre protection de leur marché intérieur et, si les «critères de convergence» de Maastricht avaient été intégralement respectés, pas même au choix de leur taux d'intérêt, de leur taux de change ni de leur politique budgétaire. Résultat: la seule variable qui reste est l'austérité salariale et la «flexibilisation du travail». Chacun cherche à exporter son chômage en étant «plus compétitif» que le voisin. Le résultat final, c'est le marché commun européen qui se contracte, et le chômage qui explose.

Il faut ouvrir ici une parenthèse sur la macroéconomie de l'Union européenne, dans la situation de sortie de la crise du fordisme[1]. Le Marché commun européen, en effet, n'avait pas connu de grave problème d'emploi tant que les pays qui le composaient pouvaient suivre *grosso modo* un même modèle de développement fordiste. Mais, face à la crise du fordisme, au tournant des années quatre-vingt, les pays de la Communauté choisirent des voies différentes. La France, le Royaume-Uni, l'Espagne et le Portugal optèrent pour le néotaylorisme, la flexibilisation, la société en sablier. Les pays du Nord de l'Europe continentale, Pays-Bas, Allemagne, Scandinavie, mais aussi l'Italie du Nord, jouèrent la carte de la qualification, de l'implication négociée de la main-d'œuvre, d'une moindre polarisation des revenus. Et ces pays ont, économiquement et socialement

1. Voir mon livre *Towards a New Economic Order* Polity Press-Oxford University Press, London-New York, 1992.

parlant, gagné. Ils sont eux-mêmes différenciés : l'Allemagne négocie ses compromis capital-travail au niveau de la branche, les pays scandinaves au niveau de la société tout entière.

S'est ainsi mise en place une division géographique du travail au sein de l'Europe. Les pays du Nord de la Communauté se sont spécialisés dans les activités les plus qualifiées et les mieux payées. Ceux de la périphérie occidentale et méridionale se sont spécialisés dans les productions banales, à bas salaires.

La France occupe une position intermédiaire. C'est un pays riche, mais où l'on considère comme un « problème de compétitivité » le fait que les coûts salariaux y soient parmi les plus élevés d'Europe[2]. Considérerait-on comme un « problème de compétitivité » que la France soit un pays où le revenu par personne est parmi les plus élevés d'Europe ? Sans doute pas. Mais peut-être les salariés ne sont-ils pas des « personnes » ? Souhaite-t-on avoir à la fois « les revenus par habitant les plus élevés d'Europe... et les coûts salariaux les plus bas » ? Ce serait exactement l'idéal-type d'une société en sablier dont se rapproche le Royaume-Uni, où les propriétaires de capitaux les plus riches d'Europe coexistent avec des coût salariaux inférieurs à ceux de l'Espagne. Mais « les coûts patronaux les plus élevés d'Europe » ne finissent-ils pas poser eux aussi des « problèmes de compétitivité ? » En réalité, la France occupe, pour les revenus salariaux comme pour les revenus moyens, une position intermédiaire entre la zone centrale (Allemagne et Scandinavie) et la périphérie atlantique et méditerranéenne : l'Espagne et les Iles britanniques[3].

Cette coexistence des deux modèles au sein d'une zone de libre-échange unique est cependant menacée par la concurrence qu'exercent les pays les plus flexibles sur les plus « rigides ». Ainsi le modèle scandinave ne parvient-il plus à négocier ses compromis nationaux, et glisse vers un modèle où le compromis ne se négocie plus que dans les branches les

2. *Le Monde*, 25 juin 1996.

3. Tous les touristes le voient à l'œil nu. Lire cependant Michèle LAVIGNE, « Le coût salarial », *INSEE Première*, n° 462, juin 1996. Cette comparaison porte sur le coût salarial moyen dans l'industrie en 1992 : 130 francs en France, 160 en Allemagne, 100 en Espagne. Mais la différence entre les coûts *ouvriers* France-Allemagne est bien plus importante.

plus compétitives[4]. Décalé d'un cran, le modèle allemand, soumis au « dumping social français » (Mercedes, comme Daewoo, se délocalise en Lorraine !) glisse lui-même vers la négociation au niveau de la firme, « à la japonaise ».

Dans ces conditions, seules resteront compétitives les régions aux deux extrémités de la nouvelle division internationale du travail. Soit celles qui auront choisi la voie de la flexibilisation jusqu'à la tiers-mondisation (le Portugal). Soit celles qui auront fondé leur compétitivité sur une haute qualification et une mobilisation négociée de leur main-d'œuvre (l'Allemagne de l'Ouest, l'Italie du Nord). Les pays « mixtes » (comme l'Italie écartelée entre le Nord et le Sud) sont condamnés à l'éclatement. Les territoires « entre deux chaises » comme l'Espagne, l'Allemagne de l'Est et la France connaissent et connaîtront les plus forts taux de chômage. Selon un rapport conjoint de chercheurs de l'OFCE et du CEPII, deux des plus prestigieux centres de recherche français, le chômage atteindrait en l'an 2000 : 8 % de la population active pour le Portugal et l'Allemagne de l'Ouest, 14 % pour la France, 15 % pour l'Espagne, 16,5 % pour l'Allemagne de l'Est[5]. Mais, pour l'ensemble des pays (même les mieux placés), la situation est bien plus défavorable que s'ils adoptaient une position commune de relèvement des salaires horaires (par baisse coordonnée de la durée du travail).

Cette situation a encore été aggravée par l'écroulement des pays du « socialisme réellement existant », après 1989. Directement, la perte des marchés orientaux mit en crise les pays riverains de la Baltique : la Finlande, puis la Suède. Indirectement, la fusion des deux Allemagne, décidée sans concertation par Helmut Kohl qui prétendait que cela ne coûterait rien à personne, mit en crise le modèle de dialogue social allemand. Car, bien sûr, la mise à niveau des provinces de l'Allemagne de l'Est s'est révélée extrêmement coûteuse. Qui va payer ? « Pas moi », dit la Banque fédérale (la *Bundesbank*).

---

4. Voir Wallace CLEMENT et Rianne MAHON (dir.), *Swedish Social-Democracy: a Model in Transition*, Canadian Scholar's Press, Toronto, 1994.

5. « Lutter contre le chômage de masse en Europe », *Observations et diagnostics économiques*, n° 48, janvier 1994.

« Pas nous », disent les salariés ouest-allemands qui répercutent immédiatement les hausses d'impôts en hausses des salaires. Pour obliger l'État allemand, le capital et le travail à se mettre d'accord, la Bundesbank resserra les cordons du crédit. Les taux d'intérêt allemands s'envolent, alors qu'ils baissent en Asie et en Amérique. Les autres pays d'Europe, pour maintenir le rêve d'une monnaie unique, haussent eux aussi leurs taux d'intérêt, précipitant toute l'Europe dans une stagnation dont elle ne parvient plus à sortir. L'unique solution keynésienne, laisser filer les déficits publics, est en effet surutilisée dans les années 1991-1995 pour compenser la rigueur monétaire. Mais les « critères de Maastricht » enjoignent aujourd'hui de mettre fin à cette politique compensatrice.

Face à ces taux d'intérêt meurtriers, les pays ayant déjà opté pour la flexibilisation de leur main-d'œuvre tentent d'améliorer leur compétitivité en pressurant encore plus les salariés. Ce qui ne fait qu'aggraver la stagnation chez eux, une stagnation qui s'étend même à leur fournisseur : l'Allemagne.

À cette tragédie annoncée, les forces politiques ont réagi plus tardivement que les marchés financiers. Jugeant qu'aucun gouvernement n'oserait « brésilianiser » résolument la France, le Royaume-Uni, l'Italie et l'Espagne, les marchés spéculent sur l'impossibilité de tenir les critères de convergence et, en juillet 1993, font exploser l'Union monétaire, pièce maîtresse du Traité de Maastricht. L'Angleterre et l'Italie saisissent l'occasion pour reprendre leur indépendance monétaire, et ont connu depuis une reprise vigoureuse (mais forcément limitée, dans le cas du Royaume-Uni, par sa propre désindustrialisation). Début 1996, la Banque centrale allemande, consciente de la catastrophe où la menait sa politique suicidaire, se résolvait à baisser les taux d'intérêt, suivie par les autres banques centrales « indépendantes », dont la française[6].

6. Dès janvier 1992, les Verts, dans leur programme économique, appelaient à une gestion plus prudente du déficit public, mais aussi à une forte baisse des taux d'intérêt, quitte à renoncer au « franc fort » (c'est-à-dire « ancré au mark »). Ce *policy mix* (combinaison de politiques économiques) fut accueilli avec mépris, tant était forte la mystique du franc fort et de la « discipline monétaire ». Quatre ans après, l'OFCE saluait « Le crépuscule des monnaies fortes » (*Lettre de l'OFCE*, n° 150, avril 1996). La Bundesbank et la Banque de France ayant enfin baissé leurs taux pour parer au désastre qu'elles avaient elles-mêmes créé (rassurez-vous : les responsables ne seront pas plus condamnés que ceux du sang contaminé), l'opinion éclairée se retourne.

Erik ISRAELEWICZ peut enfin approuver dans *Le Monde* (26 mai 1996) la « nouvelle stratégie économique en Europe », soulignant qu'il aurait mieux valu l'appliquer dès la fin des années

En revanche, les forces politiques qui, en France, avaient encensé Maastricht se sont vues obligées de défendre une politique de flexibilisation à outrance. C'est bien entendu le cas des gouvernements Balladur et Juppé. Ce n'est plus le cas de Michel Rocard qui reconnaît aujourd'hui que l'indépendance des banques centrales vaudra « vingt ans de malheurs à l'Europe », mais dont on se souvient que, lorsque le PS était au pouvoir, il défendait mordicus ces vingt ans de malheurs et la politique sociale qui allait avec.

En revanche, les « anti-Maastricht » en France ne représentent pas une alternative unifiée et cohérente. Ignorons même les « Non de droite », eux-mêmes divisés entre libéraux (de Villiers) et populistes (Le Pen). Mais même ceux qui s'opposèrent à Maastricht au nom du progrès humain sont déchirés entre deux stratégies.

Les uns (du Parti communiste français au Mouvement des citoyens) rejettent l'idée même d'Union européenne et prônent le retour à une politique économique et sociale nationale. Les autres (les Verts, l'AREV, la Convergence pour une alternative progressiste, la LCR et les communistes de la tendance Futurs, dont les représentants signèrent début 1994 un appel *Pour une autre Union européenne*) jouent au contraire la carte d'un approfondissement de l'Europe, vers une Europe écologique, sociale, solidaire du Sud et ouverte à l'Est.

Je ne détaillerai pas ici pourquoi la première stratégie me paraît une bataille d'arrière-garde, probablement perdue à court terme (car l'intégration économique est désormais trop avancée) et désavantageuse à long terme si elle venait à l'emporter. Une Europe forte et solidaire de sa périphérie permettrait de faire avancer plus rapidement la justice sociale, l'écologie et la paix qu'une Europe émiettée. Encore faut-il concrétiser cette idée d'»Europe sociale ».

---

quatre-vingt (ce que préconisaient les Verts) et que ce *policy mix* à base de taux faibles explique la croissance des États-Unis. Il omet de dire que les États-Unis pratiquent *aussi* le déficit budgétaire et une sous-évaluation de combat de leur monnaie.

Même les critiques contre la surévaluation de la monnaie, que, depuis quinze ans il était de bon ton de traiter par le mépris, sont aujourd'hui réhabilitées : « Retrouvant des marchés et des marges, les industriels britanniques et italiens ont mis à profit ces années de dévaluation pour investir, se moderniser, réalisant parfois des sauts technologiques importants. [...] Les années perdues [par les entreprises françaises du fait du franc fort] risquent de peser pendant très longtemps face à leurs concurrents. » (Martine ORANGE, *Le Monde*, 22 juin 1996.)

L'Europe sociale aujourd'hui

Par « Europe sociale » (ou « espace social européen ») on entend la mise en place de *règles du jeu communes* ou de *politiques nationales coordonnées*, voire directement *communautaires*, afin d'améliorer la situation sociale des habitants. La première catégorie d'actions (la mise en place de règles du jeu communes) est probablement la plus efficace, parce que les effets les plus pervers de la concurrence sauvage (le *dumping social*) expliquent en grande partie le chômage de masse en Europe. C'est également sur ce point que s'opposent les tenants « de gauche » du retour au national et les partisans de « l'autre Union européenne » : faut-il, oui ou non, se battre pour un renforcement de la législation sociale commune ?

Voyons d'abord les acquis de l'Europe sociale – car il y en a[7] ! Acquis législatifs : la libre circulation des travailleurs et la coordination des systèmes de sécurité sociale des travailleurs migrants, la protection de la santé et de la sécurité sur le lieu de travail. Ce n'est pas rien, et cela a surtout profité aux travailleurs du Sud européen. Plus contestable est la législation sur l'égalité de traitement entre hommes et femmes, souvent utile, mais qui parfois se retourne contre les femmes protégées en tant que telles (travail de nuit, points de retraite supplémentaires pour l'éducation des enfants). Ce corpus législatif a culminé dans une *Charte des droits sociaux fondamentaux* (1989), qui n'est pas dérisoire pour les pays les plus pauvres (le Portugal), mais qui fut alors jugée si peu contraignante par le groupe Vert au Parlement européen qu'il déposa une motion de censure contre la Commission. En fait, l'Europe sociale législative ne fait que garantir ce qui ne paraît à la grande majorité des Européens que « la moindre des choses ».

Second volet important : le Fonds social européen, qui a dépensé quelque 150 milliards de francs pour 17 millions de personnes dans les cinq dernières années de la précédente mandature (1989-1994), essentiellement pour la formation de jeunes et des chômeurs de longue durée. Si l'on y ajoute les fonds régionaux en faveur des régions les plus en crise, on a

7. Voir Daniel Lenoir, *L'Europe sociale*, La Découverte, coll. « Repères », Paris, 1994.

là l'amorce d'une véritable politique de solidarité sociale communautaire qui ne peut que se développer dans une Europe sociale.

Malheureusement, ce développement de la solidarité communautaire a été cassé net par le Traité de Maastricht. Soucieux de démontrer que « l'Europe, ce n'est pas cher », le Conseil européen a rejeté le « paquet Delors II » qui en proposait un chiffrage. Surtout, le Traité a rigoureusement exclu la lutte contre le « dumping social » de l'agenda européen. Sont explicitement exclus de toute réglementation communautaire les rémunérations et le droit syndical. Doivent faire l'objet de décisions unanimes (le Royaume-Uni gardant le droit de faire ce qu'il veut) : la sécurité sociale et les contributions financières visant à la création d'emplois.

Bref, le dumping social restera la règle, et la règle du jeu l'exception.

Ce que pourrait être une politique de solidarité européenne

Les spécialistes de l'OFCE et du CEPII, dans le rapport évoqué plus haut, nous donnent un aperçu de ce qu'il serait possible de faire.

Ils excluent d'abord les politiques de réduction du coût du travail : par définition, si elles sont prises à l'échelle européenne, elles n'améliorent la compétitivité relative d'aucun des pays et aggravent la dépression commune. En revanche, une dévaluation de 10 % de l'ensemble des monnaies vis-à-vis des nouveaux pays industrialisés aurait des effets globalement faibles (- 0,2 point de chômage), mais sectoriellement importants (dans le textile, l'habillement...). Plus intéressante serait une réforme du financement de la protection sociale : la seule affectation de l'écotaxe anti-effet de serre à la réduction des cotisations employeurs diminuerait le chômage de 0,7 point[8] !

Ils explorent ensuite une initiative de relance keynésienne au niveau européen : ramener à zéro le taux d'intérêt réel à

8. Un « point » est un pourcentage rapporté à l'offre totale de travail, et non à la masse des chômeurs.

court terme (comme dans les années soixante-dix), dévaluer de 10 %, diminuer les cotisations employeurs et les impôts sur les ménages. Le résultat est impressionnant : cette « relance coopérative » augmente de 5,7 % le produit européen brut au bout de trois ans, sans dégrader les déficits publics ! Donc, le retour à la croissance, c'est possible... à condition de violer les critères de convergence de Maastricht et de contraindre les banques centrales à se soumettre à la politique sociale. Quand on sait que la Bundesbank n'a pas hésité à saboter la transition de l'Allemagne de l'Est, au nom de sa sacro-sainte indépendance et de ses dogmes monétaristes, on voit immédiatement qu'une telle politique est inapplicable sans la remise en cause radicale du Traité de Maastricht.

Rappelons en effet que le Traité impose la réduction des déficits budgétaires, sous peine de sanctions[9]. En outre, il interdit strictement à quelque autorité publique que ce soit, gouvernement national ou conseil des ministres européens, de donner quelque instruction que ce soit aux dirigeants des banques centrales (article 107). Ces messieurs font ce qu'ils veulent, l'Europe dût-elle en périr. Le Traité de Maastricht s'oppose donc point par point au projet de relance coordonnée et, si l'on veut néanmoins la mettre en œuvre, il faut répudier le Traité.

Le *Livre blanc* sur l'emploi en Europe qui fut discuté au sommet de Corfou (1994) s'en gardait bien. Outre le sempiternel appel à la flexibilisation et au temps partiel pour les femmes, il proposa donc une très modeste relance, limitée à quelques grands travaux (dont certains très contestables écologiquement) dont on bricolerait le financement pour contourner les règles monétaristes du Traité. Le résultat sur l'emploi en serait dérisoire, et en fait l'Union n'est jamais parvenue à financer ces travaux.

Mais même la mégarelance étudiée par l'OFCE et le CEPII n'aurait qu'un effet de 2,5 points sur l'emploi ! C'est beaucoup... mais très insuffisant quand le chômage est à 12 %. Aussi le rapport en revient – nécessairement – à la solution des écologistes, le partage du travail.

---

9. Article 104 c, et protocole correspondant qui fixe le déficit autorisé à 3 %, et la dette publique à 60 % du produit intérieur brut : les deux critères sont violés par la plupart des États. Le PS soutient aujourd'hui que le protocole ne fait pas partie du Traité. Désolé : il a été voté et ratifié en même temps que lui. Il fallait le lire avant d'appeler à voter Oui.

Paradoxalement, cette politique n'a pas besoin d'une coordination européenne, si elle est appliquée nationalement sans augmenter le coût du travail et sans exiger trop d'investissements supplémentaires. Ainsi, le rapport étudie une baisse générale de 10 % de temps de travail, en ne restituant aux salariés que les cotisations d'assurance chômage économisées (soit une hausse de 2,5 % du salaire horaire, donc une baisse de 7,5 % du salaire mensuel), et en utilisant davantage les installations existantes (35 heures en quatre jours pour les humains et six jours pour les machines). Si une telle politique était appliquée dans toute l'Europe (en cinq ans), elle réduirait le chômage de 5,4 points la cinquième année sur l'ensemble de l'Europe, et de 6 points en France. Mais si la France appliquait seule cette politique qui avantage outrageusement la compétitivité des firmes, elle gagnerait 6,6 points de chômage !

Le problème, c'est qu'une compensation salariale aussi faible serait intolérable pour les salariés, même si elle diminue le chômage de moitié. *Le «plus» qu'apporte la coordination à l'échelle européenne, c'est la possibilité d'une très large compensation salariale*, sans être inquiété par la concurrence des autres pays européens. Mais il faut là encore faire sauter le verrou de Maastricht qui exclut la coordination des politiques salariales (y compris la durée normale du travail) de la liste des politiques communautaires.

Une autre façon d'augmenter la compensation salariale (c'est-à-dire le salaire horaire), sans compromettre la compétitivité et la capacité d'auto-financement des firmes sensées embaucher, consiste à déplacer le partage des revenus du capital au bénéfice du profit d'entreprise réinvesti, et au détriment des revenus rentiers et financiers (c'est-à-dire de la consommation individuelle de la plus-value sociale). Or, l'Acte unique a permis une véritable «résurrection des rentiers», en autorisant la libre circulation du capital sans harmoniser l'impôt sur les revenus des placements. Ce «dumping fiscal» a conduit à une imposition de plus en plus faible des revenus rentiers, eux-mêmes accrus par une surenchère sur les intérêts versés. Là encore, un «plus d'Europe» (l'harmonisation fiscale) permettrait d'améliorer la situation de l'emploi, à travers une réforme fiscale déchargeant la fiscalité (charges sociales comprises) pesant sur le coût de travail.

Une première voie consiste à uniformiser l'imposition du capital par un prélèvement libératoire à la source. C'est un pis-aller (cet impôt uniforme ne tient pas compte du niveau de revenu total) mais c'est mieux que rien. L'Allemagne l'avait accepté (au niveau de 15 %) au moment de l'Acte unique, en 1992, puis était revenue sur son engagement devant le « dumping fiscal » du Luxembourg. Elle y revient, contrainte qu'elle est de financer sa réunification.

Une autre voie consiste à transférer le maximum de cotisations sociales vers la TVA. Mesure en soi progressiste (à ponction égale, elle fait également peser la fiscalité sur l'ensemble des revenus par un changement d'assiette, ce qui, nous l'avons vu au chapitre précédent, favorise les industries de main-d'œuvre), elle a en outre l'avantage, puisque la TVA est déductible à l'exportation et chargée sur les importations, de « découpler » le niveau de protection sociale en Europe et la compétitivité vis-à-vis des pays tiers. Là encore, l'Allemagne, d'abord hostile à une hausse de la TVA, s'y rallie pour financer sa réunification.

Une Europe sociale, alternative et solidaire est donc possible, et elle pourrait vaincre le chômage. Elle exige une volonté politique qui se concrétiserait par une profonde réforme du Traité dans la négociation intergouvernementale commencée en 1996.

L'Europe à la croisée des chemins

La négociation qui s'amorce, alors que les institutions communautaires et les banques centrales poussent de toutes leurs forces à la mise en œuvre la plus rigoureuse du Traité de Maastricht version 1992, sera en effet décisive. C'est le visage de l'Europe au XXIe siècle qui se joue aujourd'hui.

Ou bien le Traité sort indemne de la Conférence intergouvernementale de Turin. Le règne de la finance est définitivement institué en Europe. Tous les gouvernements, même le gouvernement allemand, sont obligés, dans les deux années qui viennent, de répudier les derniers compromis qui assuraient au travail une rémunération convenable, une dignité et une reconnaissance sociale fondée sur la qualification. La société en sablier s'étend alors à toute l'Europe. Les pôles de la finance, de l'ingénierie et de la communication se concentrent dans quelques capitales européennes. Les régions les plus qualifiées d'Europe (l'Allemagne du Sud, l'Italie du Nord) se réservent les segments du salariat les plus qualifiés et les plus stables. Tous les autres travailleurs d'Europe sont précarisés, alignés sur les « coûts salariaux » de l'Europe du Sud et de l'Est, voire de l'Asie en développement. Les régions les plus périphériques (Sud de l'Espagne, du Portugal, de l'Italie et de la France, la Grèce, la plus grande partie des Iles britanniques) sont condamnées à l'exclusion, à une survie vaguement subventionnée par la politique sociale du libéralisme, et gérée par des organisations para-inter-gouvernementales mendiant des crédits dans les couloirs de la Commission de Bruxelles. Les mafias, les trafics en tous genres se développent dans ces régions à l'abandon.

Ou bien le Traité est profondément remanié. Le système des banques centrales se voit investi de la fonction de financer un développement écologiquement soutenable et donc socialement solidaire, dont il est rendu responsable devant les institutions représentatives des citoyens d'Europe. Des règles de convergence vers le haut des législations sociales sont édictées par le Parlement européen. Des transferts de fonds communautaires assurent la transition de toutes les régions d'Europe vers des emplois plus qualifiés. Face à sa périphérie externe (pays de l'Est européen, pays méditerranéens), l'Europe adopte une politique d'accords, mutuellement avantageux, de « co-développement ».

Le continent qui a vu éclore la démocratie représentative et les politiques sociales se retrouve aujourd'hui face à son destin. Mythifiant le mouvement de décembre 1995 des travailleurs français, les travailleurs allemands envahissent en juin 1996 la capitale allemande. Les peuples veulent une autre Europe, alors les élites se crispent.

Le 24 mars 1996, dans *Le Monde*, le plus prestigieux des Européens, Jacques Delors, lance aux partisans d'une Europe solidaire un désaveu cinglant : « Ceux qui parlent d'Europe sociale me font penser à la formule du général de Gaulle sur l'Europe des cabris. »[10] Ainsi donc, Jacques Delors ne croit pas plus à l'Europe sociale que le général de Gaulle à l'Europe supranationale ! Ou plutôt, il n'y croit plus : « Que veut-on ajouter en matière de politique sociale de vraiment important, qui ne soit irréaliste ? » Ce que l'Europe vous a donné de social (les directives sur l'égalité hommes-femmes, sur les conditions de travail, et l'aide aux régions en crise), c'est tout ce que vous aurez demain, à jamais et pour les siècles des siècles.

Comment en est-on arrivé là ? En 1982, Jacques Delors et les socialistes voyaient la politique sociale française se casser le nez sur les « contraintes extérieures ». Accédant à la présidence de Bruxelles, il espérait sans doute contourner l'obstacle par en haut. Avec l'Acte unique, il paracheva pourtant la mise en concurrence de tous les sites et de tous les travailleurs d'Europe. Il voulut enfin, lors de la négociation de Maastricht, compenser cette Europe ultralibérale par une Europe politique (et notamment sociale). Il se vit opposer une fin de non-recevoir : il n'y aurait qu'une vague « charte sociale » dont le Royaume-Uni serait dispensé ; le Parlement européen n'aurait pas le droit de passer outre à l'opposition de gouvernements anti sociaux ; pire : la politique monétaire était mise à l'abri de toute velléité sociale.

Jacques Delors et les socialistes français avaient vendu leurs ambitions sociales contre le plat de lentilles d'une Constitution européenne indigne de leurs idéaux. Buvant la coupe jusqu'à la lie, ils firent campagne pour cette Europe-là, qui vaccina les Européens contre l'idée d'Europe. En enterrant aujourd'hui l'Europe sociale, Jacques Delors ne fait que traduire la nouvelle synthèse socialiste : « Nous aimerions que l'Europe nous donne les "preuves" qu'elle peut être sociale, mais si elle ne les donne pas, nous acceptons quand même l'Union monétaire. »

Mais enfin ! Comment peut-on soutenir que confier la politique monétaire à un collège de grands argentiers sans autre circonscription électorale que la communauté financière, ne soit pas déjà, en soi, une politique antisociale ? Il ne s'agit pas tant des pauvres « critères de convergence » du Traité. Stipuler

10. *Le Monde*, 24 mars1996. Dans les années soixante, Charles de Gaulle ironisait contre ses adversaires démocrates-chrétiens « qui répètent 'l'Europe ! l'Europe !' en sautant comme des cabris ».

qu'un État ne doit pas trop s'endetter, qu'il ne doit pas laisser filer l'inflation... n'est-ce pas le bon sens ? Ce qui fait problème, c'est d'abord l'obligation de respecter une traduction comptable arbitraire de ces sages préceptes dans un délai très court (et tous en même temps !), enlevant ainsi à la politique sociale le peu d'outils qui lui reste : l'arme budgétaire. C'est surtout le but final : une monnaie aussi « indépendante » de toute considération politique que l'était le stock d'or, cette relique barbare dont l'abandon, à l'appel de Keynes, permit au monde développé trente ans de glorieuse croissance. Comme si le choix d'un taux d'intérêt n'était pas déjà un arbitrage entre les rentiers et les investisseurs, entre la finance et les chômeurs, entre le gaspillage des ressources naturelles et les investissements pour un développement soutenable !

Lorsque Jacques Delors suggère à Jacques Chirac de dénoncer (et « avec rudesse » !) ce « on » qui a mené en Allemagne une politique monétaire désastreuse, il a le droit de parler ainsi parce qu'il n'est plus rien. S'il était encore président de la Commission, ou ministre des Finances français, le Traité de Maastricht lui ferait obligation de se taire, et Jean-Claude Trichet, président de la Banque de France, ou Hans Tietmeyer, président de la Bundesbank, le lui rappelleraient. La Bundesbank, et demain la Banque centrale européenne, ont le droit de mettre au chômage des millions d'Européens, et aucune autorité élue n'a plus le droit d'y faire objection.

Car il faut sans cesse rappeler ce Traité, que tant d'intellectuels français nous ont appelé à voter... pour nous dire aujourd'hui : « Il n'y a qu'à choisir une meilleure politique monétaire[11] ». Il est parfaitement clair ! Article 107 : « Dans l'exercice des pouvoirs et l'accomplissement des missions et des devoirs qui leur ont été conférés par le présent Traité, ni la Banque centrale européenne, ni une banque centrale nationale, ni un membre quelconque de leurs organes de décision *ne peuvent solliciter ni accepter les instructions* des institutions ou organes communautaires, des gouvernements des États membres ou de tout autre organisme. Les institutions et organes communautaires ainsi que les gouvernements des États membres s'engagent à respecter ce principe et à *ne pas*

---

11. Voir par exemple Jean-Paul Fitoussi, *Le Débat interdit*, *op. cit.*

chercher à influencer les membres des organes de décision de la Banque centrale européenne ou des banques centrales nationales dans l'accomplissement de leurs missions. » Même pas chercher à influencer...

Et ces missions consistent à suivre les mouvements de capitaux à la recherche des plus hauts profits. Comme l'expliquait Hans Tietmeyer au colloque de Davos de février 1996 : « Les marchés financiers joueront de plus en plus à l'avenir le rôle de « gendarmes » des pouvoirs publics, au risque d'assister à des fluctuations très erratiques en cas d'incertitude sur les politiques gouvernementales. Les hommes politiques doivent comprendre qu'ils sont désormais sous le contrôle des marchés financiers et non plus seulement des débats nationaux. »

Voilà où nous en sommes. *The State we're in*, comme dit William Hutton. Les capitaux anonymes qui écument la planète sont devenus les gendarmes, et les gouvernements qui chercheraient encore à tenir compte du mandat des citoyens qui les ont élus sont devenus des malfaiteurs. Europe de fous, où demain la soif du gain sera vertu, où la solidarité sera le vice, où l'argent facile des puissants sera à lui-même son propre gendarme, et la résistance des travailleurs, comme la simple survie des mendiants, seront bientôt inconstitutionnelles.

Oui, mais ! ça branle dans le manche, l'Europe des fous finira... (comme l'aurait dit la chanson). Vouloir l'Europe sociale, c'est d'abord réintroduire des objectifs sociaux dans les missions de la Banque centrale, gestionnaire d'une « monnaie commune » (vis-à-vis des pays tiers) à laquelle pourront s'agréger, à leur propre rythme, les monnaies nationales. Le keynésianisme est mort de la « contrainte extérieure », l'intégration européenne peut nous donner les moyens de le ressusciter, d'assigner de nouveau à la monnaie des objectifs de développement. Un développement qu'il faudra orienter vers la conquête du temps libre et le respect des droits des générations futures.

Il est vrai que, de Keynes et de Roosevelt, Jacques Delors n'a retenu que les « grands travaux », seules lucarnes ouvertes au désespoir des chômeurs. Son *Livre blanc* en appelle encore et toujours aux grands travaux autoroutiers. Certains sont utiles ? Mais de combien de vallées massacrées, de combien de pollutions nouvelles, de quelle nouvelle dérive de l'effet de serre faudra-t-il payer quelques centaines de milliers d'emplois sur ces chantiers ?

Ce n'est pas l'aménagement de la *Tennessee Valley* par Roosevelt qui a fait sortir l'Occident de la grande dépression, et ce ne sera certes pas le grotesque canal Rhin-Rhône ! Ce fut d'abord le *Wagner Act*, la législation sociale de l'après-guerre qui, en limitant le « dumping social » entre les travailleurs et les entreprises d'un même pays, a permis trente ans de hausse des niveaux de vie, jusqu'à ce que l'internationalisation impose soit un dépassement transnational... soit le retour en arrière. Nous y sommes.

Vouloir l'Europe sociale, c'est donc aussi vouloir des *règles du jeu*, sociales, fiscales, environnementales, à l'échelle de l'Europe[12]. Les premiers « critères de convergence » à se fixer, ce sont des critères réels, sociaux, et non pas les critères nominaux de Maastricht. Il nous faut des critères du genre : « En l'an 2000, le salaire horaire minimum du pays le plus défavorisé ne devra pas être inférieur à x% du salaire moyen européen ; le temps de travail national maximum ne devra pas être supérieur de y% au temps de travail national le plus réduit de la communauté. »

---

12. On pourrait en dire autant pour l'économie internationale. Certes, il n'est pas possible de viser, même à moyen terme, à une unification des conditions de travail et de rémunération entre tous les pays du monde. Mais on peut l'encourager en imposant des clauses écologiques et sociales sur le libre-échange, et on peut protéger l'Europe contre les pays qui ne les respecteraient pas. Une dévaluation de 10 % des monnaies européennes vis-à-vis des nouveaux pays industrialisés aurait des effets très favorables sur l'emploi dans les industries textiles. Le financement de la protection sociale par la TVA aurait, on l'a vu, un effet de protection pour l'ensemble des industries de main-d'œuvre. D'une façon générale, il faudrait établir des « sociotaxes » (droits de douane à l'entrée du pays riche, restitués au pays exportateur) qui soient mutuellement avantageuses au Nord et au Sud.

La place me manque pour détailler ces quelques mécanismes déjà présentés dans *Choisir l'audace*. Je n'évoquerai que le « cas d'école RMI-bananes ». La France, ayant institué le RMI, constata vite que le non-travail devenait plus avantageux que la culture des bananes dans ses départements d'Outre-mer, tant est bas le cours international de la banane. Elle obtint donc l'intégration de la banane à la politique agricole commune, donc un protectionnisme européen sur la banane. Mais la zone-banane européenne devait automatiquement s'étendre à tous les pays d'Afrique, des Caraïbes et du Pacifique, en vertu de l'accord de Lomé. Or, dans la liste des pays ACP ne figuraient pas les grands producteurs comme la Colombie, l'Équateur, etc. Et l'Europe ne peut accueillir toute la banane du monde.

Lors d'une mission en Colombie, je recueillis les doléances des intellectuels : « Votre protectionnisme contre nos bananes va nous obliger à vous exporter de la cocaïne. » Mais les syndicats agricoles me dirent : « Les escadrons de la mort ont tué 200 syndicalistes en trois ans dans les champs de bananes (qui sont des grandes exploitations capitalistes, contrairement aux petites exploitations des Iles Caraïbes). Si vous, importateurs, ne prenez pas des mesures, nous n'aurons pas la force de résister. » Je dis à mes amis intellectuels colombiens : « Entre le RMI et les escadrons de la mort, on ne peut pratiquer le libre-échange. » Finalement, la Colombie passa avec l'Europe un accord de limitation de ses exportations de bananes, mais pour un prix plus élevé que le cours mondial. C'est une forme de sociotaxe.

« Qui est prêt, en Europe, à accepter cela ? », sourira sans doute Jacques Delors. Parmi les gouvernants, seuls sans doute ceux de Scandinavie. Plus le groupe Vert et une majorité de l'eurogauche au Parlement européen. Mais parmi les travailleurs européens ? Dans la jeunesse européenne ?

En août 1992, lors d'un débat à Saint Nazaire, Jacques Delors répondait à mes critiques contre l'Union monétaire : « Votez-la maintenant. Je vous garantis que si, d'ici 1997, l'Europe politique – pour faire une politique sociale – ne vient pas l'accompagner, l'Europe monétaire ne se fera pas. Car les peuples n'en voudront pas. » Il est clair aujourd'hui que « les peuples » n'en veulent pas. Au soir de sa vie politique, Jacques Delors ne croit plus en l'Europe sociale. Mais la vie des peuples d'Europe continue. L'Histoire leur demande de ne pas renoncer à l'espoir et au combat, pour une Europe qui soit enfin digne d'amour.

Conclusion

Nous étions partis et de la tragique dérive de Khaled Kelkal, traduction monstrueuse de la crise des banlieues de l'exclusion, et du magnifique mouvement de décembre. Nous étions partis de cette question : comment unir les exclus et les travailleurs taraudés par la menace de la précarité. Nous avons fait un long détour dans le maquis des chiffres. Nous avons compris la logique de cette société déchirée. Nous avons analysé la physiologie de cette société en sablier. Nous avons suivi les mouvements ascendants de l'argent, la chute vers la prolétarisation des travailleurs de France. Nous avons flairé la brésilianisation triste de ce pays. Nous avons dit les aspirations à un travail idéalisé, et dénoncé l'oppression du néotaylorisme réellement existant. Nous avons exploré l'ambiguïté de la politique sociale du néolibéralisme.

Nous avons, chemin faisant, repéré les marges de manœuvre, les petits trésors accumulés et stérilisés dans le haut de la société en sablier, et l'arrogance du mur d'argent érigé par le Traité de Maastricht.

Alors, nous avons exploré les solutions, les voies d'une autre France, d'une autre Europe. Une réforme du travail, fondée sur la mobilisation négociée des ressources humaines. Un partage du travail et des revenus, pour poser un point de suture sur la déchirure sociale et vaincre le chômage. Une relance socialement solidaire et écologiquement soutenable, en dépassant les blocages de l'Europe. Un tiers secteur d'utilité sociale et environnementale, pour retisser les liens dans les communautés.

Une réforme fiscale pour promouvoir la solidarité. Un nouveau Traité pour plus et mieux d'Europe, une Europe digne d'être aimée.

Un fil nous a guidés : ressouder l'unité entre les exclus, les travailleurs encore protégés mais menacés, les couches moyennes moins soucieuses de leurs fragiles privilèges que d'harmonie sociale et de temps pour vivre. L'image de la société en sablier nous a permis de comprendre ce qui pouvait les unir par-delà leurs intérêts apparemment divergents. Notre enquête nous a appris aussi que le libéral-productivisme dégrade à tel point les corps, les têtes et le milieu de vie qu'une nouvelle unité peut s'esquisser entre les syndicalistes, les écologistes et les militants de la lutte contre l'exclusion.

Car rien ne sera possible si les habitants de ce pays ne retrouvent pas leur unité dans la conscience de ce qu'ils veulent, de ce qu'ils peuvent. L'élan formidable d'énergie et de solidarité tranquille du mouvement de décembre 1995, celui des manifestants avec leurs tambours et leurs fumigènes, comme celui des marcheurs, silencieux et amicaux, qui allaient à leur travail sans incriminer les grévistes, confirment les capacités de ce peuple à refuser l'inacceptable, le cynisme. Mais la force de dire Non ne suffit pas. Il faut définir ce pour quoi l'on est prêt à dire Oui. Puisse ce livre y contribuer.

Or, nous l'avons vu, ces forces politiques auxquelles ces grévistes, ces marcheurs ont si souvent dit Oui, portent la responsabilité principale de « l'état où nous en sommes ». L'année terrible du gouvernement Juppé n'est pas seule en cause. C'est tout un modèle de développement, la société en sablier, qui s'est mis en place au fil des alternances des années quatre-vingt. Aujourd'hui, les forces qui se réclament du progrès humain discutent d'une voie possible pour sortir de la profonde crise de l'espérance. Puissent-elles ne pas retomber dans l'enlisement du libéralisme irresponsable.

Les propositions ici présentées ne visent à rien d'autre qu'à faire vivre une communauté d'individus autonomes, c'est-à-dire conscients de leurs actes et de leurs engagements, solidaires les uns vis-à vis-des autres, responsables à l'égard de leurs enfants, des générations futures. Les aspirations sont là, les solutions existent. Il manque la volonté politique de les mettre en œuvre. Il manque de retrouver foi en la démocratie. Les travaux des chercheurs engagés peuvent indiquer des issues, mais seule peut changer le cours des choses la volonté du peuple, un peuple décidé à voir le bout de ses actes, de ses luttes et de ses choix.

Comme l'écrivait René Dumont dans son dernier livre : « Libéralisme ou démocratie, aujourd'hui il faut choisir. »

Table

II. UNE POLITIQUE DE L'EMPLOI CENTRÉE SUR LE TEMPS LIBÉRÉ

III. LA SOLIDARITÉ CONTRE LA SOCIÉTÉ EN SABLIER

Composition : D.V. Arts Graphiques, 28700 Francourville
Achevé d'imprimer en septembre 1996
par Bussière Camedan Imprimeries
Dépôt légal : septembre 1996
Numéro d'imprimeur : 1/2292
Premier tirage
ISBN 2-7071-2620-9

Kunst-Reiseführer in der Reihe DuMont Dokumente

Zur schnelleren Orientierung – die wichtigsten Standorte der romanischen Kirchen in Frankreich (Denkmäler mit zwei und drei Sternen)

(Auszug aus dem ausführlichen Ortsregister S. 423)

In der vorderen Umschlagklappe: Die Kunstlandschaften Frankreichs

In der hinteren Umschlagklappe: Die französischen Départements